创新

INNOVATION MANAGEMENT & DESIGN

管理与设计

任锦鸾　黄锐　刘丽华 ················ 著

中国广播影视出版社

图书在版编目（CIP）数据

创新管理与设计 / 任锦鸾，黄锐，刘丽华著. — 北京：中国广播影视出版社，2018.12
 ISBN 978-7-5043-8166-8

Ⅰ. ①创… Ⅱ. ①任… ②黄… ③刘… Ⅲ. ①传播媒介—创新管理—研究 Ⅳ. ①G206.2

中国版本图书馆CIP数据核字（2018）第181212号

创新管理与设计

任锦鸾　黄锐　刘丽华　著

责任编辑	余潜飞
封面设计	九　军　孟庆兰　智达设计
责任校对	张　哲

出版发行	中国广播影视出版社
电　　话	010-86093580　010-86093583
社　　址	北京市西城区真武庙二条9号
邮　　编	100045
网　　址	www.crtp.com.cn
电子信箱	crtp8@sina.com

经　　销	全国各地新华书店
印　　刷	涿州市京南印刷厂

开　　本	787毫米×1092毫米　1/16
字　　数	230（千）字
印　　张	12
版　　次	2018年12月第1版　2018年12月第1次印刷
书　　号	ISBN 978-7-5043-8166-8
定　　价	35.00元

（版权所有　翻印必究·印装有误　负责调换）

目　录

第一章　为什么需要创新和创新管理

1.1 创新的重要性 / 001

1.2 什么是创新？/ 008

1.3 创新需要管理吗？/ 010

1.4 研究创新的代表人物及主要观点 / 014

第二章　创新类型

2.1 按创新程度分类 / 022

2.2 技术创新 / 030

2.3 服务创新 / 032

2.4 市场创新 / 036

2.5 商业模式创新 / 038

2.6 创新类型归纳 / 043

第三章　创新模型

3.1 创新的一般模型 / 046

3.2 创新的经典模型 / 047

3.3 创新的动态模型 / 052

第四章　创新型组织

4.1 组织架构的变迁 / 057

4.2 互联网时代企业组织架构特点分析 / 059

4.3 创新项目开发的组织结构 / 069

4.4 创新型组织的主要要素及关系 / 072

第五章　创新战略

5.1 战略的基础和内涵 / 077

5.2 战略与创新战略 / 081

5.3 创新战略的类型 / 083

5.4 创新战略的选择 / 088

5.5 创新战略的制定 / 093

5.6 创新战略实施的关键点 / 094

第六章　创新源泉与方法

6.1 创新的源泉 / 097

6.2 开发创造力的方法 / 099

6.3 打造创造性环境 / 103

6.4 技术推动创新的方法——TRIZ / 107

6.5 市场拉动创新的方法 / 116

第七章　创新项目评价与选择

7.1 创新项目的不确定性 / 122

7.2 应对不确定性的方法 / 125

7.3 选择创新项目的方法 / 128

目　录

第八章　创新项目实施过程管理

8.1 创新项目开发流程 / 133

8.2 创意形成和选择过程管理 / 136

8.3 创新项目研发和实施管理 / 139

第九章　从创新中获益

9.1 经济效益 / 146

9.2 社会效益 / 153

9.3 创新的知识产权战略 / 158

第十章　创新管理与设计实践

10.1 设计思维的起源 / 163

10.2 设计思维的工具和工作步骤 / 169

10.3 创新管理理念和设计工具在实际案例中的应用 / 175

后　记 / 183

第一章　为什么需要创新和创新管理

"创新"一词虽"耳熟",却不见得每人都"能详","创新"是每个企业都追求的目标,但不见得每个企业都将"创新"管理得很好。本章的核心就是和大家探讨创新的本质和创新管理的重要性。

1.1 创新的重要性

1.1.1 我不想创新可以吗?

亲爱的朋友,您好!

与您在书中相见非常高兴,您是谁呢? 先不要告诉我,让我来猜一猜。

您可能是一位在外资企业工作的中层管理人员,每天虽然略有忙碌,但紧张有序,朝九晚五,收入足够让三口之家过上幸福的小日子,房子不算太大但足够住,车子不算太好但足够用,人脉不算太广但有大事小情足够应付,偶有闲暇发现了这本书,心里可能在想:我过得好好的,为什么还要学习什么创新? 多此一举!

您也可能是在大型国企工作的技术骨干,每年有做不完的项目,每月有数不清的报表,每周至少有六天都在上班,每天有大大小小十几个会之外,还要完成技术开发任务,被领导强行要求完成学习任务拿到了这本书。此时,您心里可能在想,创新? 我眼前的任务还不知何时才能完成,哪有时间去学习什么创新?

您也可能是一名即将毕业的大学生,学习了基础的高数、英语、计算机,修完了专业基础课、专业必修课,恰好还差 1 个学分的选修课要修,恰巧点开了创新管理的课程。心里想:"创新"这个词很熟悉,到底什么是"创新",我也说不清楚,暂且听一听,起码也能拿个学分不是?

以上这些情况可能和您都不一样,但有一点一样,您不喜欢创新,或者说您觉得没有必要创新，没有时间创新，但您又羞于启齿，毕竟这个想法与"大众创业，万众创新"大趋势相背离，毕竟这好像有点像不求上进……没有关系，先让我们来看个实验。

我们的大脑有一块区域，叫作前额皮层，位于我们的眼睛后方，拥有控制认知能力的作用。在我们进行思考的时候，前额皮层就像是一个"大筛子"，会将那些被它判断为"无效""不相关"的想法、认识和记忆统统过滤掉，使大脑高效率地提取有效信息，帮助人类完成手边的任务。

大约在2013年，美国宾夕法尼亚大学的研究人员发现，正是前额皮层拥有的"过滤"功能，抑制了人类的创新能力。在实验中，研究人员向志愿者展示了一系列日常生活中常见的用品，并且要求他们迅速地说出这些物品的非常规用途。举个例子来说，如果展示的图片是一个乒乓球拍，志愿者可以提出将这个乒乓球拍当成擀面杖来使用，用球拍的拍面来轧面、揉面。志愿者们一共将看到60张常见的物品图片，每张图片只有10秒的时间让志愿者思考它的非常规用途，意在考察志愿者的快速反应能力。[1]

志愿者被研究人员分成两个小组：第一个小组在实验过程中将会接受直流电抑制大脑的前额皮层，第二个小组则没有这种抑制。结果显示，在物品非常规用途的创造性思维中，前额皮层受到电流抑制的小组成员成绩明显更出色——他们在60个题目中答出了52个，反应速度也很快；而前额叶皮层没受抑制的小组，只答出了40个左右，反应速度也普遍较慢。

这一实验表明，当我们的前额皮层受到抑制时，我们的思维反而更加开放，更能完成创造性的任务。也就是说，前额皮层本身就是约束我们开放性思维的，人是有意要为自己的创造性思维加把锁。

听完这个实验，您是不是如释重负，"啊哈，创新是人的生理结构所决定的，'不想创新'并不是我的主观意愿，领导原谅我吧！"

其实影响创新意愿的除了生理因素外，还有许多其他的因素。例如，您接受过创新能力的训练吗？您从小到大是不是都被要求做一个循规蹈矩的"好孩子""好学生"、"好员工"？参加了无数次考试，而每次考试都有完全一样的标准答案？而您恰恰又成绩优秀，是家长的好孩子，老师的好学生，上司的好员工。所有这一切，都充分说明：不想创新，不是您的错！

那接下来怎么办？不创新了吗？我们都没有创造力吗？

1.1.2 人人都有创造力吗？

谁是具有创新能力的人呢？谁有创造力呢？大多数人都会同意，伟大的音乐家、画家、诺贝尔奖获得者等都具有创造力，例如贝多芬、钱学森、爱因斯坦等。难道我们一般人就没有创造力吗？让我们来做一个小小的实验。

这个实验叫"抓住你的白日梦"。现在请您闭上眼睛。

◆ 让我们闭上眼睛，深呼吸一下，放松
◆ 让你的思想自由地畅游，无论游荡至何时、何地，或是否符合现实
◆ 你能够看到、听到、闻到或感觉到许多奇怪的东西
◆ 别担心，继续！
◆ 希望你在游荡的同时，稍稍留一点思绪注意你正在经历的事情，将它们记在脑海里
◆ 5 分钟后，请睁开眼睛，将你刚才所想、所看、所听、所感受到的一切记录在纸上，并与其他人分享。

回想一下您刚才的经历，您可能看到了蓝天、白云、绿地、大海，听到了海风呼啸、小鸟鸣叫、树叶婆娑，您也可能穿越到了神秘的太空、空灵的远古，您也可能在为明天要交的项目书而焦虑，下月要还的房贷而惆怅，将要到来的考试而紧张……

所有这一切因人而异，但略加回忆和整理，这些在 5 分钟里所感、所想、所闻是不是一直就是您心中所想，是不是就是您的渴望，是不是可以据之编写一篇科幻小说，编排一段您渴望已久的音乐，续写您的科研论文……但我们刚刚仅仅用了 5 分钟的时间，就获得了这么多信息，可能在平时一个小时、一天都不会获得，原因何在呢？

刚刚的 5 分钟不同于我们日常的 5 分钟，我们完全放松了，忘记了压力，忘记了烦恼，忘记了工作，让我们的潜意识充分展示出来，才有了不同寻常的、多姿多彩的感受。而潜意识的存在恰恰很多时候就是创造力的沃土，也可以说我们每个人都有创造的潜力，创新的潜质，而所缺少的是还没有合适的方法、工具和环境让我们的创造力充分发挥出来。因此，创新管理课程的教学目的之一就是通过介绍和学习相应的工具和方法，引导创造力的开发，提高创新的效率！

人人都有创造力，关键是要有一个能激发创造力的环境，我们现在所处的环境如何呢？

1.1.3 当前环境下不创新可以吗？

下面我们就从全球、国家、产业、企业、产品五个层次看看目前的环境，是不是可以不用创新。

(1) 全球层面

世界经济论坛（World Economic Forum）每两年都会发布全球竞争力报告（Global Competitiveness Index）。在这一报告中，创新是评价国家竞争力的 12 个指标之一，可

以看出创新在国家竞争力中的重要地位。从 2016—2017 年的年度报告中可以看到，中国竞争力排名 28，其中基础需求指标排名 30，效率指标排名 30，创新和综合能力指标排名是 29 位。部分国家竞争力指数如表 1-1 所示。结合历年国家竞争力排名情况，可以看出我国国际竞争力虽然在逐渐提升，但是还是以基础需求能力为主，另一方面也说明创新能力还有较大的提升空间。

表 1-1　2016—2017 全球竞争力报告中部分国家和地区排名

国家（经济体）	总指数		分指数					
			基本需求		效率指数		创新因素	
	排名	分数	排名	分数	排名	分数	排名	分数
瑞士	1	5.81	2	6.29	3	5.62	1	5.80
新加坡	2	5.72	1	6.37	2	5.73	12	5.25
美国	3	5.70	27	5.43	1	5.85	2	5.63
荷兰	4	5.57	4	6.12	9	5.38	6	5.52
德国	5	5.53	10	5.94	7	5.40	3	5.61
瑞典	6	5.49	7	6.06	12	5.31	5	5.54
英国	7	5.48	23	5.61	5	5.55	9	5.30
日本	8	5.48	22	5.62	10	5.37	4	5.57
香港特别行政区	9	5.48	3	6.23	4	5.58	23	4.80
……	……	……	……	……	……	……	……	……
以色列	24	5.18	28	5.37	25	4.95	8	5.41
马来西亚	25	5.16	26	5.49	24	4.96	20	4.94
韩国	26	5.03	19	5.71	26	4.88	22	4.81
冰岛	27	4.96	16	5.79	32	4.75	24	4.75
中国	28	4.95	30	5.34	30	4.79	29	4.22

(2) 国家层面

中国改革开放以来近 40 年的发展，体现了制度创新在国家经济社会发展中的巨大作用。1979 年，改革开放之初，从农村实行联产承包责任制开始，个体经济开始发展，大大解放了生产力，在技术水平并没有得到多大提高的现状下，出现了大批万元户。

1992 年邓小平南方谈话，实施改革开放政策，促进了工业经济的全面复苏，国企产权改革开始，家电等一系列家庭用工业产品迅速出现，海尔、海信、格力、春兰等大批家电企业迅速发展。

第一章 为什么需要创新和创新管理

1997年，房地产行业迅速复苏，IT、互联网、移动通信革命到来。互联网行业兴起，新浪（1998）、网易（1997）、搜狐（1998），中国教育科研计算机网等相继成立，技术创新推动了新的行业的产生和财富创造模式的变革。

2008年，互联网技术的发展、智能终端技术的发展，创造了更多创新机会，互联网+产业迅速发展，BAT、京东等一系列与互联网密切联系的企业对传统企业提出了前所未有的挑战。

2015—2016年，大数据、人工智能、云计算、移动互联网等行业发展迅速，在行业和技术迅速变革的时代，经济增速有所下降，但还处于增长阶段，房地产行业在2016—2017发生了剧烈的变化。图1-1总结了近40年以来中国经济发展的状况。

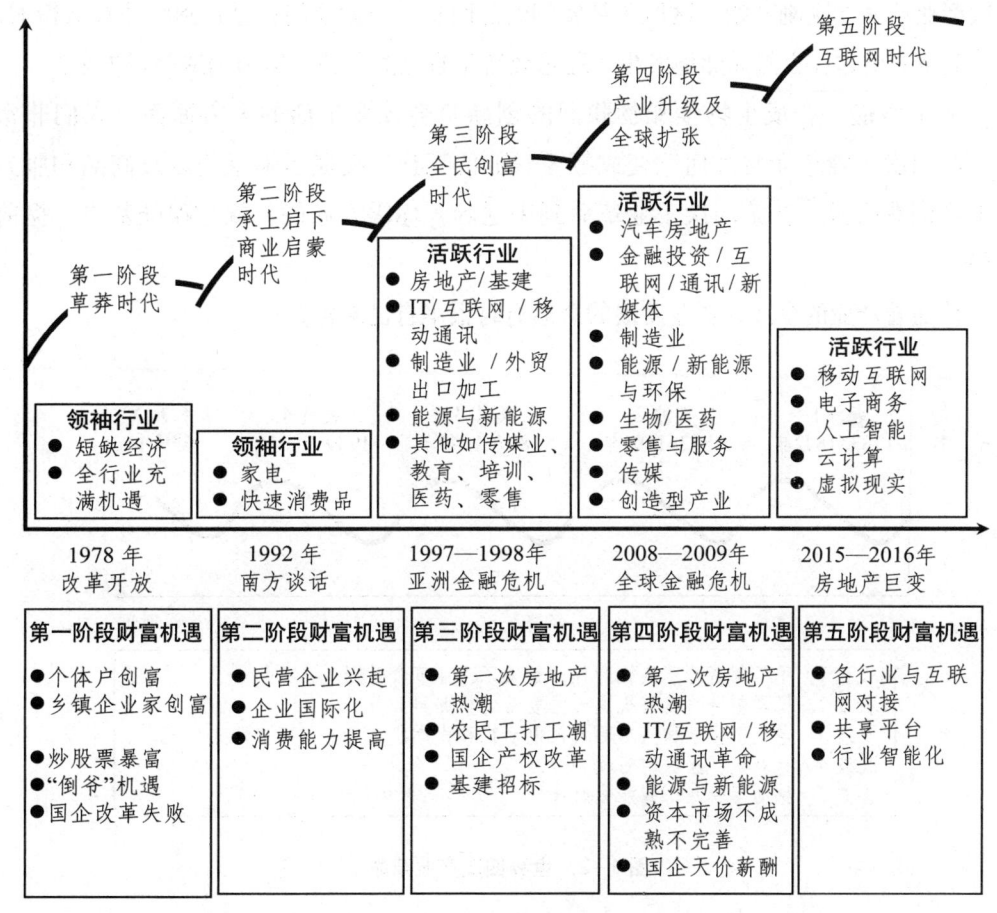

图1-1 中国经济发展的五个阶段

（3）产业层面

苏联经济学家康德拉季耶夫发现资本主义经济发展存在一个平均约50年的长期波

动。一般头5年是衰退期，接着20年是大量再投资期，在此期间新技术不断被采用，经济一片兴旺；其后10年是过渡建设期，其结果是5—10年的混乱期，从而导致下一次大衰退期。

至今，人类社会已经经历了三次产业革命，蒸汽技术革命、电力技术革命和信息技术革命。第四次产业革命是以互联网产业化、工业智能化、工业一体化为代表，以人工智能、清洁能源、无人控制技术、量子信息技术、虚拟现实以及生物技术为主的全新技术革命。如图1-2所示。

随着技术推进的产业革命的到来，社会经济经历着起起伏伏。

前三次产业革命就那么发生了，多数人几乎没有任何话语权或影响力。如今，第四次产业革命才刚刚开始，这似乎是发问的好时机。我们要问自己：到底是重蹈覆辙，让工业革命就这样自然而然地发生，还是要留下自己的印迹，努力创造美好未来？

人工智能、合成生物学和物联网的创新将会改变生活的方方面面。人们非常关注第四次工业革命将如何改变或颠覆我们的工作、交通运输系统以及商品和服务的生产消费方式。在第四次工业革命到来之际，你需要做的，就是踩准基点，提前布局。

伴随着产业的变迁，企业发展的命运有时很难自己掌控。

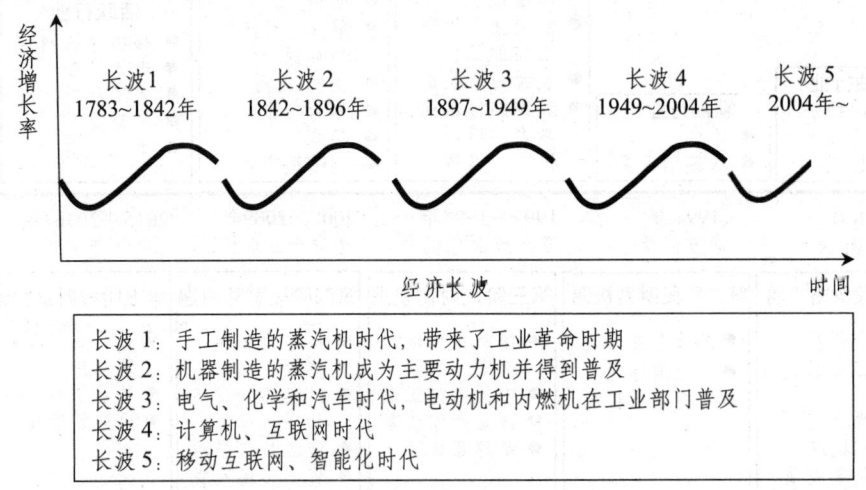

图1-2 世界四次产业革命

尤其是在传媒行业，随着各类通信技术的出现，媒体传播形式在发生着翻天覆地的变化，除了传统的广播、电视、报纸等媒体，新浪、百度、腾讯等都以其独特的产品提供着媒体服务，创新与融合已经成为必然的趋势。[2]

第一章 为什么需要创新和创新管理

（4）企业层面

经营运转良好的企业为何突然之间市场份额急剧下滑？诺基亚被微软收购，摩托罗拉被谷歌收购，百年企业夏普的衰落，用黄色胶卷统治世界的柯达的破产……是这些企业在经营管理中出现了重大失误？还是这些企业出现了难以克服的困难？

企业创新能否跟上产业变更的生命周期，能否创造新的技术和产品，能否依据市场的变化做出及时的调整，是影响企业可持续发展的重要因素。这些收购恰恰反映了IT产业的变革，互联网产业的到来，以及移动互联网产业将带来的重大影响。

（5）产品层面

产品更新换代的速度越来越快，微软的 Windows 平台是每两年左右更新一次，微信的版本则是半年左右更新一次。2012 年 3 月 29 日，微信用户数 1 亿，用时 433 天，平均增速 23.09 万 / 天；2012 年 9 月 17 日，用户数 2 亿，用时 172 天，平均增速 58.14 万 / 天；2013 年 1 月 15 日，用户数 3 亿，用时 120 天，平均增速 83.33 万 / 天；2013 年 7 月 3 日，用户数 5 亿，用时 63 天，平均增速 160 万 / 天。如图 1-3 所示，产品更新的周期越来越短。微信的更新换代如图 1-3 所示。

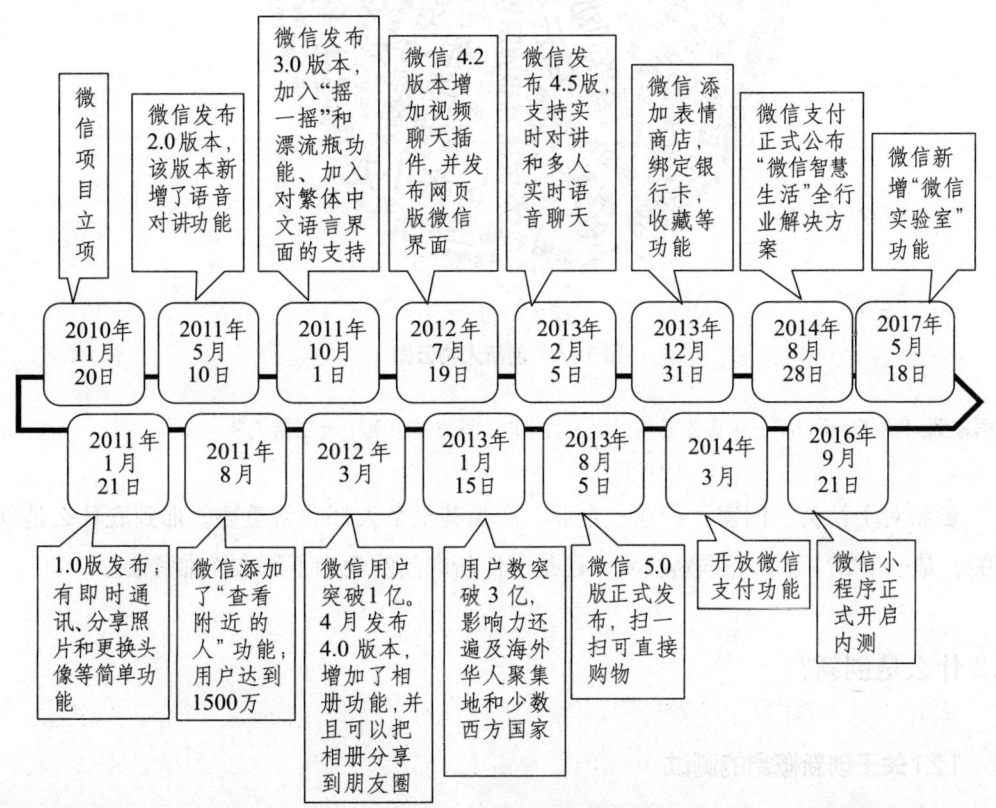

图 1-3 微信产品的更新

(6) 个人层面

毋庸置疑,创新是那些在各个领域做出巨大成就的人的重要特征。以 2017 年 Fast Company 全球商业最具创意人物 100,以及福布斯中美十大创新人物的基本信息为素材,制作云图,如图 1-4 所示。被提到的频数越多,在云图中显示出来的字体就越大。

图 1-4　创新人物云图

数据来源:Fast Company 全球商业最具创意人物 100;福布斯中美十大创新人物

创新对于社会、国家、产业、企业、产品甚至个人都非常重要。那到底什么是创新呢?是一个好主意,一项新技术,还是一件新产品?我们下面来详细解读。

1.2 什么是创新?

1.2.1 关于创新概念的测试

首先请大家做一个测试,看看您对这个耳熟能详的词是否真正理解。

第一章　为什么需要创新和创新管理

"创新基本概念"测试

请在您认为正确的观点后面画上"√",不正确的观点后面画上"×"

(1) 创新就是做别人没有做过的事情　　　　　　　　　　　　　　　　(　)
(2) 创新就是技术发明　　　　　　　　　　　　　　　　　　　　　　　(　)
(3) 创新就是好的创意　　　　　　　　　　　　　　　　　　　　　　　(　)
(4) 创新就是获得专利　　　　　　　　　　　　　　　　　　　　　　　(　)
(5) 创新就是理解并迎合顾客的需求　　　　　　　　　　　　　　　　　(　)
(6) 创新必须是原创的　　　　　　　　　　　　　　　　　　　　　　　(　)
(7) 创新活动的成败关键在于个体的创造力　　　　　　　　　　　　　　(　)
(8) 创新活动只有在高新技术企业才可能进行　　　　　　　　　　　　　(　)
(9) 创新的发生是随机的　　　　　　　　　　　　　　　　　　　　　　(　)
(10) 创新的关键是产品的首次商业化　　　　　　　　　　　　　　　　(　)

你对于创新的理解：_____

1.2.2 经济学角度的解释

创新的英文是"Innovation",是一个在经济学和管理学中都用到的概念。关于它的最早的完备定义来源于经济学家——约瑟夫·阿洛伊斯·熊彼特(Joseph Alois Schumpeter,1883—1950年)。熊彼特在《经济发展理论》(最先以德文发表于 1911 年)一书中最早系统地提出了"创新理论"(Innovation Theory)。创新就是建立一种新的生产函数,也就是把一种从来没有过的关于生产要素和生产条件的"新组合"引入生产体系。这种新组合包括以下内容:引进新产品、引用新的生产方法、开发原材料新的供应来源、开辟新的市场、探索新的商业组织方式,并指出:由创新的企业家引发的动态失衡是健康经济的"常态"。[3] 迄今为止,这一对创新的解释还是全面的、易理解的、深刻的,因为创新不是一个单一的概念,它涵盖了能为企业带来效益的各方面的可能因素。

创新理论的提出源于传统的经济学理论无法解释新的经济现象,当物质性的投入没有变化,却有了更多的产出,为了解释这一现象,技术进步和创新的概念出现了。

1.2.3 管理学角度的解释

在管理学界,不同的研究者从不同的角度解释创新,比较有代表性的有:开发或创造新的或改良的,能被消费者理解的产品或服务。[4] 创新就是产品的首次商业化。[5] 创新就是为用户创造新的价值。

无论表述的方式或研究的视角如何变化，创新的管理学定义里面有几个核心词：新的价值、用户、商业化。现实生活和企业生产活动中有很多实例都可以说明：

◆ 水、iPad、LV 包的价值因环境变化而异，因使用者不同而异，因产品的品牌效应不同而异；

◆ 爱迪生发明和推广灯泡的实例说明为用户创造价值的重要性；

◆ 摩托罗拉公司开发喜马拉雅和撒哈拉沙漠地区移动业务的实例，说明完全以用户为中心，没有商业价值的开发也不是成功的创新。

1.2.4 与创新相关的概念辨析

结合前面"创新概念测试"，对创新概念做详细辨析。

(1) 创新不是发明。爱迪生不仅仅是发明家，更是一个成功的创新者；史蒂夫·乔布斯 (Steve Jobs) 与史蒂夫·沃兹尼亚克 (Stephen Gary Wozniak)，前者更擅长于商业运作，后者更擅长于技术开发。

(2) 创新不是高科技。马云是学英语的，根本不懂技术；电子商务不仅仅是把传统的商店、集市搬到了网上，而是商业模式的变革。

(3) 创新不仅仅是做别人没有做过的事情。

(4) 创新不仅仅是好的创意。可能数千个好的创意才得到一个成功的项目。

(5) 创新就是理解并迎合顾客的需求。摩托罗拉开发的铱星计划的教训深刻地解释了完全迎合顾客，而不考虑市场现实情况是行不通的。

(6) 创新就是根本性的变革。最早的汽车比马车慢；最早的电脑比人脑慢，以至于专门研发出了 QWERT 键盘，以降低向计算机输入信号的速度；最早的移动电话比有线电话通话效果差。汽车、计算机、无线电话都是在不断优化的过程中改进的。

(7) 创新必须是原创的，不可寻求捷径、模仿、抄袭外界已有的点子。[6] 风靡中国的 QQ 来源于 ICQ，但腾讯公司采用跟随者的创新战略创造了一系列奇迹。

1.3 创新需要管理吗？

1.3.1 创新成功的概率有多大？

创新非常重要，但请看图 1-5，我们可以很容易得到结论，创新成功的概率仅仅有三千分之一。

第一章 为什么需要创新和创新管理

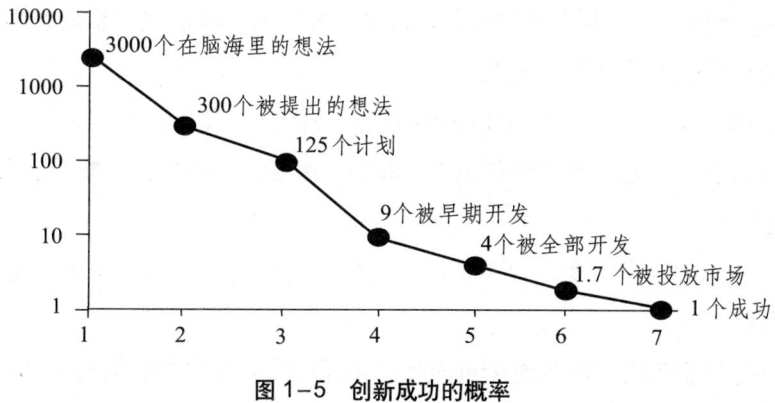

图 1-5 创新成功的概率

您可能会看到一个例外：李开复的创新工场，投资 200 余家企业，只有十几个失败。但要注意，创新工场投资的项目是经过严格选拔的，对创业者的项目等方面严格把关，入选率只有 6%，这 6% 是相对成熟的项目，而不仅仅是想法；另一个重要的原因是投资和孵化双管齐下，来提高创业项目的成功率。

所以我们在研究创新的过程中，不仅仅是探讨创新的成功案例，更多的应该是分析创新失败的案例，分析大多数企业在失败中留给我们的教训，让后来者少走弯路，提高创新成功的概率。

1.3.2 企业家关于创新的观点

我们首先来看看在通常认知中创新成功的企业家对创新的看法。

2013 年胡润研究院评选出了"2013 中国十大创新企业家"，包括马云、马化腾、任正非、王健林、俞敏洪、李彦宏、魏建军、史玉柱、陈鸿道和张勇。暂且不论胡润研究院的评价体系是否科学，这些人在中国都有非常大的影响，都为社会发展做出了值得称赞的贡献，这一点毋庸置疑。

马云坦言无法给出创新的定律，因为创新不是设计出来的。而他自己的一次次创新经历也是被"逼"出来的。创新没有理论，也没有公式，就是一个个地解决问题。他说，天下有一千个问题，就有一千个回答。

关于支付宝，马云说，支付宝的模式其实也谈不上创新，甚至很愚蠢，就是"中介担保"。你买一个包，我不相信你，钱不敢汇过去，就把钱放在支付宝里面。收到包后，满意了中介就把钱汇过去，不满意就通知中介把钱退回去。

对于人们经常津津乐道的"商业模式"，马云说，我从来不谈"模式的创新"，因为我无法在我旗下每个公司创业第一天就规划给它成型的样式。我觉得我们的模式是"需求"出来的：根据客户需要来调整自己，甚至他要什么，我们就调整成怎样。

再看腾讯创始人马化腾的观点：

在互联网产品创新方面，马化腾曾向广大合作伙伴发出公开信，从七个维度解释了应遵循的法则，这七个维度分别是"需求度、速度、灵活度、冗余度、开放协作度、创新度、进化度"。

互联网生态的瞬息万变，通常情况下我们认为应变能力非常重要。但是实际上主动变化能力更重要。

创新并非刻意为之，而是充满可能性、多样性的生物型组织的必然产物。

创意、研发其实不是创新的源头。如果一个企业已经成为生态型企业，开放协作度、进化度、冗余度、速度、需求度都比较高，创新就会从灰度空间源源不断涌出。从这个意义上讲，创新不是原因，而是结果；创新不是源头，而是产物。而这一点也是创新管理课程所遵循的，通过管理过程，让创新成为过程的必然结果。

再看国人为之骄傲的华为公司掌舵人任正非的观点：

在公司的创新问题上，第一，一定要强调价值理论，不是为了创新而创新，一定是为了创造价值。第二，在创新问题上，我们要更多的宽容失败。宽容失败也要有具体的评价机制。中国很多企业创造不了价值是因为缺少土壤，这个土壤就是产权保护制度；没有产权保护，创新的冲动就会受抑制。

总结三位创新引领者的观点，我们可以得到关于创新的非常重要的三个维度：创新的重要来源是市场和需求；组织的构建是创新的保障；知识产权保护是维护创新积极性的必备武器。

与个人创新不同，这三位创新引领者都是站在企业的角度来谈论创新。作为个人，你可以安于现状，但作为企业，你只有不断前进才能保留住用户，占领市场。企业如何在竞争激烈的市场通过创新生存并发展，这是创新管理课程的教学目标之一。

1.3.3 学术界关于创新的观点

（1）创新是一种过程

创新是一个将机会转变成新创意，并将这些创意转化成广泛的实践应用的过程。创新管理不是一件容易的事情，不是自动完成的。它需要的技巧和知识，与标准的管理工具和经验有着显著的不同。

（2）创新是一种工具

创新是企业家的特殊工具，企业家利用创新开创为企业寻找市场机会。创新可以被看作是一种训练、一种学习以及一种实践。

企业通过创新行为获得竞争优势，它们从最广泛的意义上进行创新，包括新技术和新方法。

（3）创新是可以作为一门学科去传授和学习的

创新是组织的一项基本功能，是管理者的一项重要职责，是有规律可循的实务工作。虽然很多"创新"与科技有关，但是科技含量很低甚至"零科技"的管理创新，不但机会更多，而且效益更大。

创新是有目的性的一种实践，是一门学科；创新并不需要天才，但是需要训练；不需要灵光乍现，但需要遵守一定的原则和条件。

1.3.4 创新管理的基本框架

创新成功的概率极低，创新是可以学习的，创新是一个探索的过程，所以我们可以通过对创新过程的探索，通过对已有经验的总结，更多是对已有失败案例的分析来探讨创新的过程，为企业创新管理的推进提供工具和方法的支持，为企业创新探索的过程提供更多的参考资料、路标和灯塔。

创新是一个将发明创造的成果转化成为有用应用的过程，这个过程是基于个人和群体的创新项目，经组织的实施、市场和消费者的接受，最后到组织和个人获得相应的收益，也即创新过程需要经历探索创新项目、选择项目、实施创新项目、从创新项目中收益这四个关键环节，缺一不可。在竞争激烈、变化莫测的市场上，企业只有通过创新才能获得核心竞争力，从而取得竞争优势，即创新是一种组织能力，是能让企业做到竞争对手做不到或比竞争对手做得更好的能力。由此可知，对于企业来说，能否确实地实施持续稳定的创新管理过程是至关重要的。

一般来说，如图 1-6 所示，创新管理过程包括如下六个关键部分：

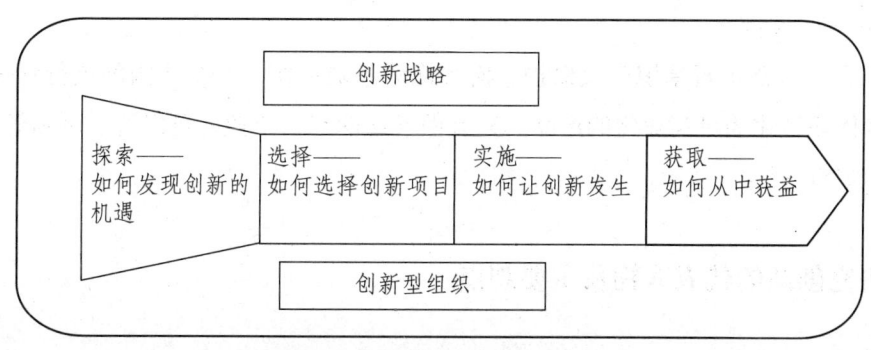

图 1-6　创新管理过程模型

(1) 制定创新战略

确定企业的创新项目后,需将企业的资源投入到有战略意义的创新项目中去。企业的创新战略中有两个关键点:技术定位和市场定位。前者主要是基于企业自身的技术水平和产品的技术发展状况,后者则基于市场消费者的需求。从近几年的情况来看,技术定位是一个相对较长期的目标,企业可以根据产品的技术水平和掌握的技术信息去推断产品长期的技术发展情况。

(2) 构建创新型组织

在创新型组织中,精干的员工能够酝酿创新的源泉,良好的组织架构理清了创新的结构障碍,创新的组织环境又孕育了员工创新的动力与热情,整个创新型组织所包含的一切让创新的过程如行云流水般顺畅。创新型组织需要具备共同的远景规划及创新意愿、关键人物、合适的组织结构、有效的团队合作、广泛的参与和沟通、创新性的氛围这六大要素。

(3) 发现创新机遇

对企业的外部环境和内部环境进行调查并分析,收集信息并整理归纳,根据多样化的需求、研究活动带来的新机会、竞争对手行为模式的变化及法律政策环境的变化等,从中找出潜在的创新信息,发现创新机遇。

(4) 选择创新项目

选择创新项目时,应根据消费者价值主张,考虑该项目可以为客户带来什么不能替代的价值,如何从为客户创造价值的过程中获得利益,企业内部如何汇聚资源为客户提供价值,企业内部制度和文化以实现其客户价值为目标的关键流程这四方面来考虑。

(5) 推进创新活动

对外部的需求进行界定,从企业的强项出发,专注于市场需求,进行小规模且简单的研发,要以产品在未来市场占领导或控制地位为目的。

(6) 获取利益

在企业外部进行知识产权保护,使其优势不被模仿;在企业内部进行知识管理,将技术优势转化为可商业化的产品。只有保证这两点,企业才可以通过创新管理过程获得稳定的效益。

1.4 研究创新的代表人物及主要观点

研究学术大师的生平,不但有助于对学术理论的理解,而且大师们的言行举止,对学术的追求精神对后来者都是非常值得学习的典范。而且，您也可以发现，这些大师与常人一样，也是有血有肉的，然而却做出了不平凡的成就，对年轻人的成长也是难能可贵的经验。

1983 年是一个特殊的年份，这一年是马克思逝世 100 周年，同时也是经济学家凯恩斯和熊彼特 100 周年诞辰。《经济学人》（The Economist）留给凯恩斯的篇幅是熊彼特的三倍，美国的《福布斯》杂志则用熊彼特的头像作为封面；一是表达了对理论研究者的尊重，另一个目的表达了对实践者的敬重。

1.4.1 创新鼻祖：约瑟夫·熊彼特

约瑟夫·熊彼特 1883 年出生，父亲是一个织布厂老板。4 岁丧父，母亲在熊彼特 10 岁时改嫁 65 岁的奥地利陆军副元帅，进入了奥地利的上层社会。1906 年熊彼特在奥地利维也纳大学获得法学博士学位。1913 年受聘为美国哥伦比亚大学客座教授。1919 年 36 岁出任奥地利社会民主党参加组成的混合内阁的财政部部长，7 个月后因政见不合而愤然辞职。后投资做银行，受到第一次世界大战拖累血本无归。1925 年重返大学，任德国波恩大学经济学教授，1932 年迁居美国后任哈佛大学经济学教授，直到逝世。

熊彼特一生笔耕不辍，共写过 15 本著作和 200 多篇论文。

熊彼特关于创新的主要贡献和观点：

◆ 创新是生产过程中内生的。技术的力量促进了经济的发展。
◆ 创新是一种"革命性"变化。会导致产业更替。
◆ 创新同时意味着毁灭。旧的、过时的技术支持下的企业的灭亡。
◆ 创新必须能够创造出新的价值。将创新与发明区别开来。
◆ 创新是经济发展的本质规定。是推进经济的发展，而不是量和规模上的经济的增长。
◆ 创新的主体是"企业家"。企业家的核心职能不是经营或管理，而是看其是否能够执行这种生产函数的"新组合"。

熊彼特关于创新定义的解释至今仍全面，深刻。

1.4.2 熊彼特的同代经济学家：约翰·梅纳德·凯恩斯

约翰·梅纳德·凯恩斯（John Maynard Keynes）是经济学界最具影响力的人物之一，被称为经济学界的爱因斯坦。凯恩斯一生对经济学做出了极大的贡献，一度被誉为资本主义的"救星"、"战后繁荣之父"。发表于 1936 年的主要作品《就业、利息和货币通论》创立了现代宏观经济学的理论体系。

凯恩斯出生于知识分子家庭，14 岁时进入英国贵族学校伊顿公学。毕业后进入剑桥大学国王学院学习，获剑桥文学硕士学位。之后师从马歇尔和庇古攻读经济学。1906 年通过文官考试，入选印度事务部。1908 年辞去印度事务部职务，回剑桥任经济学教师至 1915 年。第一次世界大战爆发不久，应征入英国财政部，主管外汇管制、美国贷款等对外财务工作。1919 年辞职回归剑桥大学任教。在任教期间，撰写了大量经济学文章。1921—1938 年任"全国互助人寿保险公司"（National Mutual Life Insurance Company）董事长期间，其对股东的年度报告一直为金融界人士必读而且是抢先收听的新闻。1940 年出任财政部顾问，参与战时各项财政金融问题的决策，在其倡导下，英国政府开始编制国民收入统计，使国家经济政策的拟订有了必要的工具。因学术造诣深厚，他曾长期担任《经济学杂志》主编和英国皇家经济学会会长，1929 年被选为英国科学院院士，1942 年晋封为勋爵，1946 年剑桥大学授予其科学博士学位。

凯恩斯的引起了经济学革命的《就业、利息和货币通论》一书，深远地影响了人们对经济学和政权在社会生活中作用的看法。凯恩斯发展了关于生产和就业水平的一般理论，其具有革命性的理论主要包括：

（1）关于存在非自愿失业条件下的均衡：在有效需求处于一定水平的时候，失业是可能的。与古典经济学派相反，他认为单纯的价格机制无法解决失业问题。

（2）引入不稳定和预期性，建立了流动性偏好倾向基础上的货币理论：投资边际效应概念的引入推翻了萨伊定律和存款与投资之间的因果关系。

然而在对创新的理解上与熊彼特却有截然不同的观点，管理学大师彼得·德鲁克曾对熊彼特和凯恩斯关于"创新"的观点进行了分析：

凯恩斯认为：

◆ 繁荣"正常"的经济是一个均衡经济。

◆ 创新属于"意外灾难"之列，像地震，气候和战争。

熊彼特坚持认为：

◆ 繁荣"正常"的经济是一个动态非均衡的经济。

◆ 创新——即企业家精神，它促使资源从旧的、过时的就业转向新的和更富有生产性的就业。

◆ 信贷、税收——将是经济活力与资源配置的决定性因素。

二人相互辩论又相互佩服，但他们的理论都对经济的发展起到了推动作用。

1.4.3 技术创新模型研究代表：克里斯托弗·弗里曼

有克里斯托弗·弗里曼（Christopher Freeman）1921年生于谢菲尔德，是一个安静、高效、有灵气的领导者。1944年在巴尔莫勒尔担任皇家侍卫，1945年离开军队并完成了在伦敦经济学院的学业。他在早期是坚定的共产主义者，直到1956年苏联入侵匈牙利的时候，他与共产党断绝了关系。

1966年到苏塞克斯大学科学政策研究中心（SPRU）担任主任。

弗里曼早期对不同产业的技术创新的实证研究使他写出了开创性的著作《产业创新经济学》。

弗里曼与委内瑞拉研究者Carlota Pérez一起发展了熊彼特和康德拉季耶夫的经济周期或经济发展"长波"的思想，即认为经济"长波"源于重大的新技术创新——其中最近的一次是信息技术革命。弗里曼创造了"国家创新系统"这个概念来描述使日本在20世纪80年代一跃成为技术开发大国的互动结合的体制。

主要观点：强调技术创新和技术进步在经济增长中的核心作用。将技术创新视为一个相互作用的复杂过程，并提出了许多著名的技术创新模型。专注于技术创新经济学的研究。

研究重点：技术创新是一个连续不断的过程，通过技术创新模型重点研究技术创新的过程。

1.4.4 创新进化论研究者：理查德·纳尔逊

理查德·R.纳尔逊（Richard R. Nelson）是一位不断实践的经济学家。在他的职业生涯中，他曾任教于奥伯林学院、卡内基–梅隆大学、耶鲁大学、哥伦比亚大学等多所高校。他还曾在兰德公司担任经济学家和分析师，在总统经济顾问委员会任职。

1982年，纳尔逊和悉尼·G.温特（Sideny G.Winter）的《经济变迁的深化理论》问世，标志着企业进化论的基本理论框架已开始逐步完整。纳尔逊和温特认为，企业的成长是通过类似生物进化的三种核心机制，即多样性、遗传性和自然选择性来完成的。组织、创新和路径依赖（Path Dependency）等进化对企业成长的影响至深，市场环境提供企业成长的界限，这一界限与企业存活能力和增长率有密切关系。

1.4.5 国家创新系统理论集大成者：伦德瓦尔

伦德瓦尔（Bengt–Aake Lundvall）是丹麦奥尔堡大学的经济学教授，技术创新领域国际著名学者,"国家创新系统"理论的集大成者。1985年就开始了关于"技术创新作为一种学习过程"的研究。1996年创建了DRUID(Danish Research Unit for Industrial Dynamics,丹麦工业动力学研究所)现已成为国际技术创新领域最著名的研究机构。2013年出版了《转型中的亚洲创新系统》。

主要观点:从社会经济的宏观角度来解释各国技术创新实绩的差异,从社会文化背景来研究不同企业的技术创新行为差异。技术创新活动必须在国家创新体系的范围内研究,其各组成部分是相互联系的。

1.4.6 管理学大师:彼特·德鲁克

彼得·德鲁克(Peter F. Drucke)是现代管理学之父,其著作影响了数代追求创新以及最佳管理实践的学者和企业家们,各类商业管理课程也都深受彼得·德鲁克思想的影响。

1909年生于维也纳,祖籍为荷兰,德鲁克先后在奥地利和德国受教育,1929年后在伦敦任新闻记者和国际银行的经济学家。于1931年获法兰克福大学法学博士。后移居美国,1942年受聘为当时世界最大企业——通用汽车公司的顾问。

1954年,出版《管理的实践》,提出了一个具有划时代意义的概念——目标管理。[7] 从此将管理学开创成为一门学科,从而奠定其管理大师的地位。

1985年,出版《创新与企业家精神》,全书强调当前的经济已由"管理的经济"转变为"创新的经济"。[8]

德鲁克著书和授课未曾间断,自1971年起,一直任教于克莱蒙特大学的彼德·德鲁克管理研究生院。为纪念其在管理领域的杰出贡献,克莱蒙特大学的管理研究院以他的名字命名。1990年,为提高非营利组织的绩效,由弗朗西斯·赫塞尔本等人发起,以德鲁克的声望,在美国成立了"德鲁克非营利基金会"。该基金会十余年来选拔优秀的非营利组织,举办研讨会、出版教材、书籍及刊物多种,对社会产生巨大影响。

德鲁克至今已出版超过30本书籍,被翻译成30多种文字,传播至130多个国家。无论是英特尔公司创始人安迪·格鲁夫,微软董事长比尔·盖茨,还是通用电气公司前CEO杰克·韦尔奇,他们在管理思想和管理实践方面都受到了德鲁克的启发和影响。"假如世界上果真有所谓大师中的大师,那个人的名字,必定是彼得·德鲁克"——这是著名财经杂志《经济学人》对彼得·德鲁克的评价。

1950年元旦,德鲁克和他的父亲去探望约瑟夫·熊彼特。在这次见面中,熊彼特对德鲁克父子说:"我现在已经到了这样的年龄,知道仅仅凭借自己的书和理论而流芳百世是不够的。除非能改变人们的生活,否则就没有任何重大的意义。"

这句话成了德鲁克后来衡量自己一生成败的基本标准,也是他一生从事学术研究的重要法则,还是他和学术界格格不入的主要原因。他一边教书,一边做咨询,一边写作,正是这三种不同的身份塑造了他的研究方法与成文风格,也成了他区别于别的管理学者的重要特征。为此,他曾经拒绝了哈佛商学院的邀请。

在他的作品中,很少看到"管理模型"和"数据分析",取而代之的则是一些直指人心的观点和故事,成文风格简单、清晰而有力。这种研究方法在管理学术中被称为"管理经验学派"。德鲁克的思想几乎涉及了管理学的方方面面,现在我们熟知的许多管理理论的概念都是他最先提出来的,如营销、目标管理和知识工作者等。其主要观点如下:

◆ 管理是一种实践,其本质不在于知而在于行,其验证不在于逻辑而在于成果。

◆ 管理要解决的问题有90%是共同的,不同的只有10%。只有这10%需要适应这个组织特定的使命、特定的文化和特定语言。

◆ 组织的目的是使平凡的人做出不平凡的事。

◆ 创新是可训练、可学习的一门学科。

◆ 企业家的本质就是有目的、有组织的、系统化的创新。

◆ 1985年出版了《创新与企业家精神》一书,主要总结了创新的七种来源。

1.4.7 颠覆性创新提出者:克莱顿·克里斯滕森

克莱顿·克里斯坦森(Clayton M. Christensen)出生于美国盐湖城,1975年在杨百翰大学以优异表现获得经济学荣誉学士,1979年在哈佛商学院以优异成绩获得MBA学位,1992年重返哈佛商学院获得DBA学位之后任哈佛商学院教授。克里斯滕森是"颠覆性技术"这一理念的首创者,该理念首次发表于《哈佛商业评论》1995年1月2日,他因此获得了"颠覆大师"的美誉,他的研究和教学领域集中在新产品和技术开发管理以及如何为新技术开拓市场等方面。

微软公司创始人比尔·盖茨曾说:"自从克里斯滕森提出颠覆性理论后,出现在我桌上的每一份提案都自称是'颠覆性的'。"

2005年,克里斯滕森来华访问时考察了UT斯达康公司,其当时主要产品是风靡一时的"小灵通"(小灵通在随后的时间段,彻底被手机取代),他认为鉴于中国巨大的市场潜力和多层次的消费需求,中国拥有培育颠覆性技术的最好土壤,而颠覆性技术所需要的创新精神也是快速发展中的中国所急需的。其主要观点如下：

◆ 创新分为渐进性创新和颠覆性创新。

◆ 渐进性创新是指将销售性能更好、价值更高的现有产品升级换代给消费者。

◆ 颠覆性创新是引入与现有产品相比不够好的产品或服务，但更简单、更便捷、更廉价，但其性能改进飞快。[8]

◆ 成长的关键，在于成为颠覆者，而不是被颠覆者。

克里斯滕森提出颠覆性创新的主要原则如下：

◆ 创建一个围绕颠覆性技术的新的独立机构，确保其得到有效资源支持，不与其他主流业务竞争资源，不受主流客户的左右，而把自己匹配到那些需要颠覆性创新产品的客户中。

◆ 把实现颠覆性技术商业化的责任，下放给规模恰好与目标市场相匹配的一个小规模机构，从而更容易对小型市场上出现的成长机会做出反应（反正这一规模与现有主流市场的规模不成比例地缩小，不能支撑主流业务的盈利增长）。

◆ 既定的思维模式和已有的知识不足以支持对颠覆性变化进行判断。因此，将战略计划理解为实施计划或学习计划，显然，前者可能会导致失败，而后者可能会让领先企业幸免于难。

◆ 流程与价值观：企业现有的流程、价值观是符合当前主流产品的，也与主流客户匹配，但不能与颠覆性技术相匹配。所以，期待快速改变现有的流程/价值观，来应对颠覆性技术，与新兴企业竞争是不现实的。巨大的惯性导致成熟企业难逃失败的宿命。应持续分析组织现有的潜能和缺陷，并创造一种新的潜能来解决新的问题。

◆ 密切关注市场趋势，了解主流客户如何使用产品，才能在所服务的市场上抓住竞争基础变动的关键环节。

1.4.8 创新研究网络

创新的研究者遍布全球的研究机构、大学和企业。全球创新研究者组织成立了全球创新研究的学者网络——The Global Network for Economics of Learning, Innovation, and Competence Building Systems (GLOBELICS)，特别致力于加强发展中国家的学习、创新和能力建设系统的研究。[9]

自2003年开始，每年都会召开年会，举办地点如下：巴西里约热内卢（2003年）、中国北京（2004年，清华大学承办）、南非茨瓦内（2005年）、印度特里凡得琅（2006年）、俄罗斯萨拉托夫（2007年）、墨西哥墨西哥城（2008年）、塞内加尔达

第一章 为什么需要创新和创新管理

喀尔（2009年）、马来西亚吉隆坡（2010年）、阿根廷布宜诺斯艾利斯（2011年）、中国杭州（2012浙江大学）、土耳其 Ankara（2013）、立陶宛（2014）、古巴（2015）、印度尼西亚（2016），希腊雅典（2017）。

参考文献

[1] 大科技·百科新说 [J]. 海南：大科技杂志社, 2013, 8(2).

[2] 任锦鸾, 刘丽华, 李波, 黄锐. 媒体融合与创新（专著），北京：中国广播电视出版社, 2017.4.

[3] 约瑟夫·熊彼特. 经济发展理论 [M]. 北京：中国商业出版社, 2009.

[4] Philip Stern, Peter Doyle. Marketing Management and Strategy[M]. Prentice Hall, 1994.

[5] Joe Tidd, John Bessant. Managing Innovation: Integrating Technological, Market and Organization Change[J].Social Science Electronic Publishing, 1997, 11(98):338-339(2).

[6] Joe Tidd, John Bessant. 陈劲（译）. 创新管理——技术变革、市场变革和组织变革的整合 [M]. 北京：中国人民大学出版社, 2012.

[7] 彼得·德鲁克. 管理的实践 [M]. 北京：机械工业出版社, 2009.

[8] 彼得·德鲁克. 创新与企业家精神 [M]. 北京：机械工业出版社, 2007.

[9] 克莱顿·克里斯坦森, 迈克尔·雷纳. 李瑜偲, 林伟, 郑欢（译）. 创新者的解答 [M]. 北京：中信出版社, 2010.

第二章　创新类型

学术研究中对研究的对象进行分类一般是为了把复杂的事物解释得更清楚。我们这里进行分类是为了让企业管理者理解不同维度的创新都可以给企业带来帮助。在企业发展的不同阶段，技术发展的不同阶段，需要选择相匹配的创新类型，为企业的创新活动提供帮助。按照创新的程度可将创新分为渐进性创新、根本性创新和颠覆性创新；按照创新的内容可将创新分为产品创新、工艺创新、服务创新、市场创新和商业模式创新，其中产品创新和工艺创新又称为技术创新；如果创新的影响程度非常大，以至于对现有的企业造成了毁灭性的打击，甚至于出现了大批新的企业，我们将之称为颠覆性创新。

2.1 按创新程度分类

按创新的程度可以将创新分成渐进性创新（Incremental Innovation）、根本性创新（Radical Innovation）和颠覆性创新（Disruptive Innovation）。

2.1.1 渐进性创新

渐进性创新是指通过改良和拓展现有技术引起的渐进的、连续的创新，以提升产品或服务的性能和/或降低产品成本为主要方式，即在给定解决方案框架内提高，把已经做的事情做得更好。

这类创新一般按照现有的技术标准，沿着已有的技术轨道发展，它会使现有的市场规则、竞争态势得到维持和强化。这类创新在所有的产业部门或服务业中都会或多或少连续地发生，在不同的产业和不同的国家都会不断出现，但是发生的速率有别，这取决于需求压力、社会—文化因素、技术机会以及技术轨道等。

渐进性创新的一般特征如下：企业从调查当前主流用户着手，通过市场调研明确主流用户的需求，并在现有技术产品性能的基础上加以改进和完善；或者依据来自一线工程师和工人从事的小发明来改进工作，也就是来自于"用中学"（Learning by Using）和"干中学"（Learning by Doing）。许多企业通过这种创新方式取得了巨大的成功，如我国的海尔、世界著名企业微软公司等。

大量经验研究证明，渐进性创新对于提高企业的生产效率非常重要。渐进性创新通常伴随着工厂和设备规模的扩大，伴随着产品和服务质量的提升。渐进性创新的累积性和综合性效果对于生产率的提高极其重要，但是单一的渐进性创新几乎不会产生显著的效益，而且往往被人们视而不见。随着大量渐进性创新日积月累，它们对企业效益的提升就会显现出来。例如操作系统的更新换代，智能手机的不断升级，家电产品的不断改进，QQ软件的不断升级，微信的升级换代。

我们现在经常使用的手机微信，其渐进性创新的特点非常明显，且其创新的周期越来越短。第一代微信产品主要提供的是图片服务，以后的版本逐渐增加了语音和视频聊天、文字、拍摄和发送短视频等。随着产品的不断更新，越来越多的功能出现了，我们可以构建自己的朋友圈，朋友之间可以传递图片、短视频等，加入了支付功能，图文笔记除了记录文字，还可以插入图片、地点信息、录音，安卓版的还支持添加附件等功能，以及一系列社会服务的功能。微信的质量在不断提高，但是它基于的平台和基本技术是没有根本性的变化的。又例如苹果、三星、华为和小米等手机品牌不断推出新款手机，新款都会在前一款的基础上进行改进和创新，例如加入电容屏、多点触控、高像素摄像头、指纹识别、快速充电、曲面屏等技术。

2.1.2 根本性创新

根本性创新是指企业首次向市场引入的、能对经济产生重大影响的创新产品或技术。根本性产品创新包括全新的产品或采用与原产品根本不同技术的产品。例如操作系统由DOS转变到Windows；无线通信工具由模拟手机到数字手机，再到智能手机；家电产品由冰箱、洗衣机、微波炉提升到家庭服务智能机器人。

Dahlin和Behrens（2005）提出了根本性创新的三个识别标准。[1]

标准1：发明必须具有新颖性，它应不同于以往的发明。

标准2：发明必须具有唯一性，它应不同于当前的发明。

标准3：发明必须得到采用，它应影响到未来发明的内容。

前两个标准界定了激进性，第三个标准界定了成功。

例如，与传统的马力或者水力相比，瓦特发明的蒸汽机为人类带来一种更有效更强大的动力。历史学家认为瓦特发明的蒸汽机推动了整个工业革命的发展，带动了冶金、煤矿和纺织等行业的发展，使世界工业进入大规模的蒸汽机时代。电话的发明，改变了人类的通讯方式，满足了人类远距离通话、交流信息的愿望。莱特兄弟发明的飞机让人类实现了千百年来所向往的可以乘坐着阿拉丁神话中的飞毯飞上天空的梦想，满足人们快速出行的需求，为人类的航空发展奠定了基础。电视的出现引发、创造了人类新的需求。当电视机刚被发明出来的时候，人类并不清楚这个盒子能给人类带来什么，可是它逐渐改变了人类的生活和工作方式，影响着人们的思想观念和行为举止。首先是引发、创造了人类娱乐的新需求，从电视上观看各类节目和得到资讯，而且引发了给电视提供内容的庞大产业群，从电视剧的制作到大型实况的转播，从动画片制作到真人秀表演等；其次，创造了信息传递和企业经营的新模式，人们购物受到电视的影响，各行各业都在电视上投放大量的广告。

根本性创新的产品或服务的出现往往会引发较大的革命，可能会引发或创造一个行业或者产业，甚至产业群[2]。这种原创型创新活动的产生可能是因为科技创新带来的成果，也可能是对现有资源的重新整合或发现。

有学者提出，根本性创新通常集中性地出现在经济衰退时期，或者说是经济的衰退激发了创新的出现。根本性创新一旦出现，就会成为新市场增长和新一轮投资增长的潜在跳板，对于经济的复苏至关重要。

2.1.3 根本性创新比渐进性创新能为企业创造更多的价值吗？

根本性创新和渐进性创新哪个更重要呢？渐进性创新的形式没有根本性创新那样激动人心，但根本性创新最初推出时很少能够实现它们的潜能，它们往往难以使用，价格昂贵，性能有限。需要渐进性创新把其转化为消费者可以接受的形式。两种形式的创新相互推进。根本性创新带来了新的领域和新的范式，为重大变革创造了潜能。渐进性创新就是如何抓住这种潜能的价值。没有根本性创新，渐进性创新难以突破。没有渐进性创新，就无法抓住根本性创新所带来的潜能。

无论是渐进性创新还是根本性创新，都是不容忽视的，两者都有各自的重要性，对于渐进性创新而言，虽然单个创新所带来的变化是小的，但它的重要性不可低估。一方面许多创新需要与它相关的若干创新辅助才能发挥作用；另一方面小创新的渐进积累效果常常促使创新发生连锁反应，导致根本性创新出现。渐进性创新的累积影响与根本性创新的影响至少是一样大的；同时，要实现根本性创新带来的经济收益，需要一系列渐进性改进。

每一种创新的类型都有各自的侧重点和特征，企业应结合自身实际情况选择适合企业特点的创新类型，只有适合企业特点的创新类型才能助力企业的发展。

2.1.4 颠覆性创新

2.1.4.1 颠覆性创新

颠覆性创新，又称为破坏性创新。1997年，哈佛商学院克莱顿·克里斯坦森教授提出了颠覆性创新的概念，颠覆性创新重在为低端用户提供"足够好"的产品，并用磁盘驱动器进化的过程详细分析了颠覆性创新发生的过程。

当大型计算机是主流产品的时代，为其提供存储的是14英寸磁盘驱动器，生产14英寸磁盘驱动器的企业是数据控制公司。随着技术的发展，数据控制公司又开发出了8英寸磁盘驱动器，体积减小，但是存储容量也小。为了调研这种新型产品是否值得继续开发，数据控制公司咨询其主要服务的客户——大型计算机生产厂商，大型机生产厂商关注的磁盘性能主要还是容量，而不是体积，因此没有对新产品表示出青睐，于是数据控制公司把研发的注意力重新集中到14英寸磁盘驱动器的改进。而这时一些刚刚发展起来的企业将8英寸磁盘驱动器作为自己的产品，并在刚刚发展起来的中型计算机厂商那里找到了市场机会。相对于大型计算机来说，中型计算机当时并不算主流产品，利润率也相对较低。但是随着技术的发展，市场对中型计算机的需求迅速扩大，8英寸磁盘驱动器的生产技术也飞速发展，由于其在技术上固有的优势和潜在的更大的市场空间，8英寸磁盘在整体性能上远远超出了14英寸磁盘驱动器，而中型计算机也成为市场主流产品。这时生产14英寸磁盘驱动器的公司想要进入8英寸磁盘驱动器的市场为时已晚，因此出现了大范围的倒闭、破产。随后，类似的情况发生了，5.25英寸磁盘驱动器代替了8英寸，3.5英寸磁盘驱动器代替了5.25英寸；小型机代替了中型机，个人计算机代替了小型机。在技术更替中没有实现迅速转型的8英寸、5.25英寸磁盘驱动器生产企业也相继出现了大规模破产。这个过程，就被克里斯坦森称为颠覆性创新。磁盘市场的发展过程如图2-1所示。图的详细解释请参看参考文献。

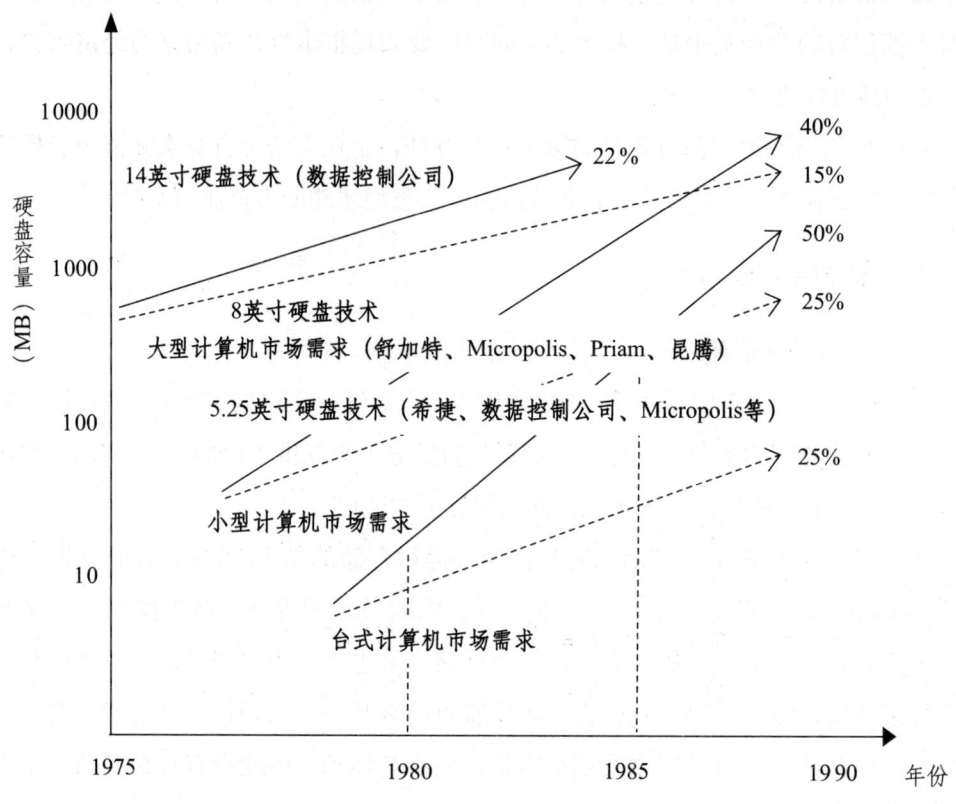

图 2-1 磁盘市场颠覆过程[3]

对于这颠覆性创新来说，一般具有以下三个特点：从客户的角度来看，新出现的产品更为便宜；从使用性和分发的角度来看新产品更容易获得；相对于现有的解决方案，新的产品采用了具有结构成本优势的商业模式。[4]

颠覆性创新的过程可归纳如下：

◆ 技术进步快于市场需求的增长速度

◆ 产品性能高于市场产品对技术性能的需求

◆ 新技术出现

◆ 主流技术提供商通过对大客户调研，发现新产品提供的产品主要属性与主流用户的主要需求不一致

◆ 主流技术提供商专注于原有技术的持续创新

◆ 小公司利用新技术开发优势不同的新产品

◆ 小公司在新兴起的用户那里找到商机

第二章 创新类型

◆ 先占领低端市场或开发新的市场
◆ 在发展到一定程度之后部分替代或破坏主流市场的产品或服务出现
◆ 新公司兴起,老公司衰亡

受克里斯坦森颠覆性创新概念的启示,并结合当前出现的各类颠覆性创新的现象,本书认为颠覆性创新是指由于新的技术或新的运营模式的出现,对市场上企业的布局产生了显著的影响,导致采用原有技术或商业模式的企业大量破产,同时又有一批新的企业出现。根本性创新的主要特点在于技术上出现了根本性的改进,并不一定引起企业的大量更替。如果根本性创新的出现引起了企业的大范围更替,则转化为颠覆性创新。颠覆性创新与根本性创新的本质区别在于是否引起了大量企业的灭亡或新生,并导致市场竞争格局的变动。

2.1.4.2 为什么优秀的企业会失败?

最初分析颠覆性现象时,大多数研究更多的是从企业内部进行分析,因为大多数产品研发机构都是由各个负责产品元件研究的小组组成的,所以企业的组织结构通常能够推动可见层面的创新,只要产品的基本结构不变,这种体系就运转良好;但当需要对产品体系结构做出改变时,这种结构将阻碍团队成员的交流和创新。

克里斯坦森从价值网的视角解释了企业的成败与技术变革和市场结构变化之间的关系。

价值网指的是一种大环境,企业在这个大环境下确定消费者的需求,并对此采取应对措施,解决问题,征求消费者的意见,应对竞争对手的竞争,并争取利润最大化。在价值网内,每一家企业的竞争策略,特别是它对市场的选择,决定了它对新技术的经济价值的理解;这理解反过来又反映了不同企业希望通过持续性创新还是颠覆性创新来获得回报。

在成熟企业中,预期回报反过来将推动资源分配向持续性创新而不是颠覆性创新倾斜。但是,颠覆性技术的出现和发展都是在一个内部价值网沿着自己独特的既定轨道来进行,当它发展到一定水平,并且足以满足另一个价值网所要求的性能水平和特性时,就会以极快的速度侵入原有的价值网,淘汰成熟的技术和企业。如图 2-2 所示。图的详细解释请参看参考文献。

成熟企业一般善于改善业已成熟的技术,而新兴企业更善于利用颠覆性新技术。

企业不能做出正确决策的原因是,优秀的管理者只做对企业有意义的事情,而什么是有意义的事情则由企业所处的价值网来决定。

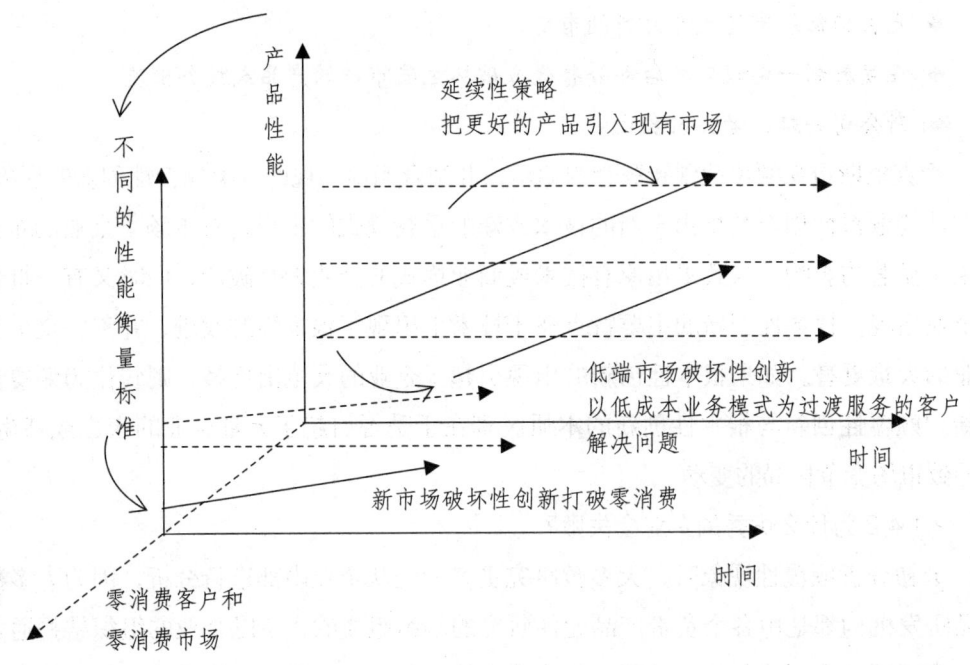

图 2-2　破坏性创新模式三维立体图[5]

2.1.4.3 成熟企业应该怎样应对颠覆性创新？

克里斯坦森在《创新者的窘境》中对成熟企业如何应对颠覆性创新提出了以下建议：

（1）企业参与竞争的环境或价值网对其利用资源的能力、克服创新的技术和组织障碍有深远影响。而价值网的界限由对产品性能的特殊定义，价值网内的特定的成本结构决定。

（2）创新能在何种程度上满足价值网内已知参与者的已知需求是影响创新能否取得商业化成功的决定性因素。

（3）当成熟企业忽略新的技术之后，新技术的发展将给成熟企业带来致命打击。

（4）成熟企业能够引领颠覆性新技术的商业化进程的唯一方式就是进入这些技术能够创造价值的价值网。

（5）相对于成熟企业，新兴企业能够判断并灵活地制定战略计划来冲击价值网，并发展新兴市场应用领域。对成熟企业的挑战，就是在改变战略和成本结构方面具备的灵活性。

2.1.4.4 颠覆性创新、根本性创新与商业模式创新的区别

（1）"根本性创新"是技术发展进入了新的生命周期，在性能潜力上有更大的发展空间。

（2）颠覆指的是颠覆了原有的产业价值网，新出现的技术与原有的技术不在同一

个价值网中,新的产品价格更便宜,用户更容易获得。颠覆性创新出现的时候会导致原有大批企业的破产。

(3)根本性的商业模式创新就是颠覆性创新,即当企业的商业模式发生的变化足够大,以至引起了整个产业变化的时候,我们将之称为颠覆性创新。

2.1.4.5 颠覆性创新案例分析

颠覆性创新的现象不断出现,在不同的行业又表现出不同的特点,相关的实例如表2-1所示。

表2-1 颠覆性创新实例

颠覆性技术	成熟技术
网上零售	便利店零售
电子贺卡	印刷贺卡
智能手机	数字手机
电子媒体	报纸
智能手机	GPS
共享单车	自行车租赁
微信	QQ

共享单车随地取车随地停车,这种创新的模式完全颠覆了以前固定式取车和停车的模式,让原本受制于固定停取车的模式变得更为简单和便利,创造了一个全新的市场,解决了人们最后一公里出行问题。

网约车(如滴滴出行等)的出现是对传统出租车行业的一个颠覆式创新,它改变了人车匹配的方式,有效解决了出租车空驶满街找乘客与乘客路边扬手打车难的痛点,另外可以实现异时异地约车,因而能更高效地提供运输服务,让出行变得高效、智能、安全,提供了传统出租车不具备的模式,提高了顾客满意度。

谷歌人工智能机器人AlphaGo第二代经过颠覆式创新,与当年的"深蓝"(美国IBM公司生产的一台超级国际象棋电脑)已经有了很大区别。其中,两者最大的区别就在于,"深蓝"是"教"出来的——IBM的程序员从国际象棋大师那里获得信息、提炼出特定的规则和领悟,再通过预编程灌输给"深蓝";而第二代AlphaGo则是结合监督学习和强化学习自己"学"出来的——DeepMind的程序员为它灌输的是如何学习的能力，随后它通过自己不断的训练和研究学会了下围棋。简单来说，"深蓝"只是按照程序计算，并执行各种既定规则及指令的机器，而 AlphaGo 第二代则像是有了"灵魂"，通过训练不断学习，不仅拥有了超强的计算能力，还具备了学习的自主性。AlphaGo 将正式摒弃人类棋谱，只靠计算机自身深度学习的方式成长，即通过数学模型下的自我对弈和深度学习，下出完全属于人工智能的围棋。正是因为有了自主性，才出现了 AlphaGo 不按常理出牌，突破"模式"制胜的情况。

颠覆式创新的意思通俗来讲就是一个旧对象被新出现的对象颠覆或者取代了。

2.2 技术创新

在熊彼特提出创新理论之后，技术创新在很长的一段时期一直是创新研究者关注的重点。技术创新是指由技术的新构想，经过研究开发或技术组合，到获得实际应用，并产生经济社会效益的商业化全过程的活动。[6] 因此技术创新直接体现为产品/服务创新，或者是工艺/流程创新。随着服务创新越来越重要，对产品创新和服务创新的研究也慢慢分开进行。工艺创新与产品创新的联系更为紧密，过程创新与服务创新的联系更为紧密，所以我们把产品创新与工艺创新作为一组进行分析，服务创新与过程创新作为一组进行分析。

2.2.1 产品创新

产品创新就是指提出一种能够满足顾客需要或解决顾客问题的新产品[7]。新产品可以是新开发出来的，也可以是各种已有产品的组合，例如 Google 无人机，是摄像机、发动机和各类机械设备等的新组合。

产品创新是企业生存和实现利润的关键，是影响企业成败最为重要的因素之一。产品创新的直接表现有两种：一种是已有的产品不断推陈出新、不断改进，更好地满足人们的需求；另一种是全新的产品，来满足人们未曾满足的需求，甚至因为提供了全新的产品引发了全新的需求。例如数字电视相对于模拟电视来说是产品创新，MP3 相对于随身听来说是产品创新，电子书相对于纸书来说是产品创新。以上产品的更新换代都是在电子技术、数字压缩技术、无线通信技术获得突破性发展的基础上得以实现的。

2.2.2 工艺创新

工艺创新是指生产新产品的新方式，使生产的产品节约了成本，提高了效率，使其在市场竞争中更具优势。工艺创新主要包括生产技术的变革、生产工艺的革新、生产组织方式的革新、新材料的使用等。这种创新方式最突出的特点是，发生在企业的产品或服务产生前，仅仅是改变了生产或提供产品或服务的过程，生产或提供的还是原来的产品或服务；交易的方式、盈利的方式及整个商业模式也没有发生任何变化。

某企业生产产品的数量由 10 个 / 天，进行技术改造后变为 20 个 / 天；某企业生产同样多的产品或提供同样的服务，经过组织方式变革后，需要员工的数量由原来的 10 个人变为 5 个人；某企业生产同样多的产品或提供同样的服务，经过生产工艺革新后，由原来需要 10 单位的原材料变为只需要 5 单位原材料；某企业使用了新的原材料，新原材料比旧原材料每个单位节省 100 元，等等。这类创新都是在生产过程中的工艺创新。

2.2.3 产品创新和工艺创新的动态关系分析

产品创新和工艺创新是交替出现的。产品创新的目的是提高产品设计与性能的独特性，工艺创新的目的是提高产品质量、降低生产成本、提高生产效率、降低消耗与改善工作环境。

国际著名的技术创新管理专家、美国学者阿伯纳赛（Abernathy）与厄多伯克（Utterback）通过对美国汽车工业技术创新的动态变化进行考察和长期研究，于 1975 年提出了 U-A 模型。

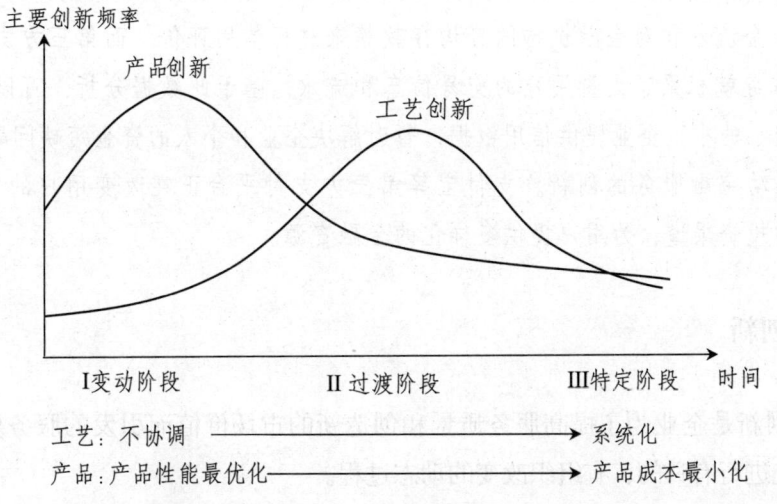

图 2-3 技术创新的动态过程模型（U-A 模型）

该模型将技术创新的过程分为三个阶段：变动阶段、过渡阶段和特定阶段，如

图 2-3 所示。在变动阶段，新技术刚刚出现，其所带来的创新主要是产品创新，产品不断被优化；当产品进入相对成熟期的时候，工艺创新成为主要的创新方向；当工艺创新的空间也越来越少之后，可能认为在此类技术支撑下的创新空间越来越少，是时候去寻找新的技术了。

案例 2-1　互联网金融产品创新案例——支付宝

支付宝是互联网金融创新产品，作为一种支付结算的信用中介，同时还具备投资理财的功能，颠覆了传统银行业甚至正在改变整个金融行业，给普通民众带来了巨大的影响，不仅改变了人们的消费模式，也改变着人民群众的生活方式。支付宝主要包括网购担保交易、网络支付、转账等功能。具备支付与理财功能的余额宝，更是使人们的支付与储蓄观念都发生了巨大的变化。余额宝能够随时用于消费与转账等支出，并且还能够获得一定的投资收益，使得余额宝中放置的资金获得增值。余额宝的本质是在支付宝第三方支付平台支付功能基础上内嵌了与之合作的基金公司的货币型资金，使购买的基金具备连通支付宝直接支出资金的功能。

可以说支付宝等第三方支付平台这些新型的产品给金融行业带来下面这样的变革：

(1) 推动金融业务的创新和融合。第三方支付平台，从开发出来到现在，一直在开发多样的金融产品，这些金融产品正在推进金融业务的创新和融合。

(2) 改变传统的信用评价体系。传统银行业的信用评价体系比较烦琐，大多是基于企业的资金流水和对金融机构的日均存款等来进行信用评价，而第三方支付企业在运营中其本身就积累了大量用户的交易信息和流水，基于此数据分析，可以为一些资金流水比较小的小微企业提供信用数据，暂时解决企业和个人的资金短缺问题。

(3) 推动金融服务的创新。支付宝等第三方支付平台正在改变用户的投资方式、拓宽用户的投资渠道、为用户提供多样化的金融资源。

2.3 服务创新

服务创新是企业为了提高服务质量和创造新的市场价值而引发的服务要素变化，对服务系统进行有目的、有组织改变的动态过程。

2.3.1 服务的特点

服务与产品不同，服务一般具有以下特点：

(1) 无形性（Intangibility）：商品往往是有形的，而大多数的服务是无形的。例如我们在天猫超市购买的商品是有形的，可整个购买过程却是靠体验来感知的。

(2) 不可分离性（Inseparability）：服务的生产过程和消费过程同时进行。例如接受医生的医疗服务，接受教育服务等。

(3) 不可存储性（Perishability）：服务通常不能被储存。例如航班公司的座位。

(4) 感知性（Perception）：性能和质量的感知在服务中更为重要。例如同样是洗衣服，关于洗衣机的型号、转速、耗电，可以清楚地感知所使用产品——洗衣机的性能。而如果你的衣服送到洗衣店去洗，则整个过程的感受是完全不一样的，你感受的是服务员的态度、服务所消耗的时间，洗衣店的环境等。

(5) 更紧密的顾客联系（Customer contact）：很多服务都需要业务部门与最终客户之间建立高水平的联系。例如健身服务、售后服务等。

(6) 地理位置（Location）：地理位置对服务部门的重要性要往往高于生产商品的部门。例如餐厅、零售业务和娱乐，一般都需要设立在城市的中心区域。

鉴于服务的以上特点，对服务质量的感知，一般受到以下因素的影响：

(1) 有形方面——设施的外观、设备和员工

(2) 响应时间——及时的服务，并愿意提供帮助

(3) 能力——提供可靠服务的能力

(4) 信任度——员工的知识和礼仪以及能够传达信任和信心的能力

(5) 同理心——对顾客提供的关怀和关注

2.3.2 服务创新模型

依据服务的特点，服务创新一般可从以下几个方面展开：支持新服务的技术基础、服务传递给用户的方式，服务模式的变化，如图2-4所示。

技术创新支持下的服务创新重点是基于新技术提供了新的服务，例如互联网技术带来了网上订餐、订酒店、订票一系列服务；人工智能技术带来了家居机器人、同声翻译等服务。

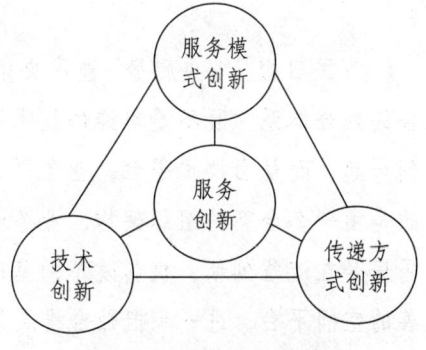

图2-4 服务创新模型

服务模式的创新也比比皆是，滴滴打车大大提高了传统租车服务的效率和服务体验；余额宝开启了金融服务的新市场。

传递方式上的创新让各类服务距离消费者更近、更容易获得，例如饿了么、美团外卖、百度外卖开启了饮食服务的方便之门；快递服务让消费者购买产品不再有运输之忧；可以进入家庭服务的儿童摄影、理发；电子发票、电子保单等都改变了传统的服务传递方式。

2.3.3 服务过程创新

过程创新是指将服务或产品传送给用户的过程的创新，下面我们来分析一些实例。我们去过医院，大家对医院的运营流程有很多的感受：排队挂号的人太多，拿药等待时间长，等等。现在很多医院提出了改进的模式，设置了挂号机，在不同的位置设置不同的取药点，让患者在医院尽可能少走路，就能完成整个接受治疗的过程。这一类的创新叫作过程上的创新，而且是渐进性的，因为根本的技术没有发生变化。

随着计算机网络技术的发展，出现了网上医院。患者不用再到医院去接受医生的治疗，而是通过和医生视频互动进行问诊，甚至可以实现远程治疗，这对传统医院的服务实现了根本性的变化，这一类的创新就叫作根本性的过程创新。相关的例子还有，电路板的一次成型生产，汽车生产流水线，麦当劳的标准化食品生产，喜得福水饺的个性化生产等，前面两类属于制造型企业的工艺创新，后面两类属于服务型企业的流程创新。

人民日报的中央厨房，对媒体工作流程进行了全面改进。而媒体行业的工作流程既有传统产品的特点，又有服务的特点。

案例 2-2 服务过程创新案例——人民日报"中央厨房"

人民日报"中央厨房"被中央领导称赞为媒体融合的"样板间"。这个完整的、综合的融合体系，既不是单纯的技术平台，更不是简单地把报、网、端、微的业务捏合到一起，而是由技术平台、业务平台、空间平台组成的综合支撑[8]。这其中，最关键的是由一套全新的组织架构、业务流程和运行机制所构成的业务平台。人民日报中央厨房是在流程创新、机制改革的基础上，开发了理念先进的技术平台，建设了功能完善的空间平台，进一步把融合发展推向深入、全面、综合。"业务—技术—空间"是人民日报中央厨房建设的顺序。

首要是构建适应融媒体生产的策采编发网络，再造策采编发流程。主要是设立总编调度中心，建立采编联动平台。采编联动平台实行采访、编辑、技术部门联席办公，

第二章 创新类型

随时会商,全天候值守,全领域覆盖,全链条打通,全流程协作。采编联动平台分设全媒体编辑中心、采访中心和技术中心。

在中央厨房的整体架构中,总编调度中心是指挥中枢,是策、采、编、发网络的核心层,负责宣传任务统筹、重大选题策划、采访力量指挥。采编联动平台是常设运行机构,负责执行指令、收集需求反馈,工作人员来自报、网、端、微各个部门,大家组成统一工作团队,听从总编调度中心的指挥,进行全媒体新闻产品的生产加工,所有产品直接进入中央稿库。

中央厨房机制改革了管理体制,使整个管理架构从过去的以报纸版面为中心开始转向报纸与新媒体齐头并进;它变革了运行机制,强化了互联网思维,体现了移动优先、一体发展理念;它再造了新闻生产流程,建立起适应融合传播的策采编发网络和流程。

当理顺了初期的业务流程并且具备了一定的融媒体孵化能力,就可以进入第三个建设阶段:把厨房的数据化、智能化、个性化的能力跟上去。所谓的智能化,是指人民日报"中央厨房"后台个性化推荐的公共引擎,可以帮合作媒体的客户端实现个性化推荐,而且可以与《人民日报》的多个新媒体端口打通,互相把合适的内容推荐到各自的端口上去。"这种合作模式就像一个超级的'今日头条',但不同的是,所有的端口、流量、用户等都仍然属于各自媒体,用户感觉不到后台是谁"。

目前,人民日报"中央厨房"可提供18个语种的新闻产品,向国内2000多家媒体和网站,以及几百家海外主流媒体和新闻网站供稿。人民日报中央厨房的建设可以说是对传统报纸媒体的工作流程实现了根本性的改变和创新。

案例 2-3 服务创新案例——京东"配送服务标准"

京东在刘强东的带领下,迅速开发了全国市场,除了对京东商城的货品进行严格的质量控制之外,对京东的服务人员也提出了严格的要求,尤其是对快递员的服务标准进行严格规范。

"428京东配送员日"由京东于2016年首次设立,旨在向所有奋战在一线仓储、配送、客服、售后等员工表示致敬,并呼吁全社会给予这些基层劳动者更多的尊重、关注和关爱。2017年4月20日,在"428京东配送员日"到来之际,京东对外发布了业内首个"五星级配送服务"标准。这一套服务标准包含"您好+"(微笑及文明用语)服务、清洁包裹、纸箱回收、帮带垃圾、拍照通知、闪亮登场、呵护孩子、佩戴鞋套、郊县代购、安心达服务等十条服务规范[9]。此次京东公布的"五星配送服务标准"中，"闪亮登场"、"安心达服务"、"郊县代购"、"呵护孩子"等大众较为陌生的服务标准引起了消费者关注。

据京东相关负责人介绍，"闪亮登场"是指京东要求每位配送员每周对工服进行一次清洗、经常洗澡、每月至少一次理发，保证以最清新的面貌、最良好的形象出现在用户的面前；"安心达服务"是指购买了高值商品的用户，会为之提供新能源车配送等一系列定制服务；"郊县代购"是针对偏远山区购物不便的客户，配送员可以为他们代购一些蔬菜等生活用品；"呵护孩子"则是针对家中有婴孩的客户，配送员了解后提前电话联系，轻声敲门，避免惊扰孩子。据了解，这十项服务标准是京东物流部门通过不断收集、总结实际服务中消费者的需求和反馈制定的。京东根据用户的实际需要对服务标准不断进行充实和完善，力求真正做到360度贴心服务无死角。

另外，京东服务质量的提高与对京东员工的尊重密切联系在一起。京东全新改版了配送小哥主页，小哥的服务星级、服务特色评价标签、配送服务数据得到更充分显示。小哥打赏系统更有效推动用户与小哥的良性互动。

为员工创造受尊敬的工作环境，在调动员工积极性的基础上，通过员工的努力为服务创新注入更多的来源和方式，这一点为很多企业的服务创新提供借鉴。

2.4 市场创新

2.4.1 市场创新的概念

对于企业来说，开拓外部市场和开发内部技术是同样重要的两个维度。市场创新是指通过企业的活动去引导消费，创造需求，开辟新市场。

企业要通过开发利用新机会而不是解决现有问题来取得商业成功，也就是说，营销应该强调市场的开拓，而不是现有市场的分享。市场创新与顾客联系更为紧密，重点在于为现有的产品开发出新的市场空间，或为新的用户群体开发出新的服务或产品，而新的产品或服务可能并不需要太多新的技术的开发。

2.4.2 市场创新案例分析

IBM 在 20 世纪 90 年代初期意识到个人电脑产业无利可图，即出售此业务，并进入 IT 服务和咨询业，同时扩展它的软件部门，一举改变了它在产业链中的位置和原有的商业模式，由提供硬件产品为主拓展到软件和咨询服务业务。

谷歌在意识到大众对信息的获得已从桌面平台向移动平台转移后，自身仅作为桌面平台搜索引擎会逐渐丧失竞争力，于是就实施垂直整合，收购摩托罗拉手机和安卓移动平台操作系统，进入移动平台领域，从而改变了自己在产业链中的位置及商业模式，由提供软件服务拓展到提供硬件产品。

案例 2-4 市场创新案例——低成本航空

低成本航空创造了一个为中低收入者乘坐飞机的环境。人们出行时可能会坐飞机，并把飞机认定为比较高端的出行工具，可以享受快捷的服务，免费的飞机餐，空姐和蔼可亲的服务和各种各样的便利。通过飞机旅行就成为很多人身份的象征，也成为高消费的象征。而随着时代的发展，整个航空业面临极大的竞争，开始出现了另外一类航空公司，我们把它叫作低成本航空公司。低成本航空公司的特点是票价非常低，但对乘客有一系列的限制，例如只允许带一件行李，如果想多带的话，要付较高的费用；上了飞机之后可能没有固定座位，先到者就可以坐到喜欢的座位；提供服务的不是优雅漂亮的空姐，而是中年大妈或大叔；飞机上的饮料和餐食都需要付费。如果在低成本航空飞行上想要接受和传统航空公司同样的服务，乘客要付出更高的成本。但是对于那些只想快速并便宜地完成从一个地方到另外一个地方的飞行，低成本航空公司是一个很好的选择。低成本航空公司为那些收入不是很高的用户提供了价格低廉、快速飞行的服务。这种类型的创新可以称为渐进性的市场定位创新。

案例 2-5 市场创新案例——小额信贷服务

银行会为高端人士或者是能够为银行创造更多利润来源的企业或个人提供信贷服务，一般不会为普通百姓提供信贷服务。但是在印度却出现了不同于传统银行服务的格莱美小额信贷服务，这类服务专门为穷人提供贷款服务。其主要创新点如下：首先服务理念不是为银行创造更多的利润，而是要帮助穷人脱离贫穷；其次，在为穷人提供服务的过程当中不仅仅提供了资金，还为他们提供了培训服务，帮助这些穷人用这些贷款去开展有意义的项目；提高了穷人在使用这些资金的过程中自身发展的能力和自身进行创新的能力，同时降低了贷款无法返还的风险。这样的服务模式，在印度不断流行，解决了当地很多人的温饱问题，在社会上得到了广泛的认可。这类创新可以称为根本性的市场定位创新，因为这种服务为银行增加了新的用户，开拓了新的市场机会。

发起者穆罕默德·尤努斯（Muhammad Yunus）因此获得了世界和平奖，原因就是这样的一种服务更多的是创造了一种社会效应，让更多的穷人有机会能够自力更生，有机会能再为社会创造更多的产品或者服务。

2.5 商业模式创新

2.5.1 商业模式的概念

彼得·德鲁克曾经说过，当今企业之间的竞争，不是产品之间的竞争，而是商业模式之间的竞争。商业模式，是指企业价值创造的基本逻辑，即企业在一定的价值链或价值网络中如何向客户提供产品和服务并获取利润。

商业模式是一种包含了一系列要素及其关系的概念性工具，用以阐明某个特定实体的商业逻辑。它描述了公司能为客户提供的价值以及公司的内部结构、合作伙伴网络和关系、资本等用以实现（创造、营销和支付）这一价值并产生可持续、可营利性收入的要素。商业模式设计最核心之处就是抓住市场的痛点，并在推进业务的过程中不断寻求市场的痛点，对商业模式进行改进。

2.5.2 商业模式关键要素和框架

可以把商业模式的关键构成要素提炼为五类：Who, What, How, Cost, Benefit，其含义如下：

（1）Who：指的是消费者，是企业选定的要服务的对象。可以按照地理、人口、心理、国籍、民族等维度对消费者进行细分。随着互联网技术、大数据技术的发展，用户细分的粒度越来越小，为用户提供精准化、定制化的服务成为可能。不但可以为不同类型的用户提供不同的服务，还可以为同一类用户在不同的时间、地点，甚至不同的状况下提供不同的服务。

（2）What：指能为客户带来不能替代的价值。价值可以是定量描述，例如价格、服务的速度；也可以定性描述，例如设计、消费者体验。

（3）How：指的是如何为特定的消费者提供特定的价值。包括与其他哪些企业合作，如何汇聚资源，采用哪些关键的活动。关键活动包括了生产方案、问题解决方案和打造的平台等。关键资源可包括物质、知识产权、人力和财力等各种资源。合作者网络的类型可以是战略联盟，也可以是合资、上游供应者或下游经销商。

(4) Cost：指的是企业在为消费者提供价值的过程中所产生的各种花费，并且要使得成本尽可能地低。成本一般包括固定成本和变动成本。

(5) Benefit：如何从为客户创造价值的过程中获得收益。

基于以上要素可以将商业模式的核心概述为：采取怎样的方式如何为特定的消费者提供什么样的价值，并在这一过程中尽可能地降低成本，提高效益。商业模式的详细框架如图 2-5 所示。

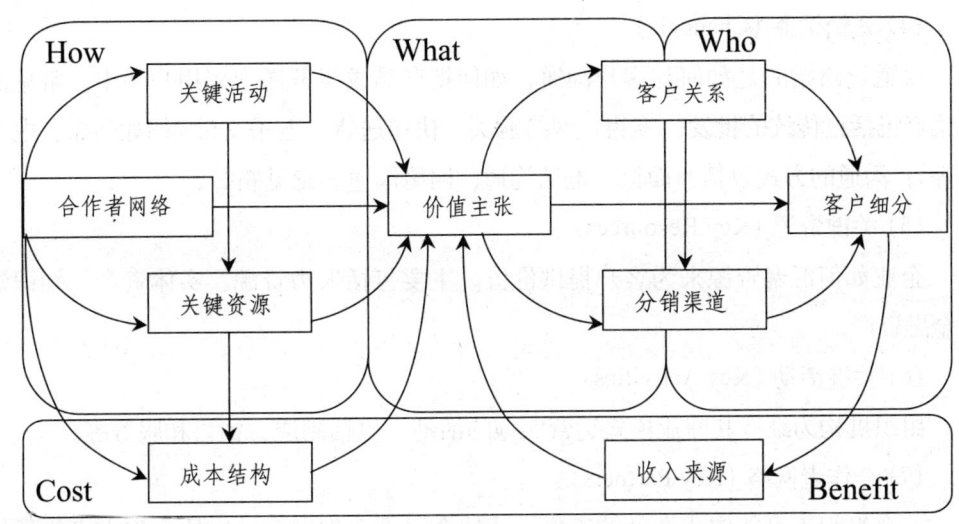

图 2-5　商业模式框架图

框架图中各模块的详细解释如下：

(1) 客户细分（Customer Segmentation）

每个组织机构不可能服务所有的用户，因此对消费者进行细分研究成为必然。随着互联网技术、大数据技术的发展，消费者的行为可以被清晰记录，不仅是其性别、年龄、职业等基本信息，而且包括了消费者的偏好、所处的环境甚至于心情等更为具体的信息，依据这些，为消费者在特定的时间提供精准化的服务已经是大势所趋。

(2) 价值主张（Value Propositions）

组织机构为目标客户群体提供的不能替代的价值。具体表现形式可能是产品、服务，也可能是用户体验。价值具体表现形式有多种，举例如下：

便利性：例如快递服务、外卖服务提供的分别是物流、餐饮的便利性。

节约资金：例如网络电话、网上购物、宽带套餐等，帮助用户大大节约了支出。

身份提升：例如各类奢侈品、衣物、箱包、珠宝等，为用户提供的是身份的象征，品牌的提升。

降低风险：各种保险公司、管理咨询公司，通过提供保险、咨询，为客户提供事后、事前的保险。

（3）客户关系（Customer Relationship）

在商业模式设计中，要明确组织机构与客户的关系类型，是个性化的、自动化的，还是自助式服务？是单次服务、订购服务还是长期服务？是品牌的知晓者、拥护者还是宣传者？不同的客户关系对于开发新的用户、保留已有用户起着关键的作用。

（4）分销渠道（Channels）

渠道通路指的是如何与客户沟通，如何把产品或服务递交到用户手中。常见的分销渠道包括：传统的批发、零售；网络购买、快递送货、电子交付（例如转账、电子发票等）；沟通的方式包括：面谈、电话沟通、网络沟通、意见箱等。

（5）关键资源（Key Resources）

企业如何汇聚资源来为客户提供价值。主要包括人力资源、实体资产、知识资产和金融资产。

（6）关键活动（Key Activities）

组织机构为维持其商业模式运营实施的活动，包括制造、销售和服务等。

（7）合作者网络（Key Partners）

一个组织不可能完成全部的工作，往往会寻求合作者。采取的合作方式包括战略联盟、合资、提供加工生产等。

（8）成本结构（Costs）

成本包括固定成本和变动成本，不同行业固定成本和变动成本所占的比例也不同。开发市场、吸引用户所花费的成本在互联网企业中占据着越来越大的比重。

（9）收入来源（Revenue）

收入来源可包括以下方面：一次性售出所得、租赁费用、服务或使用费用、订购费、注册费、中介费等。设计收入来源的要点一是要清楚客户愿意为哪些价值付费，二是用户喜欢的支付方式。

客户价值主张和收入来源分别明确了客户价值和公司价值，关键资源和关键活动则描述了如何实现客户价值和公司价值。

2.5.3 商业模式创新

商业模式创新是指改变为顾客创造价值的方式，力求满足顾客不断变化的需求，为顾客提供更多价值，为企业开拓新的市场，吸引新的客户群。也就是对以上提及的多种要素重新进行组合。

商业模式创新可以从以下四个维度考虑：

价值比较：企业通过向客户提供差异化的产品和服务，较同类竞争对手具有价值比较优势。代表企业：英特尔、瑞士手表、星巴克、通用电气。

价值利基：企业基于基础产品继续为客户提供后续的互补性或衍生产品而多重赢利。代表企业：吉列、迪士尼、国美。

价值平台：企业构建一个产业链上下游即供应者和购买者之间的价值交换平台，通过提供服务获取利润。代表企业：阿里巴巴、谷歌。

价值整合：企业通过对内部资源要素的优化和对外部资源要素的整合实现企业的价值增长。代表企业：耐克、戴尔。

例如，直销模式是对传统代理分销模式的一次商业模式创新，本质上减少、简化甚至是消灭了中间商，让产品直接到达消费者手中。国美电器、苏宁电器的出现是对传统家电销售渠道的一次商业模式创新。阿里巴巴旗下的淘宝和天猫创造了C2C和B2C的商业模式，这种商业模式的创新在于不经营具体的任何一件产品，仅仅只做平台。博士伦公司由眼镜到护眼产品，再到激光手术设备的改变，是在深度挖掘用户价值的基础上开发新产品，提供新服务。

商业模式创新有一些是在科技创新的推动下发生的，但更多的是企业家对商业逻辑的深刻理解和重新优化组合。今天要求企业家具备互联网思维、用户思维、产业思维、大数据思维、平台思维和跨界思维等，才能捕捉更多的机会。商业模式创新所产生的效果往往是重大的，将影响着人类社会的生产方式及生活习惯。

2.5.5 商业模式创新案例分析

商业模式创新就是不断寻找市场的痛点，并解决市场痛点。下面我们分析一个初创企业寻找创新模式的案例。

案例2-6　商业模式创新案例——小米商业模式

小米公司成立于2010年4月，是一家专注于高端智能手机、互联网电视以及智能家居生态链建设的创新型科技企业。公司自创办以来，一直以令世界惊讶的速度在成长，小米在2012年全年售出手机719万台，2013年售出手机1870万台，2014年售出手机6112万台，2017年售出手机9200万台，同比增长高达59%。[10]凭借着极客的精神去开发产品,心怀"让每个人都能享受科技的乐趣"的愿景,小米以手机业务为基础开发了一系列优质的高科技产品,在中国乃至全球市场上取得了令人骄傲的成绩。

在2017年由耶鲁北京中心举办的领袖论坛上,小米公司董事长兼CEO雷军发表了主题演讲,围绕小米7年来的成长史,剖析了小米的商业模式创新、遇到的难点及解决方案。小米将其商业模式定义为"铁人三项",即硬件+新零售+互联网,如图2-6所示。

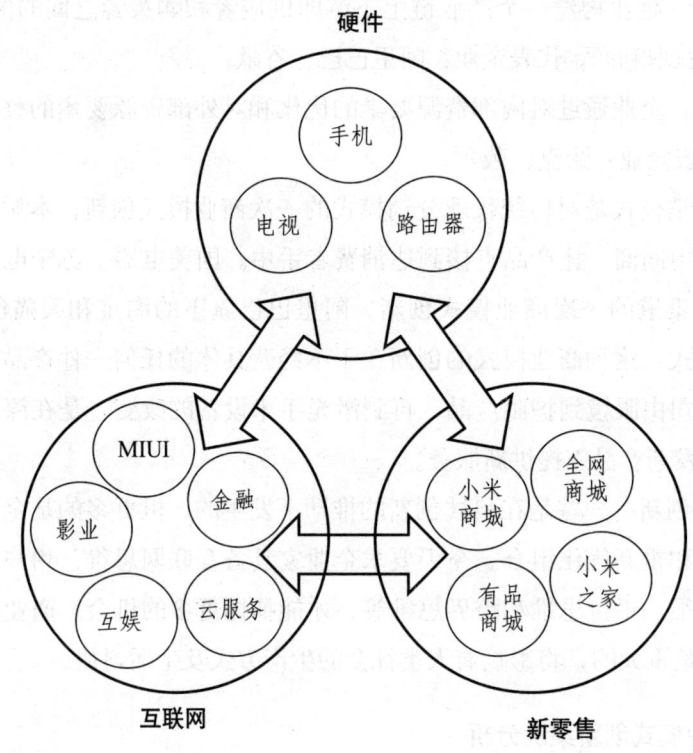

图2-6 小米的商业模式

小米通过自己的研发来制造高质量的手机,通过减少销售渠道、不发广告、利用"饥饿营销"等一系列措施来销售产品,大大降低了成本。通过低价将高质量的产品卖给用户,同时节省下来的成本投入研发。为了与用户建立黏性,打造了MIUI系统,通过一系列的云服务、互动娱乐与用户建立起紧密的联系。开发小米商城,作为自己的销售渠道,小米商城除了销售手机之外,还打造小米之家系列产品,尤其是智能化家居,通过手机将各类家电产品的销售联系起来。高效、低成本、多元化、黏性强成为小米商业模式的主要特点,多维度的商业模式形成了其竞争优势,与传统商业模式相比形成了鲜明的对比。

2.6 创新类型归纳

在乔·蒂德（Joe Tidd）的《*Managing Innovation*》一书中将创新分为产品/服务创新、过程创新、定位创新以及范式创新。产品/服务创新是指通过改变组织提供的产品或服务实现创新，例如 Windows Vista 取代 XP，其本质上是提升现有软件的方法；过程创新是指改变事物生产和配送的方法，例如改进的固定电话服务，扩大的股票经纪服务范围；定位创新是指改变产品或服务引入的环境，例如格莱珉银行为穷人开放信贷；范式创新是改变根本的模式，它界定了组织要做的事情框架。例如激光手术设备、专业光学器件和对人工视力的研究。[11]

以上分类方法虽然简洁并且易于理解，但是随着创新研究内容的拓展和新的创新现象的出现，已经不能将主要的创新类型包含进去，同时产品创新和服务创新的区别也越来越明显，不宜将二者放在同一个类别中进行说明。因此本书按照内容的不同将创新的分类进行了重新梳理。其中将产品创新和服务创新分开描述；将定位创新修订为市场创新，因为定位创新最本质的含义也是寻找新的产品适用的环境；将范式创新修订为商业模式创新，"范式"这个词本身较难以理解，实际上指的是全方位的创新，而商业模式涵盖的九个要素可以很全面地将范式创新要表达的含义涵盖进来。具体的分类和实例见表2-2。

表2-2 创新的类型归纳表

创新的类型	渐进性创新 （做我们所做的但却做得更好）	根本性创新 （做完全不同的事情）
产品创新	Windows Vista 取代 XP——本质上提升现有软件的方法 手机的不断改进	新软件：比如一个语音识别程序 移动通讯服务：马—邮政—电话—移动电话—互联网 马车—汽车—火车—飞机 燃油汽车—混合动力汽车—电动汽车 蒸汽火车—内燃机车—电力火车
工艺创新	改进的固定电话服务 扩大的股票经纪服务范围 改进的拍卖行服务业务 通过改进升级设备提高工厂的运营效率	Skype和其他网络语音电话业务 在线股票交易市场 丰田生产系统和其他"精益生产"的方法 菲律宾肯尼亚的手机银行——使用手机作为银行系统
服务创新	京东的网上服务	人民日报的"中央厨房"

续表

创新的类型	渐进性创新 （做我们所做的但却做得更好）	根本性创新 （做完全不同的事情）
市场创新	低成本航线 戴尔将个人用户细分、制定个性化的配置 银行服务将目标定位关键人群——学生、退休职工等	一个孩子一个笔记本计划——普通的100美元的计算机 小额信贷——格莱珉银行为穷人开放信贷
商业模式创新	博士伦的商业模式： ◆ 眼镜 ◆ 眼睛护理——开发了成为日用品的太阳镜、隐形眼镜等旧业务 ◆ 激光手术设备、专业光学器件和对人工视力的研究 IBM从机器制造商转换为提供服务和解决方案的公司——出售其生产的电脑并建立起咨询支持服务	iPhone：一部宽屏触控的iPod、一部革命性的手机，一台互联网通信设备 iTunes 平台：一个完全个性化娱乐的系统 小米的硬件＋互联网＋新零售

为了更好地说明创新各类型之间的关系，我们设计了一个二维表，如表2-3所示。这个表格的行是按照创新的难易程度进行的分类，包括渐进性创新、根本性创新和颠覆性创新。表格的列是按照创新的内容进行的分类，包括产品和服务创新、工艺流程创新、市场定位创新和商业模式创新。

表2-3 不同创新类型比较

创新内容 创新程度	技术维度		市场维度	企业层次
	产品/服务创新	工艺/流程创新	市场定位创新	商业模式创新
渐进性创新	PC机不断升级 微信版本升级	生鲜运输物流	低成本航空	共享单车代替传统自行车租赁
根本性创新	火车不断升级	网上银行	穷人银行	余额宝理财
颠覆性创新	小型机-微型机微信代替QQ	网上商城	—*	智能手机代替数字手机

* 市场维度创新的主要特点在于发现新的用户群体，并为其提供相应的服务，不太可能替代原有的用户群体服务。

讲解创新的类型是为了让企业管理者理解不同程度的创新都可以为企业带来帮助；在不同的创新阶段需要采取不同的创新类型；不同的创新类型在企业发展的不同阶段

要进行转换，并要进行提前布局；渐进性创新和根本性创新针对不同的创新方面又有所不同。

本书所有的内容设计都是围绕着"创新"来进行的，创新是所有活动的核心，战略创新、组织创新的实施都是围绕着创新活动的要求展开的。

参考文献

[1] Kristina B.Dahlin, Dean M.Behrens. When Is an Invention Really Radical? Defining and Measuring Technological Radicalness. Research Policy[J]. Research Policy, 2005, 34(5):37-717.

[2] 克莱顿·克里斯坦森. 创新者的窘境 [M]. 北京：中信出版社, 2010.

[3] 克莱顿·克里斯坦森. 创新者的窘境 [M]. 北京：中信出版社, 2010.

[4] PD Hertog, WVD Aa, MWD Jong. Capabilities for Managing Service Innovation: Towards a conceptual Framework[J]. Journal Of Service Managemet, 2013, 21(4):490-514.

[5] 克莱顿·克里斯坦森. 创新者的解答 [M]. 北京：中信出版社, 2010.

[6] 吴贵生. 技术创新管理 [M]. 北京：清华大学出版社, 2000.

[7] 陈劲. 创新管理：赢得持续竞争优势 [M]. 北京：北京大学出版社, 2007.

[8] 杨振武. 推进媒体深度融合工作座谈会 [EB/OL]. 人民网, 2017-01-16. http://media.people.com.cn/n1/2017/0116/c120837-29027309.html.2017-01-16/2017-1-16.

[9] 京东发布"五星级配送服务"标准包含 10 条服务规定 [EB/OL].TechWeb, 2017-04-20. http://www.chinaz.com/news/2017/0420/690541.shtml.2017-4-20/2017-4-20.

[10] 小米公司官网 [DB/OL]. https://www.mi.com/about/.

[11] Joe Tidd, John Bessant. Managing Innovation: Integrating Technological, Market and Organization Change[J].Social Science Electronic Publishing, 1997.

第三章 创新模型

2017年9月13日苹果公司（Apple）发布新机型——iPhone X。其中"X"是罗马数字"10"的意思，代表苹果向 iPhone 问世十周年致敬。iPhone X 属于高端版机型，采用全新设计，搭载色彩锐利的 OLED 屏幕，配备升级后的相机，使用 3D 面部识别传感器解锁手机，支持 AirPower（空中能量）无线充电。iPhone X 中新嵌入的面部识别技术和无线充电技术都属于技术创新。是哪些力量在推动企业不断推出新的产品呢？高通的 CEO 史蒂夫·莫伦科夫（Steve Mollenkopf）说，人们总是喜欢更新换代的产品，用户需求的不断提高促使企业不断创新，同时企业市场上的竞争对手所造成的压力也要求企业不断推出新的产品。各种不同的因素在创新过程中发挥着不同的作用。那么哪些因素能够更好地推动创新过程？这是研究者们研究创新模型的初衷。

3.1 创新的一般模型

创新的一般过程模型包括产生创意，研究和开发，应用和扩散几个阶段，可描述为图 3-1。

创意除了来源于内部研发，还可以来源于消费者、供应商、其他产业等方面，企业在获取多方创意的基础上，对创意进行选择，并进行开发；[1] 开发的过程可以是自身为主，也可以联合外部力量；在技术研发的过程中，企业的技术实力不断提高；研发的成果一方面为企业创造绩效，另一方面技术创新成果会以知识产权的形式出现。知识产权也会为企业带来收益。这一模型清晰地刻画了创新的过程，如想对创新的过程进行更仔细地探讨，可参考后续章节。

第三章 创新模型

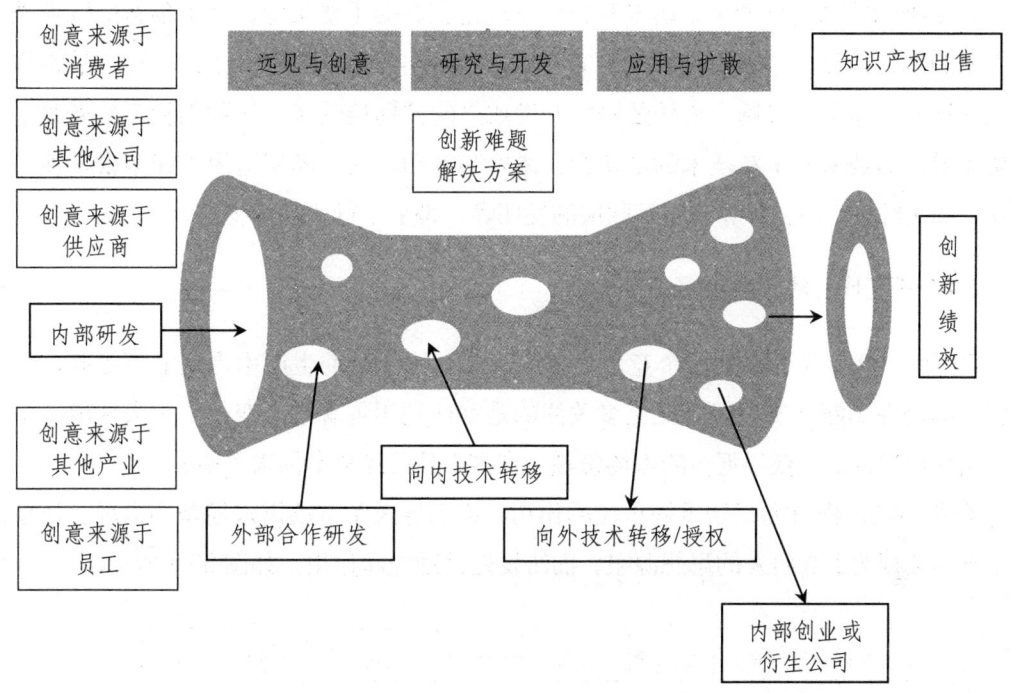

图 3-1 创新的一般过程模型

3.2 创新的经典模型

3.2.1 第一代：简单线性的技术推动模型

20世纪40年代随着半导体、电子信息技术、新材料等新技术的蓬勃发展和一些产业的新技术突破并成功商业化，出现了许多新的商业机会，大大推动了社会进步和经济发展，科学技术的地位和作用得到广泛认可，大量企业通过开发新产品取得了巨大成功。在这种背景下，出现了第一代创新过程模型。

该模型假设从来自应用研究的科学发现到技术发展和企业中的生产行为，并最终导致新产品进入市场都是一步步前进的，如图3-2所示。

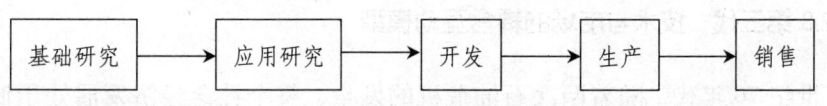

图 3-2 技术推动创新模型

技术推动的创新模型中，研发和科学发现是创新的主要来源，技术创新是技术成果引发的线性过程，这一过程始于研究开发，经过生产和销售等一系列活动，最终将某项新技术产品引入市场，市场是研究开发成果的被动接受者。这种创新不是来源于市场需要，而是来源于新技术的被认识、激发和推动。这一模型适用于许多根本性的创新，如无线电产品、计算机、互联网的发明等，带来了行业的巨变。

3.2.2 第二代：线性的市场拉动模型

20世纪60年代后期是一个竞争增强的时期，这个时期生产率得到显著提高，尽管新产品仍在不断开发，但企业更多关注的是如何利用现有技术变革、扩大规模、多样化实现规模经济，获得更多的市场份额。许多产品已经基本供求平衡。

企业创新过程研究开始重视市场的作用，因而导致了市场需求模型的出现。该模型中市场被视为引导研发的思想源泉，而研发是被动地起作用，如图3-3所示。

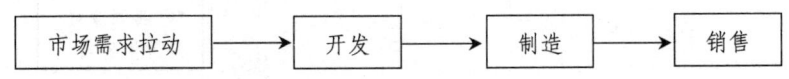

图3-3 市场拉动的创新模型

在市场需求拉动的创新模型中，市场是研究与开发构思的来源，市场需求为产品和工艺创新创造了机会，根据市场需求去寻找可行的技术和工艺，创新是市场需求引发的结果，而不是技术发展推动的结果。[2] 需求在创新过程中起到了关键性的作用。这一模型在顾客精通技术时容易发生，多为渐进性创新。获取市场用户信息的方式包括：抽样调查、样品试用、酒店试睡和用户体验等。目前，随着大数据技术的发展和互联网业务的兴起，可以对用户的消费行为进行实时跟踪，对用户的分析不再限于样本抽样，而是可以对更大范围的用户精细分析，从而使得为用户提供定制化的服务成为可能。

Netflix在购买剧集的时候，收集大量演员信息、节目信息、导演信息及受众反馈，很多自制剧集就是在这样的背景下挑选了演员和其他制作人员，从而促进了Netflix制作的剧集在市场上大获成功。

3.2.3 第三代：技术与市场的耦合互动模型

20世纪70年代，随着两次石油危机的发生，整个社会经济发展处于低迷状态，大量产品供过于求，企业更多关注的是如何通过技术手段降低成本，提高竞争力。这一时期也是创新过程研究的一个高潮,许多学者通过实证研究方法研究了创新过程的本质和特点,为企业开展有效的创新提供理论支持,减少或避免资金或资源的浪费。大量研究显示,对科学、技术和市场三者相互联结的一般过程而言,线性的技术推动和市场拉动模型都过于简单和极端化,并且不典型[3]。莫厄里(Mowery D.C.)和罗森堡(Rosenberg N.)于是总结提出了交互(或称耦合)创新模型,如图3-4所示。

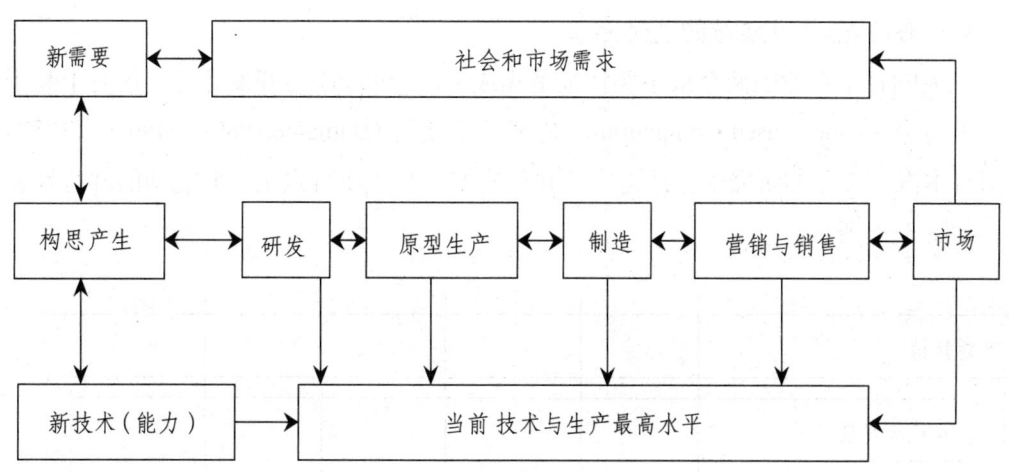

图3-4 技术与市场的耦合互动模型

案例 3-1 交互创新模型案例

在信息爆炸时代,传统移动客户端的烦琐分类及一成不变的栏目,难以满足不同读者的信息需求,因此,建立在大数据基础上的个性化推荐就成了必然选择。"今日头条"提倡"你关心的才是头条",将用户思维发挥到极致。"今日头条"信息推荐系统由其算法、大数据及机器学习提供技术保障。其中的核心是"机器学习",包含观察、记忆、理解三层技术,更加人性化。首先是观察用户对某一条内容的评论、收藏等,甚至根据阅读的停留时间长短等因素,分析用户对某类话题的兴趣度,判断并记忆读者的兴趣点,并根据用户兴趣度调整推荐信息。此外,还有基于用户位置的内容推荐,包括推送所处位置相关信息,或是根据用户手机所处不同位置的时长来判断用户对某地信息的需求量。随着搜索、阅读使用时长的增加,算法的不断演进,抓取分析的结果愈发到位,推荐精确度愈来愈高,也愈能契合用户的需求。毋庸置疑的是,大数据基础上的个性化信息推荐,正在成为一种新的行业热点。

3.2.4 第四代：集成并行模型

进入 20 世纪 80 年代，日本企业在全球市场上的优势不断提高。这一时期的一个显著特征是西方国家开始意识到不仅来自 JIT 生产、质量导向的生产过程推进了日本企业的创新，而且发现日本企业的新产品开发过程也帮助他们比西方国家更快更有效地不断推出新产品。虽然第三代创新过程模型包含了反馈环，有一些职能间的交互和协同，但它仍只是逻辑上连续的过程。

领先的日本企业的两个最主要特征是集成（Integration）与开发并行，这对于基于时间的竞争（Time-based Competition）是至关重要的（Dumaine,1989）。Graves（1987）在对日本汽车工业的研究中总结提出了并行模型，其主要特点是各职能间的并行性显著。如图 3-5 所示。

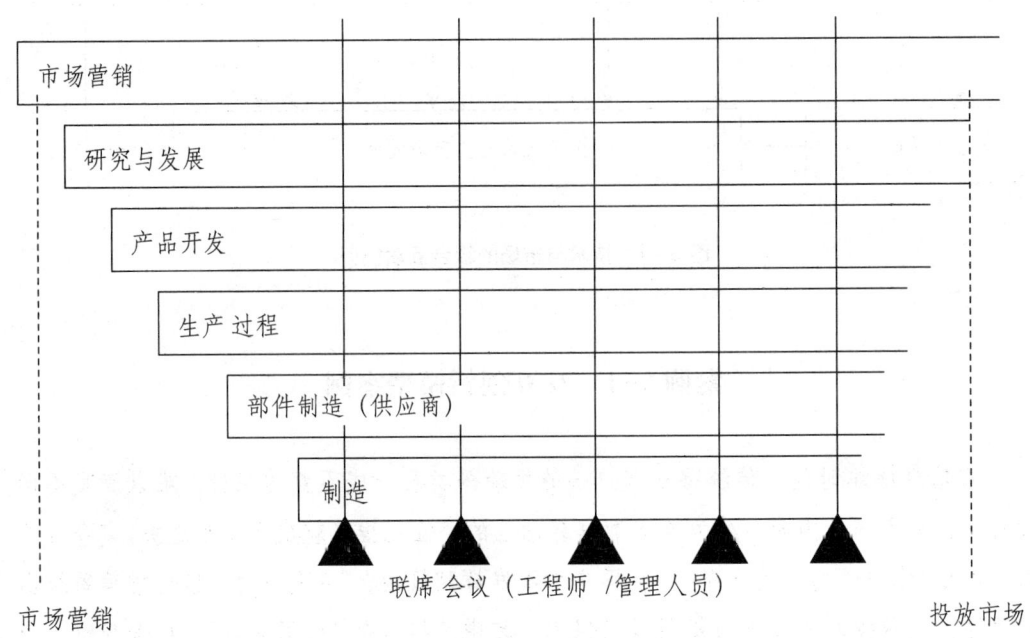

图 3-5　集成并行创新过程模型

3.2.5 第五代：系统集成与网络化模型

20 世纪 80 年代末以来，越来越多的学者和企业意识到，新产品开发时间正成为企业竞争优势重要来源，但产品开发周期的缩短也往往意味着成本的提高。Graves（1989）指出，新产品开发时间每缩短 1% 将导致开发成本平均提高 1%—2%。罗伊·罗斯维尔（1992）进一步发现一些领先的创新者正在向时间更短、成本更低的以系统集成和网络化为特征的第五代创新过程转变[4]，包括产品开发的技术、组织、制度、生产等更加整合、更紧密的企业间纵向和横向联系，以及更多地运用先进复杂的电子信息工具箱，如图3-6所示。

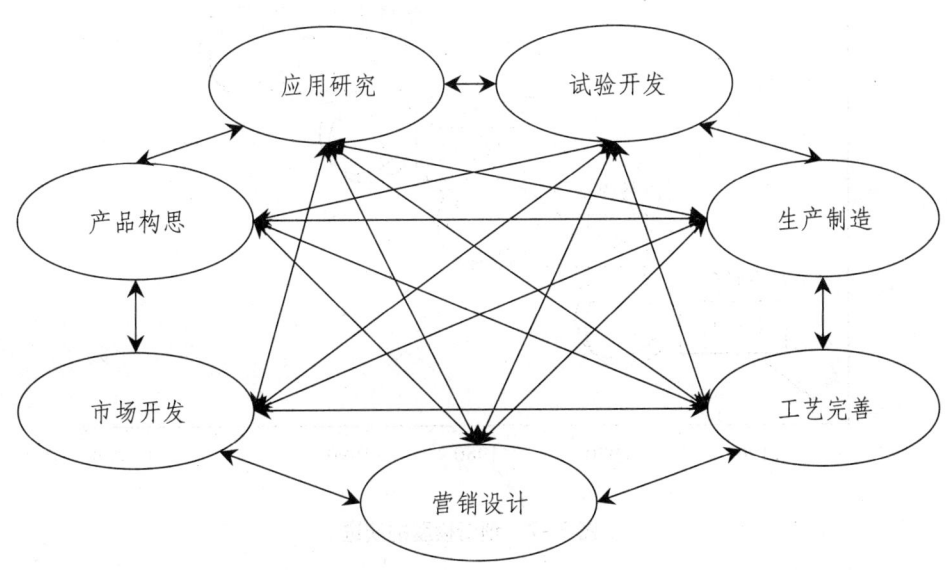

图3-6 系统集成与网络化模型

第五代模型的主要特点如下：

◆ 整个组织和系统的集成：供应商和客户都会参与创新，横向合作开发越来越多。

◆ 扁平化组织结构：低等级管理人员拥有更多权利，项目管理者拥有更多权利。

◆ 发达的内部数据库：数据共享系统、产品开发系统、CAD系统、ERP系统等企业管理的信息化大大提高了系统管理的效率。

◆ 有效的外部数据链接：企业内部信息化系统与外部机构，例如供应商、销售商建立起越来越密切的链接。

3.2.6 五代创新过程模型的演进

第四代、第五代创新模型的出现，相比于前三代，是创新管理理论与实践的飞跃，从线性、离散模型转变为集成、网络化复杂模型；创新过程的复杂性大大增加了创新管理的复杂性，现代信息技术和管理技术的发展为创新管理过程提供了更有力的支持。[5]

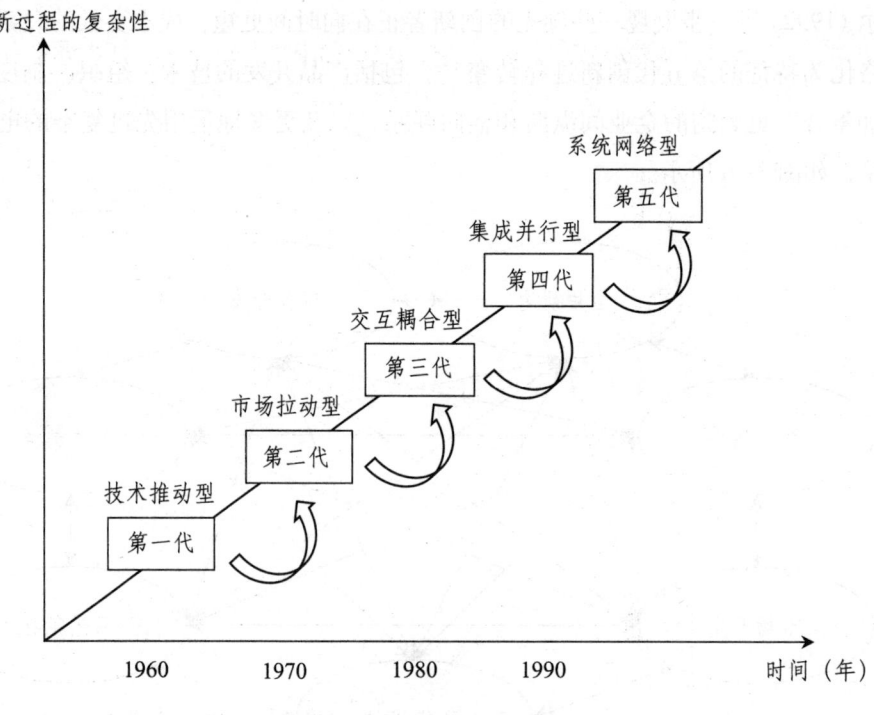

图 3-7　创新模型的演进

3.3 创新的动态模型

3.3.1 模块化创新

在 20 世纪 80 年代中后期，尤其是进入 90 年代后，伴随全球范围内市场环境的剧烈变化，越来越多的企业采用业务外包、与其他企业建立合作关系的方式进行采购、制造加工和销售等活动，于是模块化又作为一种时髦名词而频繁出现于企业与产业组织的研究中。模块化创新（Modular Innovation）优势如下：

（1）加快创新速度

（2）分散投资，降低风险，应对不确定性

（3）降低交易成本

（4）模块重用，降低开发成本

（5）为合作创新战略提供技术基础

复杂产品系统（Complex Product Systems，简称 CoPS）模块化创新模型如图 3-8 所示。

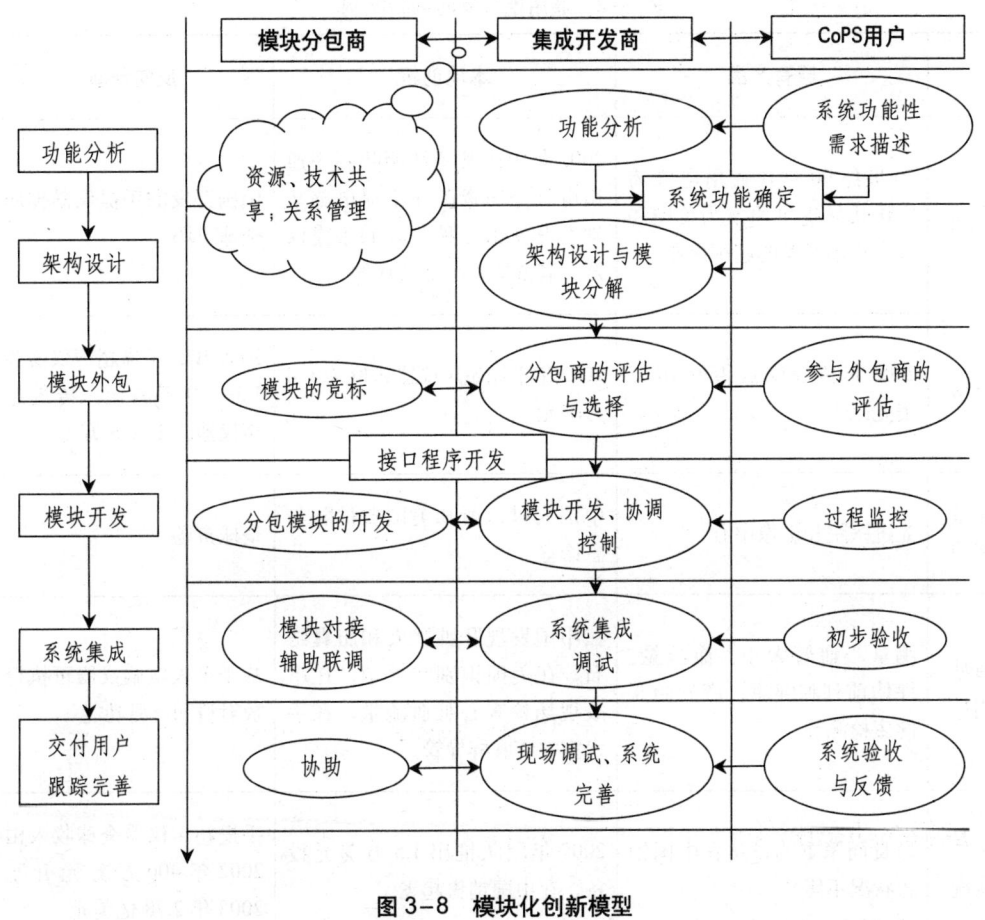

图 3-8 模块化创新模型

3.3.2 反向创新

2009 年美国学者贾伊·戈文达拉扬（Govindarajan）和通用电气总裁杰夫·伊梅尔特（Jeffery Immelt）提出反向创新（Reverse Innovation）。反向创新指跨国公司在新兴市场开发低端产品，并通过产品升级改造，反过来将之推向全球市场的过程，创新模式沿着低端市场推广至高端市场。反向创新隐含了两层含义：一是低端需求可能引导产生全球性创新动力；二是创新源头从高端市场转向低端市场。通用电气曾经为美国和日本市场开发了售价 10 万的超声仪器，在将这款仪器推向中国市场的过程中，由于价格太高，难以售出[6]。因此开发了针对中国市场的便宜仪器，仪器在功能上有所减少，并且在产品的移动性上进行了改进，使之适用于发展中国家市场。在发展中国家市场取得成功之后，又被推向美国、日本等发达国家市场。表 3-2 展示了通用电器反向创新情况。[7]

表 3-2 通用电气反向创新案例

	原有产品	本地创新	反向创新
产品	20 世纪 90 年代通用电气为中国市场提供原本为美国和日本市场开发的超声仪器	2002 年中国某当地团队利用通用电气全球资源在手提电脑基础上开发出一种便宜的手提仪器，装备探头和复杂软件	中国开发的手提仪器推向全球市场
价格	2002 年传统仪器售价 10 万美元以上	2002 年手提超声仪器售价为 3-4 万美元	2009 年，手提超声仪器为 1.5—10 万美元，传统超声仪器为 10–35 万美元
典型客户	先进医院和影像中心	中国农村诊所和美国救护队与急诊室	全球市场
典型用途	测量心血管大小、血流量、评估前列腺健康、产妇胎儿健康检测等	在中国发现肝脏肥大和胆囊结石，在美国识别宫外孕，在事故现场检查心脏血流量，在手术室安装麻醉导管	基于个人电脑仪器可执行放射科和产科功能
销售状况	昂贵而笨重的设备在中国销售状况不佳	2007 年团队推出 1.5 万美元设备，在中国销售起飞	手提超声仪器全球收入由 2002 年 400 万美元升至 2008 年 2.78 亿美元

3.3.3 偶发性创新

由偶然因素引发的创新模式称为偶发性创新（Serendipitous Innovation），偶发性创新的案例常常可见。

◆ 强生公司的"邦迪"创可贴来源于公司职员迪克森为太太包扎伤口时无意间做的"药膏带"。

◆ 杜邦公司的"特氟隆"来源于制冷剂研究过程中普伦基特发现的圆罐中的"不明物质"。

◆ Sony 公司的第一部家用录像机来源于影音棚录像剪辑设备项目的失败。

◆ 3M 公司的"易事贴"和油脂吸附材料也是意料之外的创新成果。

第三章 创新模型

其实偶发性创新并不是偶然发生,而是与企业的创新制度和创新文化息息相关。[8] 例如谷歌、3M 等公司都规定员工可以拿出工作时间的 20% 来从事自己感兴趣的研究项目,这为偶发性创新的形成创造了良好的氛围和基础,而偶发性创新正是来源于平常企业员工的日常积累。

3.3.4 迭代式创新

随着产品生命周期的缩短,以及企业之间竞争的加剧,如何开发出适应于市场的产品,已经成为企业持续要解决的问题。传统的产品开发模式已经越来越不适应市场的需求,因此迭代创新模式已经成为卓有成效的创新模式。迭代创新的主要特点是首先针对一小批用户,做出一个产品的雏形,先向市场推出极简的原型产品,以最小的成本和有效的方式验证产品是否符合用户需求,再结合需求,迅速添加组件。然后慢慢地去滚动发展,增加或整合更多的产品功能,如果被市场接受,则成为成果的产品。如果产品不符合市场需求,也能"快速而廉价地失败",从而帮助开发者迅速转向。

微信、米聊、韩都衣舍等诸多互联网时代的产品都已经成为迭代式创新的典型案例。Google 在企业内部也实施迭代创新模式,其迭代创新的过程如图 3-9 所示。

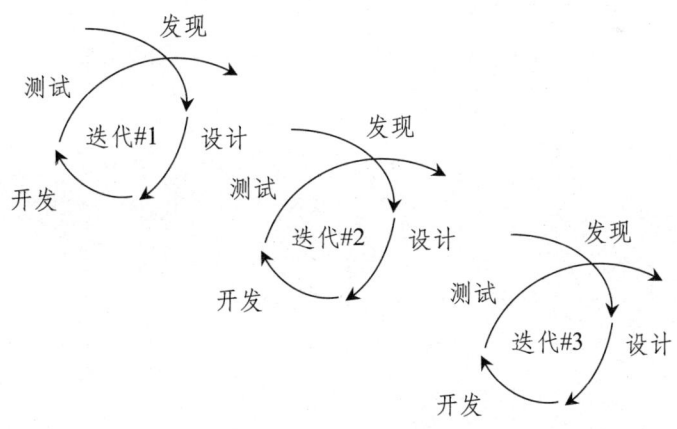

图 3-10 迭代创新模式

随着社会和技术的发展,创新模型也不断发生着变化,新的模式不断涌现。如何更好地推进创新的过程,对于创新引领者和跟随者不同,对于大型企业和中小型企业不同,对于不同行业的企业也不同,企业要根据自身实际情况、外部环境的变化不断调整、优化,寻找到合适的创新模式和创新机制。

参考文献

[1] 陈劲. 创新管理：赢得持续竞争优势 [M]. 北京：北京大学出版社, 2007.

[2] 克莱顿·克里斯坦森, 胡建桥 (译). 创新者的窘境 [M]. 北京：中信出版社, 2010.

[3] 克莱顿·克里斯坦森, 迈克尔·雷纳. 李瑜偲, 林伟, 郑欢 (译). 创新者的解答 [M]. 北京：中信出版社, 2010.

[4] Roy Rothwell. Towards the Fifth-generation Innovation Process[J]. International Marketing Review, 1994, 11(11):7-31.

[5] 彼得·德鲁克. 管理的实践 [M]. 北京：机械工业出版社, 2009.

[6] 彼得·德鲁克. 创新与创业精神 [M]. 上海：上海人民出版社, 1985.

[7] 刘宇, 马卫. 通用电气的反向创新 [J]. 企业管理, 2011, (10)：34-40.

[8] 彼得·德鲁克. 创新与企业家精神 [M]. 北京：机械工业出版社, 2007.

第四章 创新型组织

史蒂夫·乔布斯（Steve Jobs）曾经说过："创新与你投入了多少研发经费毫无关系。真正重要的不是金钱，而是你所拥有的人才、你的领导方式和你的领悟能力。"

创新型组织在决定创新项目的成败中起着重要的作用。本章在总结企业组织结构变迁的基础上，对互联网时代创新型企业的组织架构和主要特点进行了分析，对如何构建创新型组织提供了思路。为了更好地对创新型企业的组织模式进行分析，本章首先简要回顾和梳理了企业组织架构的变迁。

4.1 组织架构的变迁

4.1.1 层级式组织架构

最传统的组织架构是层级式组织架构，最上层是总经理，总经理下设各行政管理部门，通常包括财务部门、人力资源部门、销售部门以及研发部门等，这些部门之间通过协同作业来推进整个企业的活动。

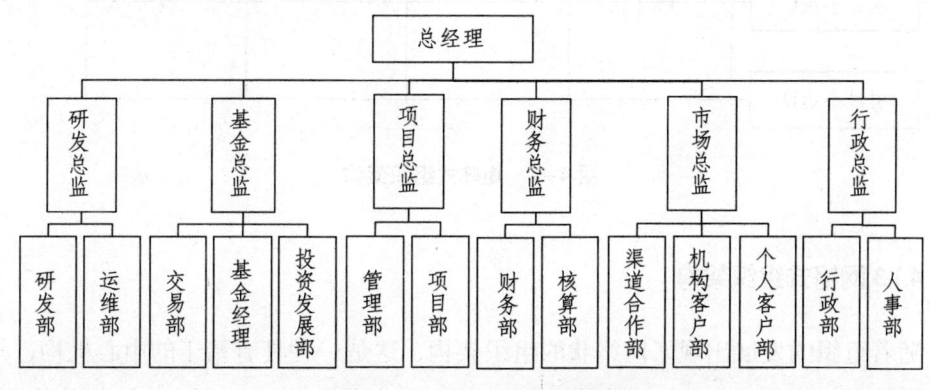

图 4-1 层级式组织架构图

层级型组织架构影响了我们很长时间，在早期有力推动了企业管理向前发展，它的优点在于管理机构简单，管理费用较低，能够快速的传达各个层级的指挥命令，上下级责权明确。企业一般在建立的初级阶段都采取层级组织架构。

4.1.2 矩阵式组织架构

矩阵式组织架构出现于20世纪50年代，在层级式组织架构的基础上，业务项目组也成为重要的组织形式，如图4-2所示。组织原有的组织架构保持不变，依然保留着人事、研发、采购等职能部门，但是增加了横向的项目系统，各部门的员工可以按照项目的需求接受某一个项目的领导，同时在行政管理上服从行政部门的管理。矩阵式的组织模式增强了企业横向部门和纵向部门之间的配合和信息交流。虽然矩阵式结构增强了企业对不同资源的有效管理，但是容易造成职责和职权划分不明，员工受双重领导，容易引起管理上的混乱。

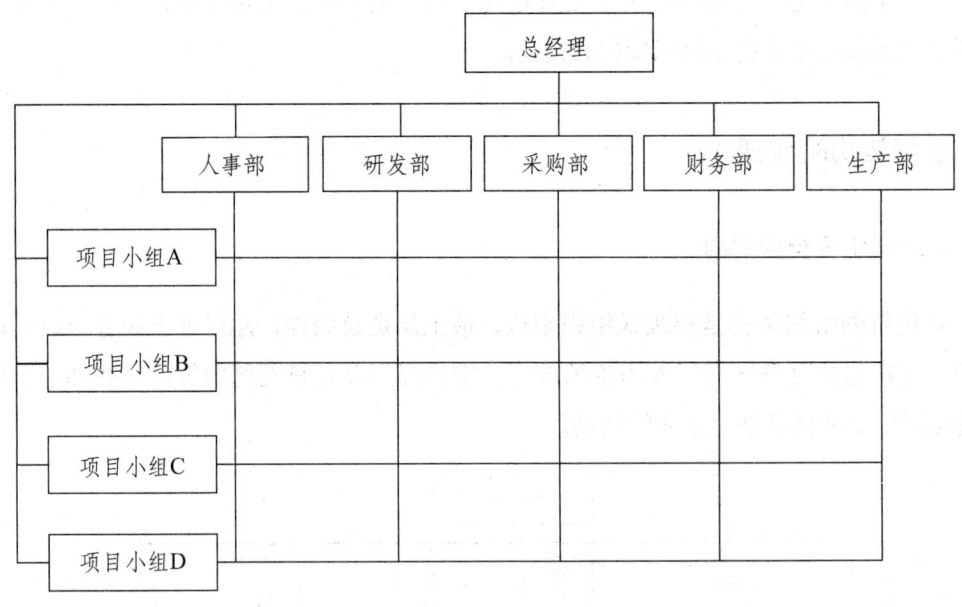

图4-2 矩阵式组织架构

4.1.3 网络式组织架构

随着组织的发展出现了网络状的组织架构，这是一种具有精干的中心机构，与外部的制造商、销售或者其他重要业务机构签署长期的协作协议形成的组织结构形式，如图4-3所示。这一结构中的各单位之间并没有正式的资本所有关系和行政隶属关系，只是通过制定的协议为纽带，相互支持、相互合作，以互惠互利的标准来支持长期密切的合作。网络型组织可以帮助企业更好地进行知识的创造和传递。

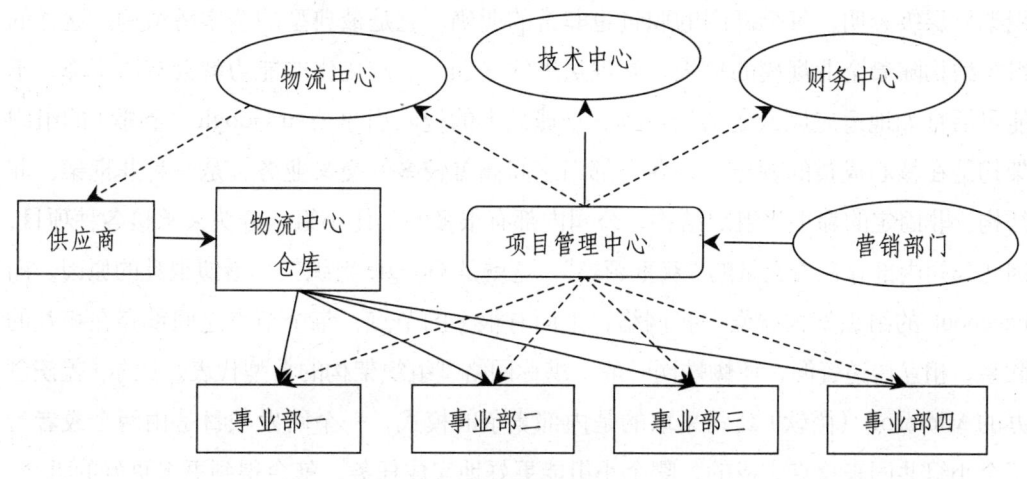

图4-3　网络式组织架构

随着互联网技术的发展，企业的组织架构也随之发生了很大的变化，下面以互联网时代创新型企业的组织架构为例，进行重点分析。

4.2 互联网时代企业组织架构特点分析

4.2.1 互联网时代创新企业组织架构特点

对于企业来说组织架构无所谓好坏，最重要的是找到适合自身的组织架构，这样才能让企业产出效率更高、成本更低，让企业的运行更顺畅。企业的组织架构也不是一成不变的，应该在发展的过程中不断地对自身的组织架构进行调整。

每个公司都是在不断地适应内部和外部环境的过程中，根据自身的特点和发展的需要构建出不同的组织架构，这是公司核心竞争力的体现。组织架构的嬗变也展现出不同时代的特点，不断变革的环境衍生出不同的组织架构，而互联网时代的创新型企业组织架构的关键因素就在于营造变革的环境，让公司处于"创造性的不稳定"中。在这样的氛围之下，员工能不断地推进创新和完善产品服务。企业必须要在稳定和不稳定的环境中找到平衡，在稳定的环境中打破瓶颈实现突破创新，以此为基础维持一个恒定长远的发展。

4.2.2 国外企业组织架构特点分析

美国 web 页面的设计师马努·科内特（Manu Cornet）在自己的博客上画了一组美国高科技企业的组织架构图，如图 4-4 所示。由图可以看到 Amazon（亚马逊）的组织架构层级分明，每个部门的职责也非常的明确，它是最典型的金字塔结构。这样的组织结构随着企业规模的扩大，管理层级的增加，适应变化的能力就会有所下降，不能灵活自如地适应风云变幻的市场。全球最大的搜索引擎公司 Google（谷歌）的组织架构是在核心成员的领导下，各个部门之间涵盖较多的交叉业务，是一种非框架、非结构、非固定的扁平化组织结构。公司内部有很多的工作小组，分头来承接各种项目，因此公司内部存在着大量的"双重领导"，这就是 Google 组织架构看似很乱的原因。而 Facebook 的组织架构就像一张网络，上面有很多的节点，每个节点之间都存在相互的联系，相互传递资源，像蜘蛛网一般，堪称网络型组织架构的典型代表。比尔·盖茨创办的 Microsoft（微软）公司采取的是内部竞争的模式，一个研发项目是由两个或者若干个小组共同来攻克完成的，哪个小组能更好地完成任务，就会得到更多更好的机会。但这样的组织模式也容易造成内斗，很多信息和资源不能相互交换。Apple（苹果）公司的组织架构是以 CEO 为核心的组织架构，这体现了核心团队对整个企业资源强有力的把控能力，也属于扁平化的组织架构，和 Google 最大的区别是它的高度中央集权化。Oracle（甲骨文）公司的组织架构中最核心、最庞大的是法务系统，几乎可以称为它的支撑系统，而旁边较小的是它的业务系统，这样的组织架构保证了 Oracle 公司业务的规范，每件事情都能有条不紊开展，绝不会出错，但效率极低。

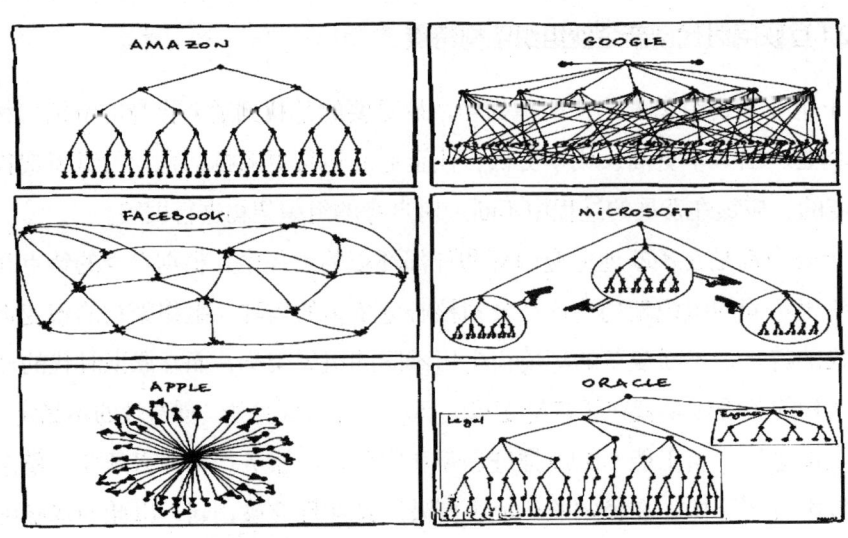

图 4-4 国外高科技公司组织架构示意图[1]

4.2.3 中国企业组织架构特点分析

互联网时代不同类型的企业在探索创新的过程中，采取了不同的组织架构模式，并且随着内外部环境的变化，企业的组织架构也在不断地调整。例如，华为公司"红蓝军"的设置代表了大规模企业作为创新引领者所采取的方式；韩都衣舍以小组制为核心的创新模式代表了初创企业所采取的创新方式；而阿里巴巴不断调整的组织架构是互联网时代企业组织架构随环境而不断变化的典型案例。

案例 4-1　华为公司组织架构分析

华为是一家全球领先的信息与通信技术（ICT）解决方案的供应商，于 1987 年在中国深圳成立，专注于 ICT 领域，坚持稳健经营、持续创新、开放合作，在电信运营商、企业、终端和云计算等领域构筑了端到端的解决方案优势，为运营商客户、企业客户和消费者提供有竞争力的 ICT 解决方案、产品和服务，并致力于使未来信息社会、构建更美好的全联接世界。[2] 2017 年美国《财富》杂志发布最新一期的世界 500 强企业名单中，华为以 785.108 亿美元营业收入排名第 83 位，首次打入百强[3]。此次入围世界 500 强的中国企业一共有 20 家，华为是唯一入围的民营企业，并且令人敬佩的是作为民营企业的领军企业，据 2016 年华为财报显示，有 59% 的销售收入是来自海外，5200 亿的收入总额超过 BAT 的总和，并且华为并未上市[4]。华为取得这样令人震惊的成果得益于卓越的领导、技术的创新、独特的经营管理机制等因素，而华为为了推进创新实施的"红蓝军"组织架构策略对华为的发展壮大可以说是功不可没。

所谓"蓝军"，原指在军事模拟对抗演习中专门扮演假想敌的部队，通过模仿对手的作战特征与红军（代表正面部队）进行针对性的训练。也就是说华为的"红军"代表着现行的战略发展模式及其执行团队，而"蓝军"是一个专门唱反调的部门，主要代表的是竞争对手或创新型的战略发展模式，按照任正非的解释："蓝军要想尽办法来否定红军"。"蓝军"主要从不同的视角切入，对公司的战略与技术的发展进行分析，通过逆向思维检验"红军"提出的战略、产品或解决方案是否有漏洞或问题。华为建立这样的"红蓝军"的对抗组织制度，对公司当前的战略、技术、产品运用批判性的思维，目标在于寻求颠覆性的创新。

华为的"蓝军"在收购美国光纤公司，收购英国马可尼公司和研究华为外汇货币组合等战略决策中，都做出了巨大的贡献。"蓝红军"的对抗机制能够让企业充满危机意识感，能够跳出企业自身的角度，以竞争者的姿态去发现研究自身的弱点，并对暴露出来的弱点进行改善和优化，不给真正的竞争手一丝打垮自己的机会。

案例4-2　韩都衣舍组织架构分析

韩都衣舍集团创立于2006年，以互联网为平台，主营流行服饰的设计和销售。经过几年的发展，韩都衣舍持续保持天猫女装销售排名优势。2014年取得天猫全年历史上第一个全年度、"双十一"、"双十二"三冠王，2015年双十一夺得互联网服饰品牌冠军，2016年获得新三板挂牌资格。2014年销售额达15亿元，员工数从最初的40人增至2600人，通过内部孵化、合资合作及代运营等方式，品牌集群达到28个。

韩都衣舍的迅速发展和其创新模式、组织架构方式都有密切的联系。

韩都衣舍的组织架构在整个业务发展过程中起到了非常好的支撑作用。在韩都衣舍刚成立时，到底要采取什么样的组织模式，合伙人之间也产生了很多分歧。部分人认为韩都衣舍既然是一个服装生产企业，相对来说是比较传统的业务，应该按照传统的业务形式来组织生产，即在企业领导者的指导下，设立设计、原材料采购、生产、销售等不同部门。但有人却提出了另一种从下到上的组织模式，也就是说在企业里面直接面对市场的不是企业的最高领导者，而是企业的最底层的工作单元，或者把它叫作一个工作小组。工作小组一般由3—5个人组成，共同完成产品的设计、生产以及销售，韩都衣舍甚至可以给小组机会去打造自己的品牌，并且推向市场。而处于组织架构的中层位置的领导负责提供各类资源的支持。如图4-5所示。

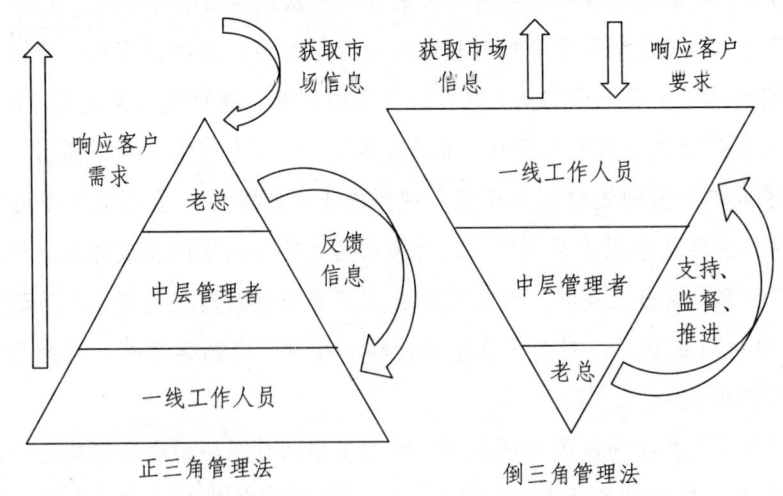

图4-5　正三角管理结构与倒三角管理结构图

创始人团队在刚开始的时候就这两种组织模式争论不休，后来对两种模式都进行了尝试，一半的人采取最传统的从上到下的正三角组织模式，另一半的人采取从下到上的倒三角组织模式。很快这两种组织模式的优缺点就显现出来。韩都衣舍办公大楼南区采取的是传统的管理模式，北区采取的是新型的管理模式，每天晚上六点下班的时候，南区灯就全灭了，大家都各自回家；北区却是灯火通明，甚至是通宵。组织模式不同，管理模式不同，造成了企业员工不同的工作方式，结果自然而然大家都知道，采取小组制的模式为企业在短期内创造出了更多的利润，也创造出了更多的品牌，很快成为韩都衣舍采取的模式。

韩都衣舍颠覆了以往的层级式职能管理结构，让员工成为跟市场接触的一线主体，与过去被动执行管理者发号施令不同，员工变成了公司里面小的自主经营体，公司高层变成了一个服务对象或者一个赋能对象，他们的责任是整合自主经营体需要的资源，并为他们服务。

韩都衣舍小组制主要有三个优势：一是动销比高、库存周转快。对于卖不动、卖得慢的产品，韩都衣舍会及时采取降价等措施，加快了产品的周转速度，避免了产品的大量积压；二是业务员的主观能动性极强，对于韩都衣舍产品部门的业务员，公司从来不考勤，但是他们会主动加班；三是小组制实现了权责利的统一，各个小组独立进行经营、核算，员工流失率低。

韩都衣舍凭借这种独特的小组结构和运营管理机制，对设计、生产、销售、库存等环节进行全程数据化跟踪，实现了对每一款商品的精细化运营，大大提高了它在互联网领域的竞争优势，助其成为互联网时尚品牌运营集团。

合适的组织架构能激活企业的潜力，能让创新活动成为企业员工的自觉行为，能支持一个企业创新活动顺利开展。

案例 4-3 阿里巴巴的组织之道

1999 年 3 月，马云带领着他的团队在杭州开发了阿里巴巴首个网站——全球批发贸易市场阿里巴巴，之后又推出专注于国内批发贸易的中国交易市场。阿里巴巴成立之初的主营业务是面向全球市场的网上批发贸易，另外也从关联公司的业务和服务中取得经营商业生态系统上的支援。阿里巴巴的业务和关联公司的业务包括：淘宝网，天猫，AliExpress（全球速卖通），阿里巴巴，1688，阿里妈妈，阿里云，蚂蚁金服，菜鸟网络。2017 年，阿里巴巴市值突破 4700 亿美元[5]。

阿里自成立以来其组织架构一直都在发生变化和调整，马云曾说过："变革不是一时的，而是时时的。我们总在追求一种稳定，但在信息时代，变化才是最好的稳定。"自 2007 年以来，集团组织架构隔几年就会随着业务市场的变化进行调整。在 2005 年收购了雅虎中国之后，2006 年集团将雅虎中国、淘宝网、支付宝、竞价收入部和集团广告销售部这五大部门整合为 C 事业群，该事业群主要面对个人用户。B 事业群主要运营企业电子商务，主要面对企业。B/C 两个事业群将个人业务和企业业务分开运行，提高了效率。这一模式被称为 B/C 模式，如图 4-6 所示。

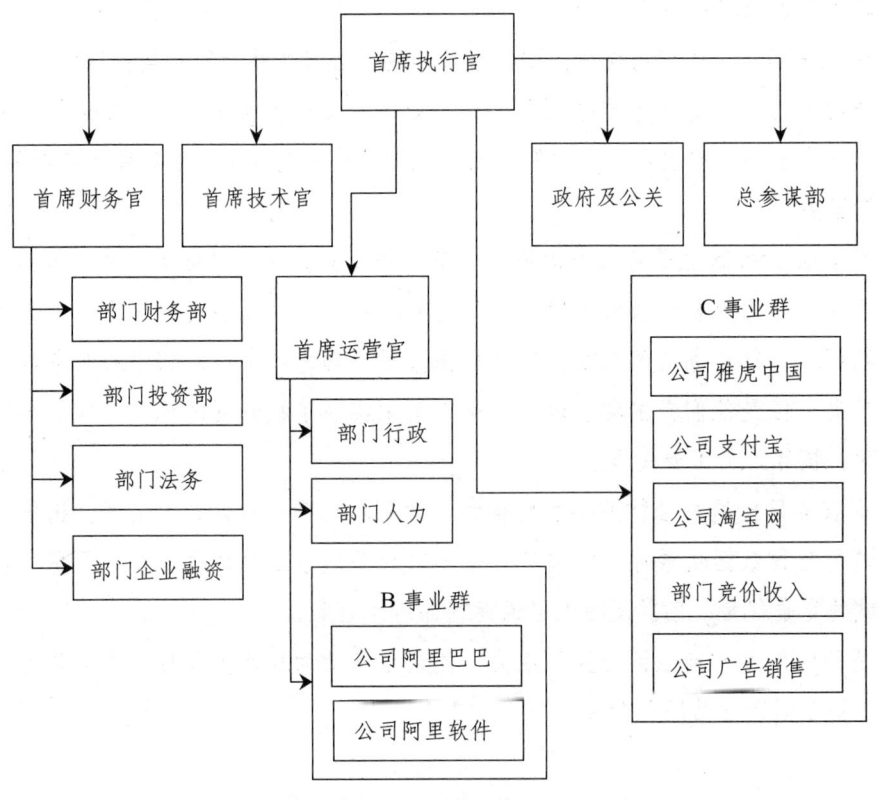

图 4-6　阿里集团 B/C 事业群组织模式

为了更好地服务目标用户，2011 年集团把淘宝拆为聚划算、淘宝网和淘宝商城三家公司，如图 4-7 所示，为不同的目标用户群提供更专业化的服务。从而为阿里集团创造更大的产业价值、公司价值和股东利益。这样的调整让集团可以针对不同的市场划分用户群体，提供更加具体有效的电商服务，同时也更加符合集团"大阿里"的战略方针。

第四章 创新型组织

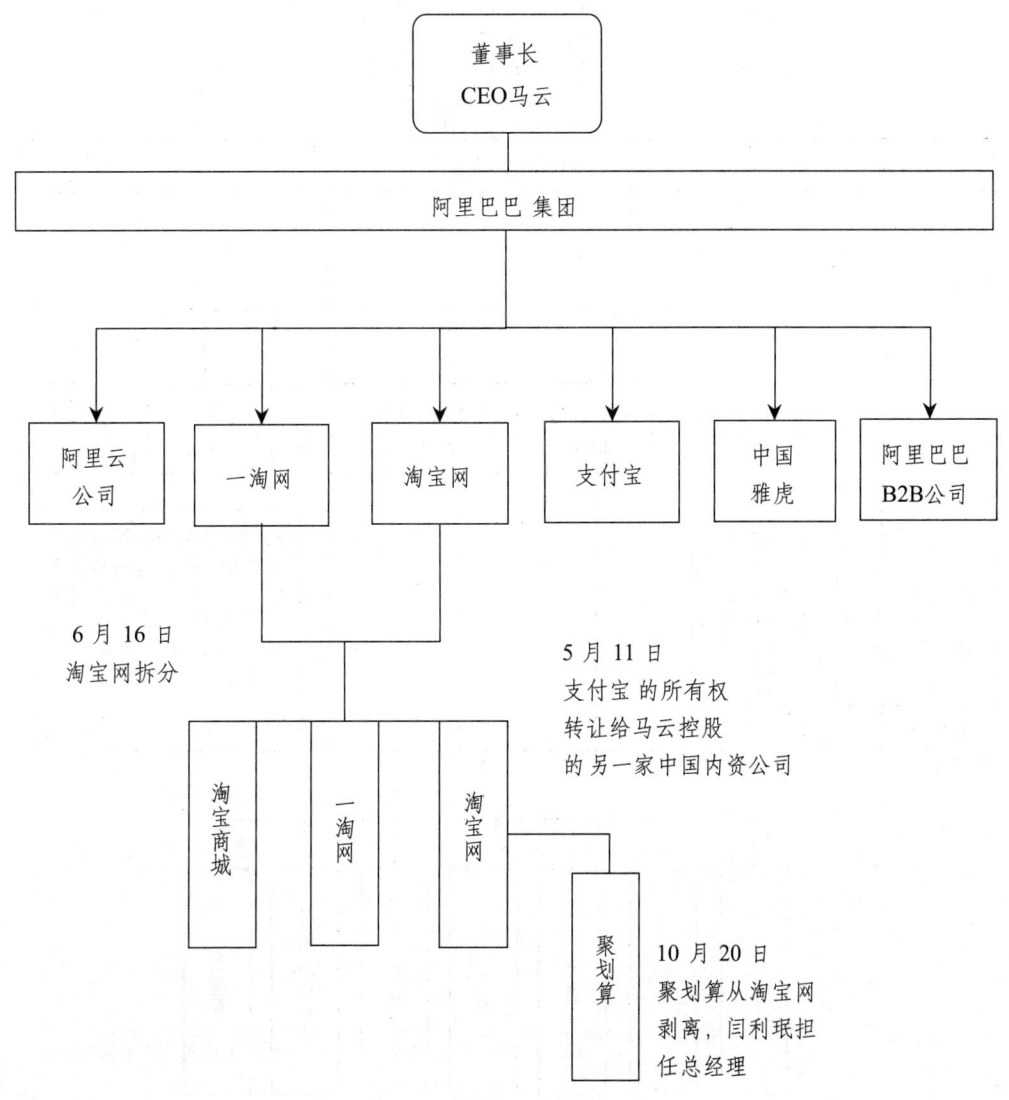

图4-7 淘宝一拆为三

2012年公司组织架构调整为事业群制，包括淘宝、一淘、天猫、聚划算、阿里国际业务、阿里小企业业务和阿里云七个事业群，如图4-8所示，组成集团CBBS（Customer、Business、Business、Service，分别指消费者、渠道商、制造商、电子商务服务提供商）大市场，提升集团对不同类型的企业用户和个人用户的服务能力，构建了一个开放、协同的电子商务生态系统。

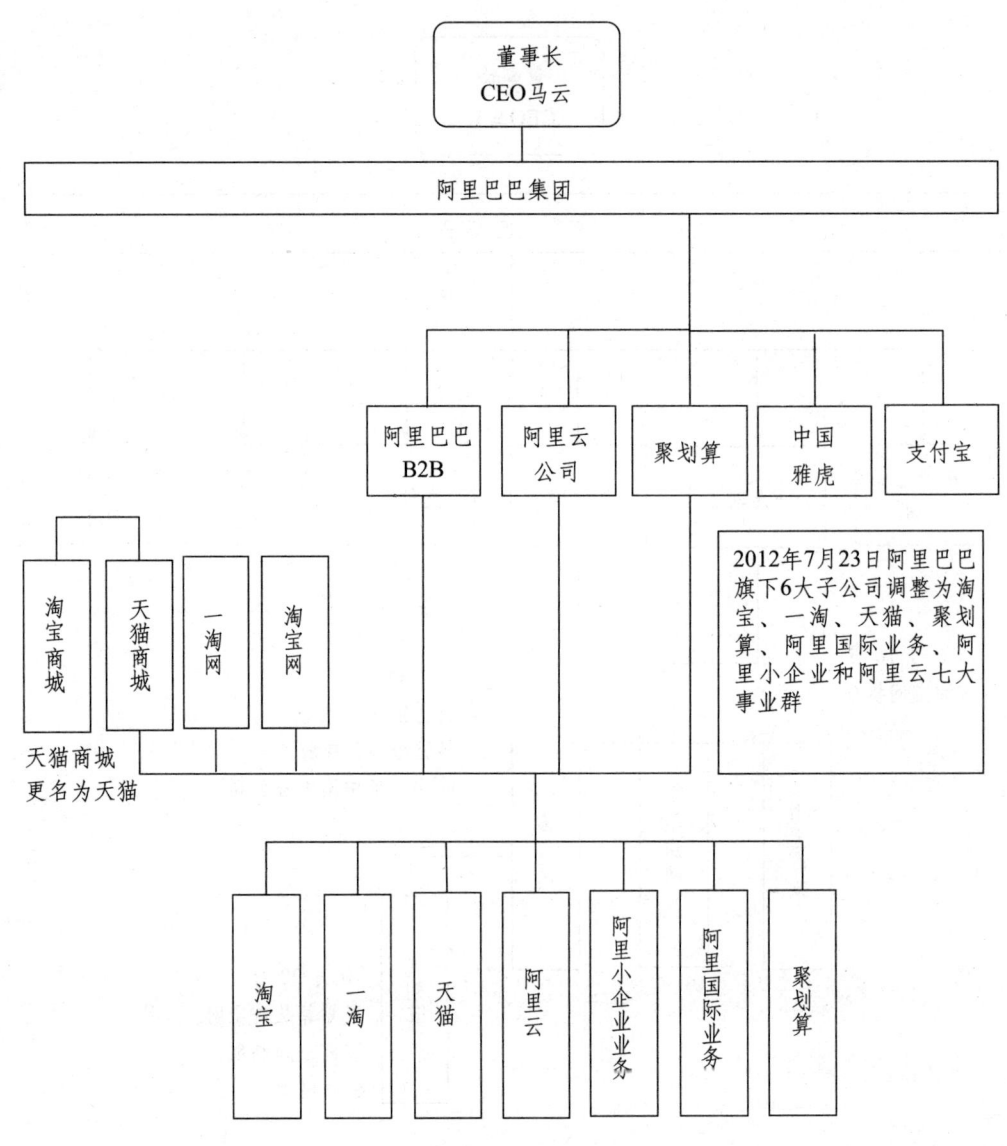

图 4-8 阿里事业群组织架构

2013 年为了抢占移动互联网带来的机会,应对纷繁复杂的市场变化态势,阿里又将组织架构进行了相应的调整,成立了 25 个事业部,如图 4-9 所示,有共享事业部、商家事业部、阿里妈妈事业部、一淘、搜索事业部、天猫事业部等。这次调整的核心在于把公司拆分为更多小事业部运营,打造更加市场化、平台化、数据化和物种多样化的全新商业生态系统,给年轻的阿里领导者提供更多的锻炼机会,为阿里集团的健康、稳定的可持续发展提供保障。

第四章 创新型组织

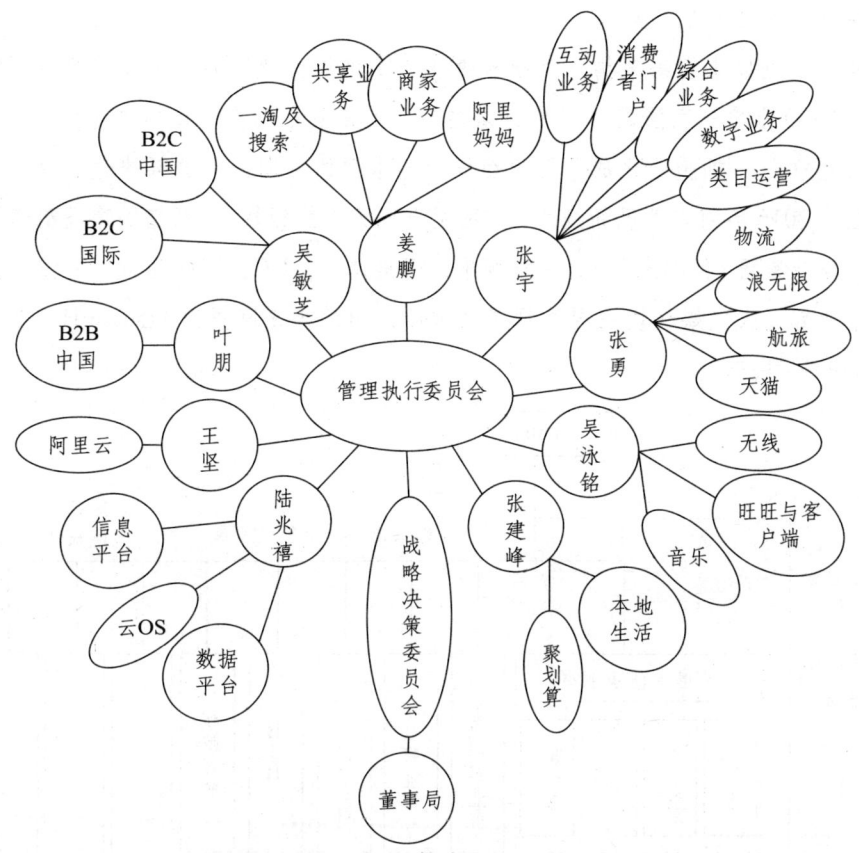

图 4-9 阿里的 25 个事业部

2015年末阿里巴巴启动中台战略，构建了创新灵活的"大中台、小前台"的组织业务架构，如图4-10所示。"大中台"事业群包含了数据技术及产品部、共享业务平台、搜索事业部。中台集合了整个集团的运营数据能力、产品技术能力，是支撑阿里前台业务灵活发展，谋划企业未来发展战略的重要依托。在大中台的支持下，阿里的零售电商事业群转变为快速决策、敏捷行动的"业务小前台"，也就是我们常接触到的淘宝、天猫、聚划算、手机淘宝等事业部。除此之外，两个创新社区产品：二手闲置交易市场"闲鱼"和购物资讯导航产品"淘宝头条"作为创意孵化的基地。阿里巴巴新兴业务板块分为了阿里妈妈事业群、菜鸟事业群、云计算事业群、B2B事业群、蚂蚁金服五大板块。职能部门分为公关部、商家事业部、平台治理部三大部分。这样的组织架构使得前台的一些业务会更加敏捷快速的去适应瞬息万变的市场，中台将集合整个集团的运营数据能力、产品技术能力，对各业务形成强力支撑，智能部门又为整个组织架构添上双翼，助推集团电商零售平台的全面改革升级，实现云计算、阿里妈妈、菜鸟等新业务全面而独立的发展。

阿里自成立以来组织架构一直随着市场的变化和自身业务的拓展进行着不断的调整，现任CEO张勇一直强调："不断升级自我，时刻具备拥抱变化的热情和能力，必须成为核心竞争力。"拥抱变化成了阿里组织架构永恒的主题曲。这样快速变化的组织架构体现在了2016年阿里巴巴新成立了"阿里巴巴大文娱板块"，新增的事业群囊括了阿里影业、合一集团（优酷土豆）、阿里音乐、阿里体育、UC、阿里游戏、阿里文学、数字娱乐事业部，大文娱板块主要体现了马云所提出的未来阿里的Double H（健康和快乐）战略中的"快乐"。

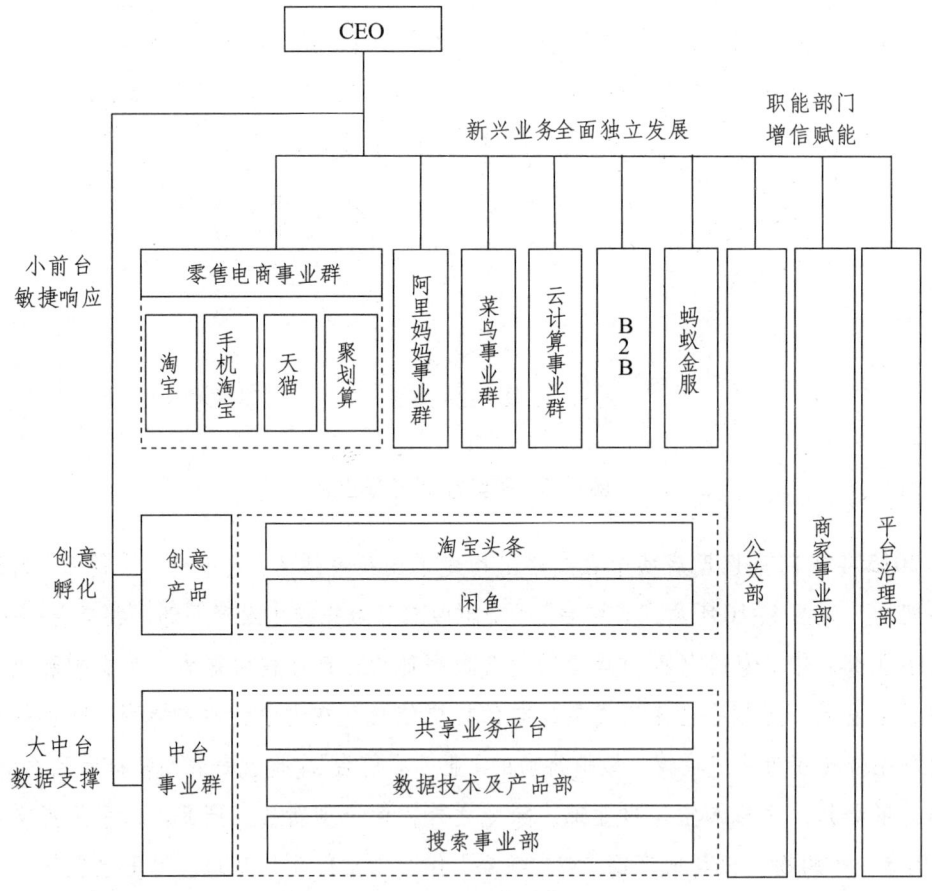

图4-10 "大中台小前台"组织架构

回顾阿里巴巴组织架构变革的历程，早期的组织架构是以电商业务为中心，根据业务的扩展调整优化组织结构。随着互联网技术的发展革新，阿里电商业务规模扩大，为了支持其主营业务衍生出了金融、物流、云服务等业务，综合配套形成了阿里现今

第四章 创新型组织

的商业布局。此时，阿里已经不仅仅是一个简单的电子商务公司，未来将成为以数据连接的综合型商业生态系统，由于内外部环境的变化，阿里必须及时调整自身的组织架构才能持续稳定的发展。近年来，阿里主要以自身的主营业务划分成为不同的事业群，每个事业群再细分为不同的事业部，这样的组织架构能够更好地让各个事业群独立发展，专注于自身领域的拓展，不相互影响，同时各个事业群彼此间给予相互的支持，构成一个商业生态平衡系统。其实，追溯阿里组织架构变革的历史，其本质都是阿里对市场变化做出的反映，是落实阿里整体战略的成果，只有这样不断地从组织架构上进行变革优化，企业才能重构自己，带来新的业务和适应市场的变化。

4.3 创新项目开发的组织结构

创新型企业的组织架构对企业的整体创新活动、创新氛围、创新制度的形成有着重要的影响。对于不同的企业或不同的创新项目，需要不同的组织形式与企业的创新活动相匹配。

创新型项目的组织架构主要有：功能型结构、轻量级产品经理结构、重量级产品经理结构、项目执行团队和二元性组织架构等。

4.3.1 功能型结构

功能型组织结构是按照公司各个部门所执行的工作性质来构造的，根据人们相同的专业知识、经验或使用相同的资源将其组合在一起。这样的组织结构特点是由专业功能约束下级层次部门和同级层次的业务活动为主，有时对上级层次也有约束作用。功能型组织结构的中间层（也可称作执行层）是若干不同功能的机构，它们向下级各部门（也可向同一层或上层部门）提供相应功能的服务。下级单位接受多个不同功能部门的命令，如图4-11所示。

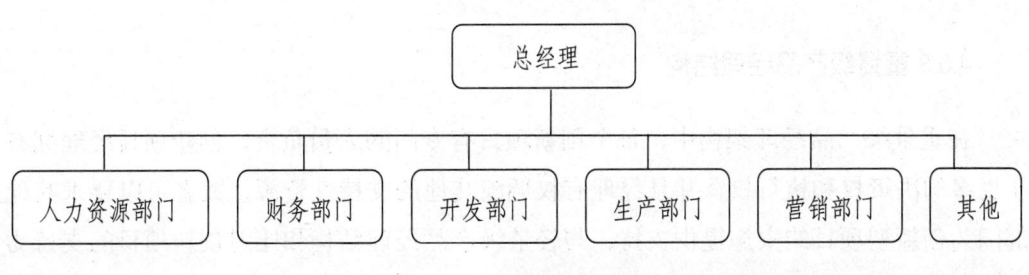

图4-11 功能型组织结构

4.3.2 轻量级产品经理结构

在轻量级产品经理结构中，负责行政管理的部门和负责具体业务项目的部门并列存在，如图4-12所示。创新型项目的管理部门虽然单独存在，但是想要调动企业的其他资源时，需要项目经理去和其他部门进行协调。在协调的过程中，项目经理有可能会面临着很多的问题，尤其是由于创新项目的执行过程与成熟项目相比，存在的风险、不确定性更大，如果用对待成熟项目的模式来进行评价，非常不利于新项目的开展。

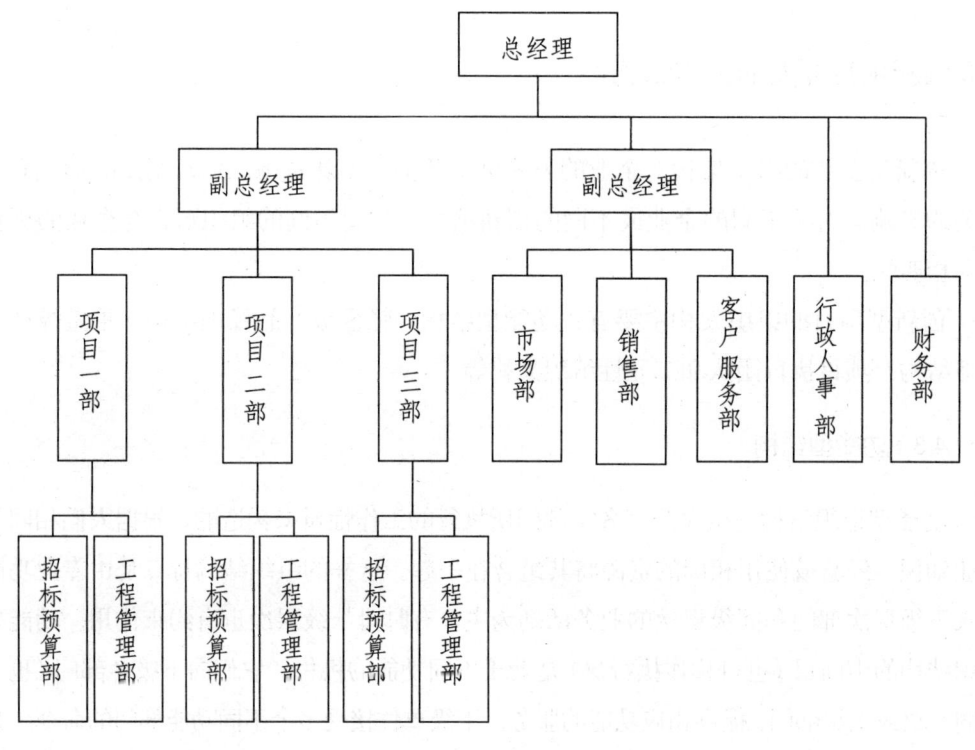

图4-12 轻量级产品经理组织结构

4.3.3 重量级产品经理结构

在重量级产品经理架构中，每个创新项目有专门的人员负责，创新项目经理拥有了更多的决策权和执行权，并且经理有权调配其他的支持性资源，或者可以要求其他部门为创新型项目的实施提供支持，与轻量级产品经理结构相比对创新项目的支持力度更大。结构如图4-13所示。

第四章 创新型组织

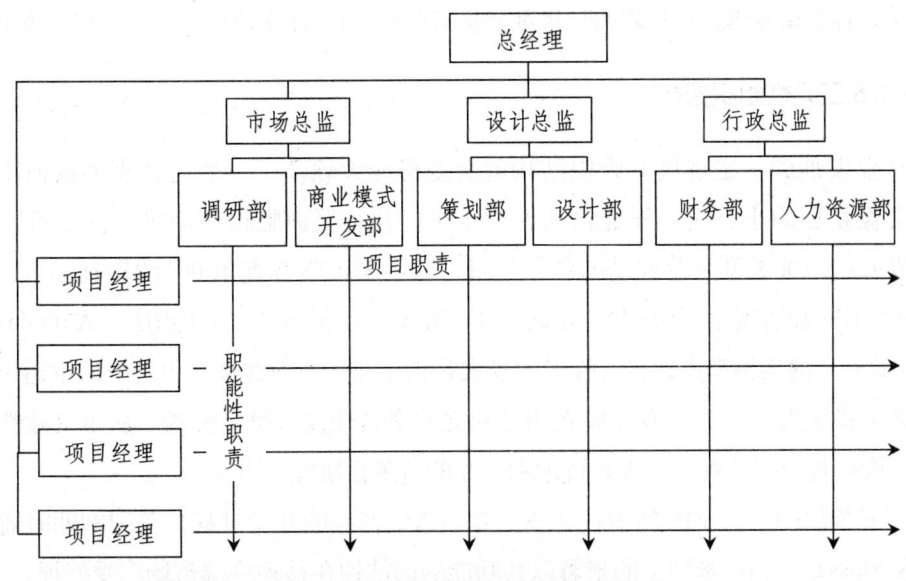

图 4-13 重量级产品经理组织结构

4.3.4 项目执行团队

以项目执行团队的方式来组织创新项目的实施，在产品的设计、生产、营销、财务、人力等方面都由项目经理统一调配，拥有对项目的绝对控制权，如图 4-14 所示。以单独成立组织的模式来推行创新项目，对于项目的成功来说至关重要，创新项目的经营情况不用向原有的领导去汇报，创新项目的运行过程也可以采取不同的模式，在新的架构中，其考评方式和已有项目也可以是不一样的，这样才能够确保创新型事物的茁壮成长和成功。也就是说在新的事物出现的初期，它是需要更多的呵护和支持的，这样在未来它才能够为企业开辟另外一片蓝天。

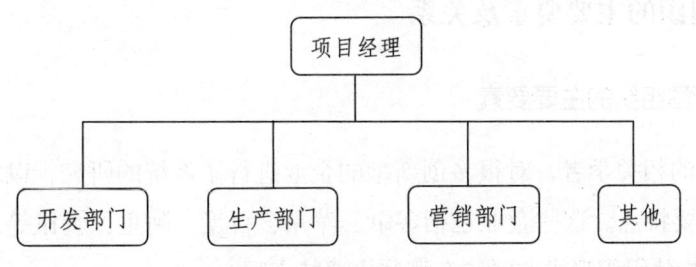

图 4-14 项目执行团队组织结构

管理大师德鲁克曾经指出："组织不良最常见的病症，也就是最严重的病症，就是管理层次太多，组织结构的一项基本原则是，尽量减少管理层次，尽量形成一条最短的指挥链。"这样的指导思想在互联网时代对企业创新型组织的构建仍具有重要的参考价值。

4.3.5 二元性组织架构

企业发展到一定规模其组织结构就会变得庞大烦琐，一个大企业要做创新可能就不会像初创的小公司一样能快速迭代推进，往往要面临很多困难。很多研究创新的学者开始研究大型企业成功的创新项目，其中美国学者查尔斯·欧瑞利（Charles A. O'Reilly III）和迈克尔·塔什曼（Michael L. Tushman）提出了二元性组织（Ambidextrous organization）的架构模式。二元性组织模式是指企业一方面继续在主流组织中运用渐进性创新来稳定发展，另一方面成立相对独立的突破性技术研发机构，从事突破性创新研究，或者是专门针对企业现有技术和产品的竞争性研究。[6]

二元性组织最典型的例子就是腾讯公司微信产品的开发过程。美国的即时通讯软件 Kik Messager 和小米推出的米聊以其功能的简洁性在移动终端市场广受好评，"微信之父"张小龙意识到这类新兴的社交软件对移动 QQ 是极大的威胁，并向马化腾建议开发此类新型的移动社交软件，马化腾当即让张小龙带领腾讯广州研发部开始这个项目。其实在同一时间，腾讯还有另外两个团队进行类似的研发，无线事业部的手机 QQ 团队和 Q 信团队。腾讯公司当时给这几个团队提供的支持资源是一样的，哪个团队做出来的产品能够占领市场，能够迅速地打开市场，能够吸引更多的用户，他的产品就能获得公司的继续支持和推广。

在这样的一种模式下，我们可以看出来采用二元性的组织架构能够研发出更多的创新产品，这些创新产品不仅对于市场是全新的机遇，对于用户是全新的体验，对于企业自身来说也是全新的生机。

4.4 创新型组织的主要要素及关系

4.4.1 创新型组织的主要要素

创新研究的相关学者，对很多创新型的企业进行了系统的研究，以求能够找到创新型组织的主要特点。这些企业包括谷歌、苹果、百度、阿里、腾讯等。那么这些创新型的企业在构建组织形式的时候有哪些主要特点呢？

4.4.1.1 明确的目标和任务

一般情况下，一个企业或创新项目组织，必须要有一个明确的任务和目标，项目管理者藉此与项目团队成员沟通，形成默契的合作，并将之转化为项目组织成员的日常活动。确保项目在实施的过程中即使遇到困难也能够继续进行。美国苹果公司总部大楼上挂着一面海盗旗,代表着企业希望改变世界的任务和目标,在这种理念的支持下,苹果为全球消费者创造了很多新颖独特的产品,推动着企业不断前进。

4.4.1.2 卓越的领导和执行团队

一个创新型的企业必须要有力推创新的卓越领导,落实创新的执行团队,作为企业的旗帜和标杆,实现企业创新活动持续推进。

人所共知,史蒂夫·乔布斯是苹果公司的核心人物,其实他还有一个重要的合伙人——斯蒂夫·盖瑞·沃兹尼亚克(Stephen Gary Wozniak),他是一个技术天才,解决和攻克很多技术难题,为公司做了很多巨大的贡献。沃兹尼亚克的父亲认为沃兹尼亚克解决了公司里大部分的产品技术问题理应占有更多的财富,就想去找乔布斯商讨,而沃兹尼亚克却对父亲说:"如果没有乔布斯的商业化的运作和在市场上成功地经营,我生产出来的产品,只能躺在实验室里,创造不了一点点价值。"一个企业在关键人物的引领和指导下,构建一个和谐互补的团队,明确自身的任务,就能拧成一股绳实现自身的目标和价值追求,改变自己,改变他人。

4.4.1.3 合适的组织架构

组织架构对于企业创新活动的展开也起着非常重要的作用。不同的公司从事的业务不同,制定的战略也不同,所需的组织架构相应也会不同,只有适合企业的组织架构才能让企业运转自如。

在韩国,有一个类似于微信的产品——KaKao。Kakao公司采取的是一种精英团队、小公司的组织架构,称为四二模式。具体来说,公司任何一个小团队最多有四个人,其中一个人负责产品总体的运营,两个负责产品设计,一个负责产品营销,一起开发项目并推向市场。每个团队开发项目的时间只有两个月,如果两个月内,产品能够推向市场,并且达到一定的用户量,就可以作为公司重点培养项目,但如果项目失败了,公司也不会对这个团队有任何的惩罚,团队面临解散。Kakao就是被这种精英团队小组制的模式研发出来的,推向市场成功后公司便投入了更多的人力、物力、财力去支持这个产品,进行更好的开发、更快的迭代,占领更多的市场。在目前的互联网环境下,这种小组织、精英团队的企业组织模式能更快地适应市场的变化,也能适应产品生命周期不断缩短带给企业的挑战。组织的扁平化提高了企业运营的效率、降低了成本,更利于新产品新项目的开发和推广。

4.4.1.4 激励创新的制度

谷歌公司历来在创新企业排行榜上都名列前茅,很多人都听说过甚至体验过谷歌总部建造的空中花园,当员工来到公司之后,马上就有人帮你把车开到停车位,休息的时候可以去喝咖啡、吃甜点,或者是做运动,甚至还可以去享受按摩服务。很多人都惊奇于谷歌为员工创造如此舒适的环境,大家还会有动力去工作吗?其实谷歌的管理制度是非常严格的,比如员工的创新活动考核是计入绩效的。另外,在谷歌内部还有一个规定,鼓励每一个员工要拿出 20% 的时间来从事他职责范围之外的工作,鼓励员工去进行自由的探索。这项规定不单单适用于研究人员,同时鼓励管理层从事创新的活动。这说明了公司的文化和制度对于一个企业做出创新性的成果来说是关键的影响因素。

4.4.1.5 培育激励创新的企业文化

企业文化是一个企业的灵魂,影响着员工的思想。塑造良好的企业氛围,先进的企业文化既可以提高员工的思想素质,又可以增强企业的凝聚力,对企业朝着一个良好的方向和目标发展具有重要的意义。

格力空调在国内市场上的销量和声誉是非常高的,从 2005 年至今,格力家用空调产销量连续 12 年领跑全球,2006 年荣获"世界名牌"称号。2016 年格力电器实现营业总收入 1101.13 亿元,净利润 154.21 亿元,纳税 130.75 亿元,连续 15 年位居中国家电行业纳税第一,累计纳税达到 814.13 亿元。[7] 格力企业的成功和董明珠是分不开的,她总结格力的发展经验时不止一次提到过,最重要的一件事情就是建设企业文化。通过企业文化的建设,让格力的每一个员工找到共同的轨道,让员工和格力一同发展。经过几年的发展,一个企业就会走上一条良性循环的道路。企业文化的建设对企业创新来说是最基本的、最重要的保障之一。

企业的文化氛围是指笼罩在企业整体环境中,体现企业所推崇的特定传统、习惯和行为方式的精神格调。企业氛围对企业的影响深厚而远大,尤其是创新型企业,其氛围可能直接决定企业的成败。

微软公司是著名的创新型企业,其中国研究院曾经流行着一种"白板"文化,用之打造创造性的氛围。"白板"文化是李开复在筹建微软中国研究院时,将整栋大楼里所有的墙面、桌面甚至包括椅子的扶手都设计成了白板。李开复之所以做这样的设计是因为他提倡企业内部要进行相互探讨、共同研究,而研究院随处可见的白板为研究人员提供了一个能够随时交流的工具和平台。

具有创新性的白板文化使微软中国研究院在很短的时间内取得了不计其数的成就,其中涵盖了众多科研和商业价值的论文与专利,进而也帮助微软的产品成功推向了中国市场。取得这样的成效,微软总部决定在微软中国研究院拍摄一个相关的宣传片,

第四章 创新型组织

在整个公司传播白板文化。摄制组邀请了一些科研人员进行拍摄，刚开始这些科研人员并不适应站在镜头前，拍摄效果不是很好，大家都在思考应该怎么办的时候，忽然有个人拿出笔提出了一个问题写在了白板上跟大家一起探讨，随后这些研究人员就开始热烈地讨论了起来，画面非常的真实生动。当宣传片拍摄结束时，这些研究人员还兴致勃勃的沉浸在自己的研究项目中。微软的"白板文化"鼓励创新，鼓励每个人说出自己的想法，不怕犯错误，让所有人都能相互交流想法和意见。另外一方面白板文化其实也提倡团队精神，因为在使用白板讨论时就是凝结团队和锻炼团队协作精神的过程。

4.4.1.6 广泛的内外沟通和联系机制

一个企业要想做出更多的创新成果，企业内部的沟通和企业外部的联系都是非常重要的。企业只有把内外部的资源、信息、知识等整合在一起，才能知道自己的优势和短板，才能不断地优化自己的产品适应不断变化的市场环境。

海尔公司的全员创新、开放式创新的模式可以作为企业内部创新和外部资源紧密结合起来的经典案例。海尔不但在全球建设了五个研发中心，而且还开发了一个开放式创新平台，称作Hope。在这个平台上，海尔公司会从用户、使用者、供应商等获取一系列技术难题的需求，把这些需求集成在平台上。另外，海尔公司还通过世界各地的研发中心、研发小组来收集世界上相关领域或和海尔经营产品相关的一些技术发明、技术创新，存放到海尔的技术数据库里面。当海尔自身配套技术出现问题的时候，这些问题就会和技术解决方案进行对接，从而帮助海尔的研发人员很快地找到解决问题的方案。海尔除了从外部环境中获取更多的需求信息和技术信息，帮助自身不断地创新之外，海尔还做了技术创新成果的输出。海尔把它所掌握的或者购买的技术成果进行发布，其他公司遇到类似的问题时，就可以在海尔的Hope平台上寻求解决方案。这些方案不但帮助一些小公司尽快地解决自身存在的问题，也让海尔的研发部门为企业创造了更多的效益。海尔把自身的资源和外部的资源进行充分交流的同时，推进企业获得了更大范围的创新。

4.4.2 创新型组织各要素之间的关系

很多研究者为了更好地帮助企业推进创新型组织的构建，设计了不同的模型，但一般情况下都会包括文化、制度、组织、使命、员工以及组织形式等，也就是说这几点是密切相关、密不可分的，共同推进才能够提高企业的创新能力。

创新型组织理论认为持续的学习才能促进创新，创新是一种组织自然而然发生的行为。[8] 当我们把整个企业的组织文化、组织架构、组织使命、组织制度都构建好了之后，员工就能很快地融入企业当中，那么员工的创新、部门的创新、企业的创新也能够成为一种惯性，自然而然的发生。然后我们用组织的文化去影响员工，把创新的基因植入每个员工的 DNA 中，这是创新最核心的或者说是最持久的源泉和动力。正像一个管理咨询公司 Hay 公司所提到的那样，建立创新型组织不仅仅是战略、架构、流程的改变，更重要的是驱动人的意识和行为的改变，从而让创新活动成为组织里自然而然发生的事情。

参考文献

[1] 国外高科技公司组织架构示意图 [DB/OL]. https://weibo.com/radez?is_all=1.

[2] 华为 2016 年年报. 华为是谁？[DB/OL]. http://www.huawei.com/cn/about-huawei.

[3] 中国经济网.2016 中国企业 500 强：国网两桶油列三甲、华为第 27[DB/OL].http://finance.ifeng.com/a/20160827/14816467_0.shtml.

[4] 华为投资控股有限公司 2016 年年度报告. Building a better connected world[DB/OL]. http://www-file.huawei.com/-/media/CORPORATE/PDF/annual-report/AnnualReport2016_cn.pdf?la=zh.2016-12-17/2017-10-8.

[5] 腾讯网. 阿里巴巴市值升破 4700 亿美元超过亚马逊 [DB/OL]. https://news.qq.com/a/20171010/106342.htm?ad=1.

[6] Charles A. O'Reilly III, Michael L, Tushman. The Ambidextrous Organization[J].Harvard Business Review, 2004, 82(4):74-81, 140.

[7] 珠海格力电器股份有限公司官网 [DB/OL].http://www.gree.com.cn/pczwb/gygl/qyjj/20171018/detail-17935.shtml.

[8] 陈劲, 郑刚. 创新管理：赢得持续竞争优势 [M]. 北京：北京大学出版社, 2009.

第五章 创新战略

战略指明了企业长期发展的目标和行动策略,创新战略与企业战略最大的不同点在于根据环境的不断变化要适时做出调整。企业创新战略的成败往往决定着企业的命运。

5.1 战略的基础和内涵

战略在企业的发展中始终起着至关重要的作用。企业的使命(Mission)、愿景(Vision)和价值观(Value)是企业制定战略的重要基础。使命、愿景、价值观和战略不应只是出现在企业的章程和文件当中,而应深深根植于企业文化当中。正如彼得·德鲁克(Peter F. Drucker)所言:"一个企业不是由它的名字、章程和公司条例来定义,而是由它的任务来定义的。企业只有具备了明确的任务和目的,才可能制定明确和现实的企业目标。"从创新管理的流程中我们可以清晰地看到创新战略对整个创新管理过程起着引导性的作用。

5.1.1 使命

使命是企业的追求,想做的事情。你有什么?你要什么?放弃什么?它是一个组织区别于其他组织而存在的根本理由和原因,它指明了一个组织意图参与的一个或多个业务,以及所要服务的人群。[1]组织的使命主要涵盖两个部分,一是组织的宗旨,二是组织的经营理念,它是组织经营活动的基本指导思想。

日本有一家拥有一百五十多年历史的糕点小店,有人询问老板:"店铺为什么能够这么多年经久不衰?"老板非常自豪地回答:"我们的使命就是要做全日本乃至全世界最好吃的糕点,因此我们的糕点得到大家甚至日本皇室的青睐。"伦敦一条繁华的商业街上有一个奶酪店经营了很多年,慕名前去拜访的企业家问老板:"您单凭卖奶酪,怎么能够支付得起这么贵的房租呢？"老板把他拉到大街上说："这条街上卖服装、卖珠宝的店都是我的铺面，收来的房租足以支撑我经营奶酪店。我并不涉及珠宝和服装的经营业务，我唯一做的就是生产最好的奶酪。"使命始终如一，目标始终如一，足以让他把产品做到极致，让企业拥有持续的竞争力。全球闻名遐迩的迪士尼公司，其使命是让整个世界都快乐起来。如果我们到迪士尼乐园游玩过，看到各种各样漂亮的人物造型，听到非常欢快的音乐，以及迪士尼员工的张张笑脸，顿时会让我们的心情变得愉悦。迪士尼公司把它的使命贯彻到了每一个产品、每一项服务，甚至员工的每一个表情中，体现到了企业运营的方方面面。

微软的使命并不是要提高 windows 操作系统的销量，而是通过它的服务让更多的人发挥出更大的潜能。在这样的使命支持下，微软制定了相应的发展战略。例如在非洲，为了让产品实现本地化，微软经营的办法是招收本地员工，并为这些员工提供专业化的培训，让他们逐渐成为微软不同层次的领导。这些人根植于当地，就可以把微软的产品更好地推广出去。除此之外，微软还为当地穷苦的孩子配备电脑，让这些孩子了解微软的产品，并能够使用微软的产品，让他们学习更好的技术激发自己的潜能。孩子们的潜能得到了发挥，微软的产品也得到了更多的应用。

5.1.2 愿景

愿景是企业未来十年、二十年甚至于一百年的规划。根据对自身经营现状的分析，提出未来发展的目标和需要。通俗来说愿景就是企业的理想，是企业的管理者对组织发展方向的一个高度概括性描述。

阿里巴巴的愿景是：旨在构建未来的商务生态系统，让客户相会、工作和生活在阿里巴巴，并持续发展最少 102 年。围绕这个愿景，阿里巴巴打造了一个基于互联网的商业化运营平台，当企业之间交易需要信用体系支撑时，阿里巴巴就构建了金融信用平台；当商品运输需要物流时，阿里巴巴就整合物流公司资源打造了菜鸟驿站；针对缺乏资金的微小企业，阿里巴巴又推出了蚂蚁金服，为初创型的企业提供资金服务。看似阿里巴巴业务范围很广，但它所有的业务都围绕着企业最初的愿景：让天下没有难做的生意！通过切实可靠的战略，阿里巴巴不断发展壮大，革故鼎新。

5.1.3 价值观

企业的价值观是企业前进路上做事的理念、方式和方法，直接体现于公司文化。它是企业在发展经营过程中提倡的基本信念，是企业文化的核心。

雾霾一直困扰着中国很多城市，如何治理雾霾是社会各界共同关心的话题，曾有人向格力董事长董明珠提议大量生产空气净化器，这样可以给公司带来巨大的收益。但董明珠认为一个企业要发展不应只为赚钱，更应为社会创造更多的价值，空气净化器虽然为企业创造了更多的利润，但是并不能减少雾霾。格力所采取的做法是从源头开始研发能减少雾霾的产品，因此推出了光伏空调。光伏空调主要依靠将光能转化为电能来推进空调的运转，如此减少了电力的消耗，从源头上减少了空气污染。另外，在使用光伏空调的过程中，不但不会加大区域电力的负荷，当有剩余的电力时还可以回馈到电网。这就是一个企业的价值观所引导的创新。

一个企业如何从整个社会发展的角度去制定自己的战略，完成自己的使命，开发自己的产品，价值观不同，他们做出来的决策也是不一样的。如果一个企业的愿景、使命和价值观是为社会服务，为整个人类的进步服务，并且在企业战略中得以充分的体现，那么企业会得到更好的发展。

5.1.4 战略的内涵

管理学大师迈克尔·波特（Michael E. Porter）对战略做过非常精准的解读。战略最核心的一点就是为企业创造独特的价值定位，在创造价值的过程中去构建企业自身的竞争力，推动企业不断的发展。[2]并指出企业在制定自身战略时要有所取舍，尤其是要决定好不做什么，提供"合适（Fit）"的产品和服务。下面就通过案例对以上观点进行分析。

（1）面向小城镇市场的卡迈克公司

电影行业的收购和并购是很多电影公司扩大经营范围和规模的重要手段之一，很多有特色有影响力的小公司在发展到一定程度之后能够被大公司收购，也成为其发展的一种模式。2016年3月美国的AMC公司以11亿美元收购了卡迈克公司，在收购之前，以拥有屏幕数为标准，卡迈克公司在全美院线中排名第五，它的院线主要分布在人口小于15万的城市或乡镇，主要服务于城乡小众用户，这就决定了它所播放的电影以小众电影为主。在一个乡镇来说观影量可能并不高，但是这一规模的城镇总数却是可观的。卡迈克正是凭借着这样的市场定位在美国电影行业中取得自己的一席之地，并引起AMC的关注和并购。确定一个企业独特的市场战略定位往往是企业成败的关键。

早在2012年万达集团就以26亿美元收购了AMC公司100%的股权，成了美国第一大院线控股公司。实施对国际范围内拥有不同特点的公司控股和并购也是公司发展的一种策略。

(2) 专注于核心业务的东阳正午阳光影业

近年来,《人民的名义》《闯关东》《琅琊榜》《欢乐颂》等电视剧受到了人们的热捧,这些电视剧都出自于东阳正午阳光影视公司。东阳正午阳光影视公司在发展势头良好的时候,不但没有扩大经营规模,反而将艺人经纪的业务剥离出公司,只专注于自身最擅长的内容制作领域。这正体现了董事长侯鸿亮所倡导的价值观,坚持做小而美的公司。公司战略定位明确正是正午阳光在激烈的竞争市场上占有一席之地的重要原因之一。当公司处于蓬勃发展阶段时,很难做到专注于核心业务,能不能做出正确的选择,对一个企业的发展来说至关重要。

(3) 为高端客户提供优质服务的贝西默信托

美国的贝西默信托公司(Bessemer Trust)的客户大部分是拥有千万美元以上资产的精英家族,更有一群政商界名流,例如美国前总统乔治·布什、美国前财政部长唐纳德·里根以及《财富》美国企业1000强名单中的45名CEO。截至2013年底,贝西默信托通过全球16个分部及800余名员工,为超过2200名高净值家族管理着高达950亿美元的财富(平均单户资产4300万美元)。[3] 在金融市场中,贝西默信托公司和阿里余额宝选择了不同的目标用户,推出了不同的产品,占领了不同的市场。

(4) 脱离实际盲目追求经营范围的乐视

2017年7月4号贾跃亭及乐视控股持有的26.03%公司股份被冻结,占贾跃亭所持乐视网股份的比例为99.06%。[4] 从2015年到2017年,乐视集团着力发展了七块业务,分别是影视、手机、体育、互联网金融、云、智能汽车、乐视TV。这七大业务中仅影视业务曾在2014年披露过盈利1亿元,其余全部处于亏损状态。

乐视是一家发展历史颇为特殊的公司,从一家二流视频网站起家,在资本和政治力量的助推下,扩张为拥有三大体系、横跨七个行业、涉及上百家公司和附属实体的大型集团。从2014到2017年,乐视网股价涨幅达535%,市值最高曾到达1526亿元人民币。贾跃亭在接受采访中曾提到,"我一直认为资金不是问题,只要战略足够前瞻、足够领先,产品足够颠覆,有足够的用户价值,只要你的组织能力足够强,只要能把事做出来,资金自然会追随而来的。"他始终认为资金会追随着战略。但事实上,战略的先进性和可实现性,是两码事。贾跃亭在2016年11月7日接受腾讯科技的采访中说,乐视在制定大战略时没有民主,都由他来决定,但在战术执行上高度民主,甚至拖延。[5] 但最后恰恰是资金链的断裂导致了整个乐视帝国的崩塌。

战略是企业长期发展的目标,在制定长期发展目标之后,企业需要调动相应的资源,开展相应的活动去实现这些目标,使得企业拥有持续的竞争力,帮助企业在行业中立足。

5.2 战略与创新战略

5.2.1 战略管理理论的发展历程

战略管理理论的发展历程,可以分为五个阶段,如表5-1所示。

第一阶段,20世纪50年代战略管理的理念还没有被人们所熟知,企业主要关注于预算和决算的工作,对整个企业的经营状况进行分析。第二阶段,20世纪60年代,企业除了做预算和决算工作以外,还要对未来的发展做整体的计划。第三阶段,20世纪70年代之后,公司战略的概念开始形成,企业不仅仅要做当年的计划,还要做第二年、第三年的计划,进行长远发展规划已经开始进入了企业家的视野。第四阶段,20世纪70年代至80年代,迈克尔·波特提出了五力模型,企业管理者的视角不再局限于企业内部,而是从产业的高度来规划自身的发展。第五阶段,20世纪80年代至90年代以后,竞争者的态势也纳入了企业考察的范围,综合考虑各方因素明确自身的核心竞争力,从而确定未来的发展战略。第六阶段,20世纪90年代至今,随着整个社会的发展以及商业全球化的形成,企业间的竞争也更为激烈。企业要制定的战略不仅仅是静态的,局限于企业内部,也不仅仅是基于企业和产业视角上的,而应该是随着整个社会的发展,技术的发展,企业自身的发展而变化的,创新战略管理的理念开始进入了人们的视野。

表5-1 战略管理理论发展历程

阶段	20世纪50年代	20世纪60年代	20世纪70年代	20世纪70年代至80年代初期	20世纪80年代中后期至90年代初期	20世纪90年代中期至今
主题	预算和控制	公司计划	公司战略	产业和竞争分析	寻求竞争优势	战略性创新
主要问题	年度预算控制	增长计划	计划组合	产业和市场的选择,市场的细分和定位	公司竞争优势的来源	战略和组织的竞争优势
关键概念/技术	预算、投资计划和项目评价	投资计划预测模型	多方案规划矩阵	波特的五种竞争力量分析	核心能力分析	竞争优势的动态来源;标准的控制;知识和学习

* 资料来源:Joe Tidd, John Bessant, Keith Pavitt. Managing Innovation. Chichester: Wiley, 1997.

5.2.2 战略与创新战略的关系

创新战略的概念和战略管理的理念有着非常紧密的联系，但又不尽相同。在制定创新战略的过程中，最重要的就是要参照市场的变化、技术的变化以及根据企业自身的情况来进行制定。如图5-1所示，企业始终处在不确定的环境中发展，技术创新、产品创新、过程创新都有着很大的不确定性。因此，企业在制定发展目标的过程中，要实时考虑内外环境的变化。企业的战略指导企业要做什么；企业的商业战略指导企业如何实施商业计划，它包含了营销战略、技术战略、服务战略等，其中最重要的一部分就是技术战略；企业技术战略指导企业如何通过技术创新获取竞争优势，企业的市场战略指导企业如何获取市场优势。企业如何利用自身的技术优势来实现企业的目标，是获取竞争资源优势的关键。这一切的前提都是建立在确定的外部环境和企业的自身状态的情况下，当这些环境和要素发生变化的时候，企业要如何应对呢？此时创新战略的优势就凸显出来了，它最大的特点就是要根据环境的变化和企业自身的变化来对企业的战略进行调整，让企业能够在动态的环境变化中不断地去适应环境。

创新战略是企业战略的关键组成部分，企业要制定出与公司长期战略相符合的创新战略，保障企业长期的战略目标得以实现，帮助企业获得持久的竞争力。

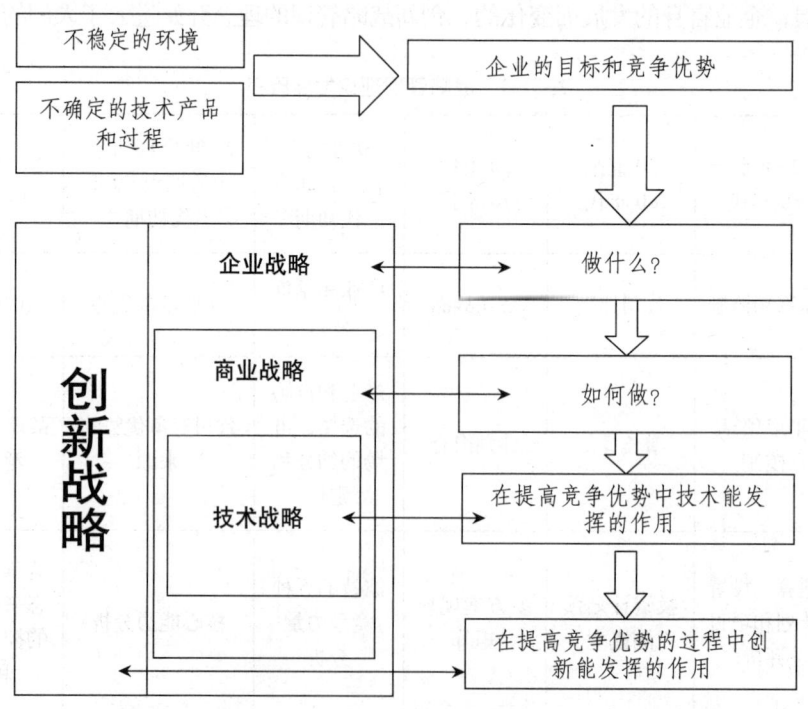

图5-1 企业（商业、技术）战略与企业创新战略之间的关系

5.2.3 创新战略的内涵

创新战略即企业根据市场的变化调整自身的战略，不断创新的同时提高企业的动态竞争能力。创新战略的目标可以分为两点：一是企业如何通过创新提供独特的产品和服务为消费者创造价值；二是如何通过创新帮助企业提供持续竞争力。

5.3 创新战略的类型

5.3.1 引领者战略

引领者战略是指企业以最快进入市场为目标，形成技术领先优势，率先在市场上提供创新性的产品和服务，满足消费者的需求。根据创新范围的不同，引领者战略可以分为技术创新引领者战略和细分市场引领者战略。[6]

技术创新引领者战略是企业通过开发和依靠关键核心技术，建立和巩固其在市场上的主导地位，获取强大的竞争优势。细分市场引领者战略是指企业针对特定的细分市场开发提供相应的技术服务，以此获得绝对的竞争优势。

5.3.2 跟随者战略

跟随者战略是指企业并不急于开发某项技术或进入某个市场，而是待产品或市场相对成熟后，通过快速学习推出改进后的产品或服务，通过较低的生产成本、营销成本、研发成本获取市场利润，实施战略跟随而获取竞争优势。跟随者战略可以分为技术创新跟随战略和技术创新合理化战略。

技术创新跟随战略是在引领者投放的产品处于成长期初期时，迅速模仿引领者的产品技术，紧跟引领者推出新的产品。技术创新合理化战略是在引领者投放产品处于成长期或者之后时，通过低成本的仿制，以较低的价格进入市场，形成规模经济。

5.3.3 引领者战略和跟随者战略的比较

引领者战略和跟随者战略各有优势，如表5-2所示。引领者一般需要有相对雄厚的资金，才能支撑起企业的技术创新，开发出新的产品。采取引领者战略的企业也面临着很多风险，新产品和新技术可能开发不成功，用户对新的产品没有认知，还没有形成一定的市场需求。相对而言，对于跟随者来说，资金的需求量和技术的储备能力要求较低,但是由于没有技术或市场的优势,产品价格可能较低,不过利润却不见得是最低的,因为如果这类产品在市场上有一定的认知度,跟随者可能所花费的研发生产成本就要小很多,企业能把更多的精力放在市场营销上,做的创新更多的是产品工艺上的创新。

表 5-2 引领者战略和跟随者战略对比

战略类型 比较维度	引领者战略	跟随者战略
有利面	领先占领市场,取得垄断利润	投资较小,风险较小
不利面	投资大,风险大	处于竞争的被动地位
技术来源	自主开发为主	外部引进为主
技术开发重点	产品技术	工艺技术
竞争能力	产品性能	产品价格
投资重点	技术开发,市场开发	生产,市场营销
优势能力	研究开发	生产销售
互补能力	应具有关键的互补能力	依靠互补能力取得市场地位
承担风险的能力	强	弱
对风险的态度	偏好冒险	偏好稳妥
领先的持久性	应具备持续开发能力	争取超越引领者

5.3.4 蓝海战略

除了引领者战略和跟随者战略之外,蓝海战略也是创新战略的一种类型。"蓝海战略"由欧洲管理学院钱·金(W. Chan Kim)和勒妮·莫博涅(Renee Mauborgne)教授提出。与迈克尔·波特的竞争战略不同,"蓝海战略"核心在于以价值创新为中心,让消费者得到最大价值为终极目标。

传统上企业制定战略时,对内外部因素和产业环境进行透彻分析之后,企业要根据市场的竞争态势找到自己生存的空间,依靠技术优势或成本优势获得竞争优势。有人把这样竞争激烈的市场比作一个红海,在这样的背景下,企业可不可以另辟蹊径找到一片蓝海呢?这就是蓝海战略提出来的背景。企业关注的重点不再是现有的市场,不再是现有的人群,而是去探索能不能进行价值创新,有没有更多的人群能够成为企业服务的对象,并为之提供相应的价值,帮助企业获取更多的利润和效益。

快捷酒店的出现就是蓝海战略的经典实例。五星级酒店在服务上、饮食上、设施上、地理位置上、景观上都是最优的,但同时价格也是很昂贵的,因此,其主要的客户为高端商务人士。与此不同,青年旅舍一般位于比较偏僻的区域,没有奢华的大堂,房间小,提供的服务很有限,但是价格低,主要为低端消费者提供服务。在酒店市场已被五星级酒店这样的高端产品和青年旅舍这样低端的产品占据的情况下,新进入的企业可以像五星级酒店一样提供安静舒适的住宿环境,但是酒店的地理位置可能稍微偏僻一点,房间的设施和服务也没有那么高端,从而把成本降低下来,提供的价格就可以比较适中,这样的模式就是在酒店行业开辟了一块蓝海,比如七天、如家、汉庭都是属于此类型的酒店。

服装市场上有一个时尚快消品牌ZARA,隶属于Inditex公司,为全球排名第三、西班牙排名第一的服装商。一直以来,大家关注的都是ZARA在产品策略、价格策略、渠道策略、促销策略等方面独特的经营方法,却鲜有人提及它的蓝海战略。ZARA与传统服装品牌的运作惯例不同,不同于LV、GUCCI等高端品牌在价格、质量、时尚感、购物环境等方面提供高水平的服务,也不同于ONLY、VERO MODA等中档品牌提供较低水平的时尚感,而是在质量、价格、购物环境等方面提供了高于同行业的中等服务水平,如图5-2所示。ZARA采取了既突出产品的时尚感,又以惊人的换货速度和较低价格的模式杀入服装市场。ZARA虽然自己拥有工厂,但是绝大多数还是通过协作厂商来实现快速流转产品的模式。400多名年轻的时装设计师时刻关注世界流行趋势,设计出相似的产品。在品质、价格、物流、款式方面都满足了中产阶级消费群体的诉求后,ZARA以极速运转的供应链,使其换货速度在服装行业内首屈一指,成功的从服装市场的红海中开拓出一片蓝海。

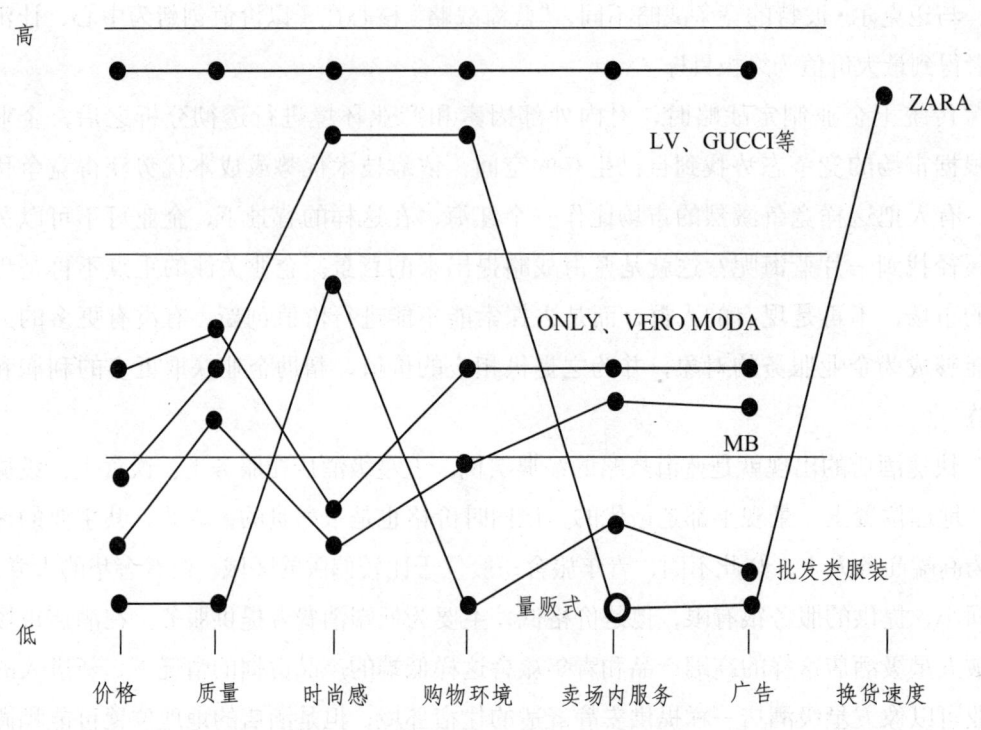

图 5-2　ZARA 的蓝海战略

5.3.5 自主创新战略

5.3.5.1 自主创新战略

自主创新是指在创新中不单单依赖技术引进和模仿,而是在以创造市场价值为导向的创新中掌握自主权,并能掌握全部或部分核心技术和知识产权,打造自主品牌,以赢得持续竞争优势为目标。在高新技术产业领域,自主创新是一个企业塑造自身竞争力的必备武器,是一个企业能长期发展的必要条件。上升到国家战略层面,自主创新更是决定一个国家、民族未来兴衰的关键因素。我国自新中国成立以来就有明确的自主创新意识,党中央高度重视科技创新的发展战略,并根据我国的国情适时提出了创新驱动发展战略。早在 2012 年 7 月召开的全国科技创新大会上,中央政府就明确提出了科技创新驱动发展的战略部署。2013 年 3 月 4 日,习近平总书记在出席全国政协十二届一次会议时强调,实施创新驱动发展战略是立足全局、面向未来的重大战略。[7] 由此可知,党中央已经把创新驱动战略摆到了我国未来发展的主要战略方向,而其中又以自主创新战略的实施尤为重要。

5.3.5.2 自主创新战略案例分析

案例 5-1　华为的自主创新战略

华为从 1987 年创立至今,已发展成为全球化的知名企业。华为一直倡导的自主创新战略是其取得成功的最重要原因。

首先,华为在管理制度上的创新可谓是独一无二。华为的创始人任正非曾说过:"如果大量的资本进入华为,就会多元化,就会摧毁华为 20 多年来还没有全理顺的管理。"[8] 因此华为选择不上市。任正非认为如果上市以后,股东们并不是公司的所有者,只会利用公司赚取更多的钱。但是华为认为每一个员工都是公司的所有者,会向其授予股权。任正非自己只持了很少一部分的股份,他把大量的股份都让员工持有。目前在华为,外籍员工也可成为公司股东,其股权创新方案对于未上市的公司来说完全体现了创业领袖对于人才的重视以及奉献精神。同时,这样的持股制度也让员工自然而然地意识到在华为的工作不仅仅是为公司也是为自己奋斗。

作为一个高科技企业,华为自成立之初就将使命锁定在通信核心网络技术的研究与开发上。从 1992 年开始,华为将每年销售额的至少 10% 用于研发项目投入。华为目前在全球拥有 16 个研发中心,员工来自全球 163 个国家和地区,截至 2015 年员工数量达 17 万,其中研发人员约占 45%,是目前全球研发人数最多的公司之一。2015 年,世界知识产权组织宣布,华为以 3898 项专利技术申请量蝉联专利技术条约第一。[9] 华为之所以能够在众多竞争者中保持优秀的成绩,这和它以自主创新为核心的战略选择是分不开的。

案例 5-2　中国的大飞机案例

2017 年 5 月 6 日下午 2 点,中国自主研制的大型飞机 C919 在上海浦东机场试飞成功,这个消息令全国人民欢欣鼓舞,意味着我国打破了多年以来没有自主研制的大飞机的困境。早在 20 世纪 70 年代,我国就开始了大飞机——运 10 的研制,且两架样机下线并从北京试飞拉萨,但是为何隔了这么多年,我们才看到 C919 正式下线?当时,世界上研制大飞机的主要有三个团队,中国的运 10、美国的波音和欧洲的空客,这三个团队的技术实力差别并不是很大。波音公司所组建的团队不断地推出新机型,期间碰到了飞机发动机研发的困境,导致将近十年时间里,波音的飞机制造技术没有取得任何大突破，而空客公司在研制大飞机的过程中也遇到了很多困难。中国的大飞机研制所经历的波折更多了，由于当时中国的制造技术比较落后，甚至于当时所使用的零部件都是从旧飞机上拆卸下来，然后去进行改进。除此之外，即使飞机研制出来，它所能产生的市场价值也不足以抵消成本，还有一些政治上和其他方面的因素，最终导致上海研制大飞机的科研团队被迫解散，试飞的运10也没能进入市场。

进入21世纪之后，面对市场上对大型飞机的巨大需求，以及波音和空客对整个大飞机市场的垄断，中国重启了研制大飞机的计划。虽然现在研制大飞机的成本投入要远远高于20世纪70年代，但是我国的政治经济形势也早已今非昔比。国家的经济发展为C919的研发提供了强有力的经济支持。我国在航天领域取得的一系列技术突破和成果，也为大飞机的研制提供了技术上的支持。同时，中国已经成了世界上最重要的国际贸易基地之一，每天都会有大量的乘客以中国为基点来回飞行，也就是说对于大型飞机的市场需求已经达到了一个空前高涨的阶段。历经十年的发展，C919终于下线了。它的市场前景非常好，在还没有投入批量生产的情况下，就已经收到了570架的订单。

大飞机刚开始研制的时候，企业是否选择引领者战略的关键在于是否有实力去承担风险。先期的引领者具有非常多的优势，例如波音和空客在飞机的研制技术、使用技术和市场化方面都有着先进的经验，并且垄断了整个市场。作为跟随者的C919要想进入国际市场，也面临着巨大的压力和困难。虽然目前来看，我国大飞机的研制属于跟随者，但是大部分的技术是我们通过自主创新的模式获得的。通过研制大飞机，中国收获了技术的积累和进步。一个国家或是一个企业所获得的技术积累和进步的价值，在一定程度上有可能还会大于研制出来的新产品所带来的价值。

不论是企业还是国家，采取什么样的创新战略都要随时代的变化进行调整。我国长期以来都在推行自主创新战略，是依据我国国情所做出的明智选择。

5.4 创新战略的选择

5.4.1 选择创新战略的关键要素

企业在制定创新战略的过程中，要根据自身所处的发展阶段和实力去选择，同时也要根据产品的技术生命周期和产业的生命周期去选择进入市场的方式。创新战略没有对与错，只有适合与不适合。企业所经营的产业处于生命周期的初级阶段时，往往以产品创新为主；当产业不断发展趋于成熟时，工艺创新成为主要的创新形式。如果处于前一阶段,引领者战略可能会为企业带来更多的市场机遇;而在相对成熟的产业里,跟随者战略会更适合企业的发展。一个企业想要取得更好的发展,应该根据环境的变化来选择适合自身的战略,在动态的变化环境中保持企业不断向前的持续发展。

5.4.2 从 PC 发展的过程分析企业创新战略的选择

用个人计算机发展历程为背景,分析了企业战略随环境变化而变化的过程。

表 5-3 PC 发展过程重点事件回顾

时间	重要事件
1946 年	1946 年 ENIAC 计算机在美国诞生,信息革命揭幕。
1946—1975 年	1971 年:英特尔发布了微处理器芯片 4004,微机诞生; 1970—1971:贝尔实验室推出 UNIX 操作系统,其开放环境催生出太阳微公司、SGI、DEC、惠普等新老公司,摧毁了 IBM 独统天下的根基。这一阶段,IBM 占据大型机市场 70% 的份额,进入计算机领域,DEC 占据小型机市场第一,Cray 占据巨型机市场第一。
1975—1976 年	Altair8800 个人电脑诞生,1976 年苹果电脑公司组装出了 Apple I。
1977 年 6 月 5 日	划时代产品 Apple II 个人电脑正式发售,售价为 1295 美元。
1977 年	比尔·盖茨创立微软。
1980 年	Apple-II 成功上市,生产的是 8 位机; IBM 公司跟随 Apple 公司推出个人电脑,其产品简称 IBM-PC。新业务的部门设在远离纽约总部的佛罗里达州 Boca Raton 实验室;从微软购买操作系统,从英特尔购买微处理器,IBM 负责组装、销售、售后支持和品牌管理;在产品上采用英特尔的准 16 位微处理器 8088;开放 IBM-PC 的体系架构,允许其他厂商生产兼容机,借以冲击 Apple-II 的市场份额; 微软说服 IBM 将 DOS 的操作系统外包给微软,购买了 Tim Patterson 的 QDOS 源代码经过扩展升级后再以每个拷贝收取一个 License 费的形式转卖给 IBM,开创了软件也能赚钱的商业模式。
1981 年 8 月	IBM PC 机横空出世。IBM 把其品牌与 PC 机绑定,将自己的产品变成了个人电脑品牌的代名词。
1984 年	IBM 推出以 80286 为核心的 PC/AT,Apple 公司在乔布斯的带领下转入艰苦卓绝的封闭式创新,Apple 推出新产品 MAC 电脑,首次在业界引入鼠标,采用图形操作界面(为了与 IBM 及其产业生态同盟抗衡),凭借 Apple 公司一己之力进行软硬件全包,其开发难度可想而知,这也是导致 Apple 公司的 MAC 系列产品一度难产的原因。乔布斯为 Apple 公司找了一个职业经理人(百事可乐的 John Sculley 先生)。不久,由于 MAC 的销售不利,二人在是否引入 IBM 开放模式上出现了严重分歧,董事会决定辞退乔布斯。苹果公司每况愈下。

续表

时间	重要事件
1985 年	康柏和 AST 采用英特尔的 32 位微处理器,一举超越 IBM,微软公司推出了模仿 Mac OS 的适合于 IBM-PC 体系的图形化操作界面的产品 Windows1.0,但这一产品并不成熟。
1987 年	联想开始代理 ATS 的中国业务。
80 年代末到 90 年代初	从 20 世纪 80 年代末到 1993 年间,IBM 已经亏损 10 亿美元,郭士纳上台后采取了一系列措施,减支裁员、减免分红、降价促销;确定了未来的发展方向,将利用硬件和软件优势为用户提供整体解决方案,把技术整合到企业流程中;网络计算模式将替代微机主宰世界的格局形成;90 年代初,DELL 公司推出了直销模式,绕过 PC 代理销售渠道,通过电话和互联网为用户提供定制化的产品。
1993 年	联想利用英特尔推出的"奔腾",第一个将 1.5 万元以上的电脑降到了 9999 元,在 1997 年荣登 PC 市场份额榜首。
1995 年	英特尔推出 486 时,AST 起步太晚,在市场衰落。微软推出成熟产品 Windows95,历经十年打磨,微软公司终于震惊了世界。而这十年时间,微软主要靠 DOS 系统支撑,期间研发的 Windows3.1 甚至都比不上 Mac OS 操作系统。
1997—1999 年	1997 年,乔布斯归来,立志将苹果打造为一个高端消费电子与服务公司;1999 年,乔布斯首先从产品的外观设计开刀,推出 iMac 系列产品。其特点在于产品具有半透明的五彩缤纷的外观;简化产品结构、减少了主机与外设之间的线缆;提高了显示器的视觉效果。紧接着,Apple 又推出了同样具有迷人外观的笔记本电脑 iBook 系列。通过 Think Different 等一系列市场营销活动,Apple 公司重新唤起了世人的注意。
2000 年	联想将原来以 PC 产品链为核心组建的事业部管理体系改为以客户导向为核心的六大业务群组的新架构,希望 IT 服务在 3 年后能占总收入的 10%,而 2002 年,服务收入仅占了 1%。
2001—2002 年	Apple 推出 mp3 播放器 iPod,正式进入消费电子领域。iPod 在产品外观设计上传承了 i 系列的精致外观。更为关键的是,它在音乐产品的来源上,开创了 iTune Channel 模式 (iTunes);Apple 公司通过建立网上商店、签约唱片公司洽谈版权合作、实行付费下载的全新商业模式,推动了数码音乐的电子支付与分成的全新业态的形成。
2007 年 6 月 30 日	正式发布了划时代的产品 iPhone,实现了音乐播放器、手机和上网设备的集成。
2008 年	华硕推出上网本 EeePC,为需要简单、低价的用户提供产品。

第五章 创新战略

续表

时间	重要事件
2010 年	苹果推出 iPad1，介于智能手机和笔记本之间。
2011 年	苹果推出 iPad2，苹果公司市值（约 3371 亿美元）超过埃克森美孚（约 3333 亿美元），成为全球第一大上市公司，也是全球第一大 IT 公司。

20 世纪 70 年代初，个人计算机（Personal Computer，PC）还没有出现，IBM 公司占据了大型计算机的大部分市场，当时只有军事型或国家级的企业，才有能力和财力使用计算机，个人拥有一台计算机简直是天方夜谭。1976 年乔布斯和他的合伙人在车库里成立了苹果公司，将 PC 的价格降低到了普通大众能够承受的范围。1977 年，微软公司成立，研发了 MS-DOS 系统并对其不断的改进优化。苹果电脑在世界各地的普及让 IBM 公司感受到了巨大的压力，没想到 PC 会有这么大的市场空间，而这个市场已经被率先发展起来的苹果公司占领了。此时，IBM 公司作为一个跟随者想要进入这个市场，采取了非常明智的策略，与微软公司和英特尔合作，购买微软的操作系统和英特尔的 CPU，IBM 所做的主要工作就是将计算机组装起来，通过自身庞大的销售渠道，把电脑销向世界各地，占领了大量的市场份额，这个例子说明了采取跟随者战略也能占领绝对的市场份额。

随后，美国戴尔、中国的联想、中国台湾的康柏等企业都推出了 PC 业务。其中，戴尔采取了直销模式让自己的产品能迅速占领各个机构的办公桌。在这种直销模式下，戴尔公司不生产任何具体的产品，不开发任何核心的技术，用户可以通过打电话或者上网选择自己喜欢的电脑配件，公司再依据用户的需求去组装电脑，并以一个低廉的价格销售出去。这又是一个采取跟随者战略取得成功的例子，创造了 PC 市场上的一个奇迹。

反观苹果公司，由于受到来自于 IBM 公司强烈的竞争，面临着巨大的压力，从百事可乐聘请高管约翰·斯库利（John Sculley）加入苹果，但斯库利与乔布斯在选择开放式战略还是自主创新战略上产生了严重的分歧，新进入董事会的领导成员希望苹果公司能够仿照 IBM 集成制造的模式，来进一步打造苹果的产品。而乔布斯完全不同意这种战略选择，希望把软、硬件的销售全部都由自己来完成。董事会不理解乔布斯这样的战略主张，通过投票的方式将他赶出自己一手创立的公司。乔布斯离开之后，苹果公司陷入了困境，没能研发出能和其他公司抗衡的产品。乔布斯离开苹果之后，创办了 NeXT 和皮克斯（Pixar Animation Studios）公司。十年之后，乔布斯重回苹果公司所做的第一件事情就是对苹果的产品进行全面的改革和创新,他带领团队开发出 iMac、iPod、iPhone 等产品,在市场上取得了良好的反响。开发出来的 iPod、iPhone 系列产品是把电脑、游戏机、通信设备集成一体,打造了全新的、智能化的产品,乔布斯以引领者的姿态打造了一个新的市场。在这个过程中,苹果除了在硬件上进行改革,在软件上也进行了集成,推出了 iTunes 平台。iTunes 平台把软件的使用和内容产品集成在了一起,比如它把歌曲、影视节目等集成在 iTunes 平台上,苹果公司帮助大家集中购买版权,收听高品质的音乐,使顾客能够使用各种各样方便的 APP 产品。

从 PC 机的整个产品生命周期来看,不同的企业在不同的阶段采取了不同的创新战略,也取得了不同的创新成果。苹果公司提供了一个作为市场引领者的典范,IBM 公司提供了一个作为跟随者的典范。但当苹果公司又推出新产品的时候,IBM 在 PC 业务上没有跟进创新的步伐。联想集团在这个过程中不断探索着自己前进的路径,开始时联想采取跟随者战略,然后根据自身的优势在香港上市,把产品推向海外,随着联想公司不断地发展,收购了 IBM 公司的 PC 业务,进一步拓展了自己的品牌和渠道。

图 5-3 是 PC 产品的生命周期图[9],它的横轴代表时间的变化,纵轴代表 PC 产品市场销售额的增长率,增长率越高说明这个阶段产业发展得越好。

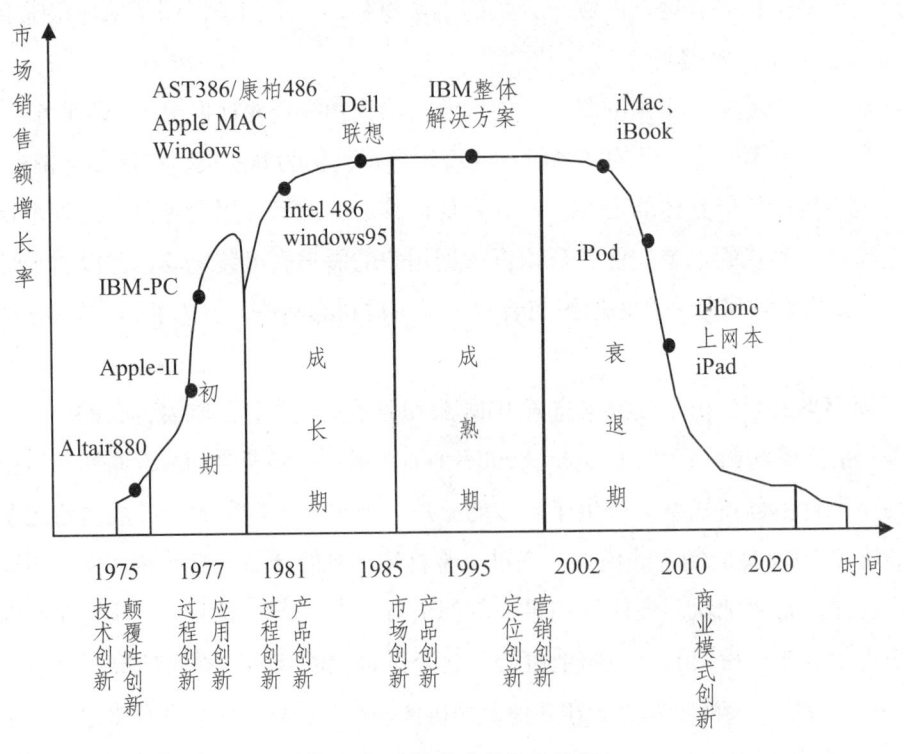

图 5-3　PC 机产品生命周期

通常一个产品的生命周期分为四个阶段：初始发展期、成长期、成熟期和衰退期。当一个产品进入衰退期之后，新的产品必然会出现，进入另外的生命周期曲线。

企业在制定创新战略的过程中，只有依据不断变化的技术、产品和产业发展生命周期，确定适合自己的创新战略，如果脱离了变动的环境去制定一个固定不变的战略，企业当然无法顺利发展。

5.5 创新战略的制定

5.5.1 制定创新战略的步骤

企业创新战略管理是企业管理的一项重要内容，是决定企业发展方向、发展规模、发展速度的关键要素。制定创新战略的方法有很多种，例如商业图法、路线图法、甘特图法等。制定企业创新战略的主要步骤包括：明确企业目标、了解外部环境以及分析内部条件，如图5-4所示。

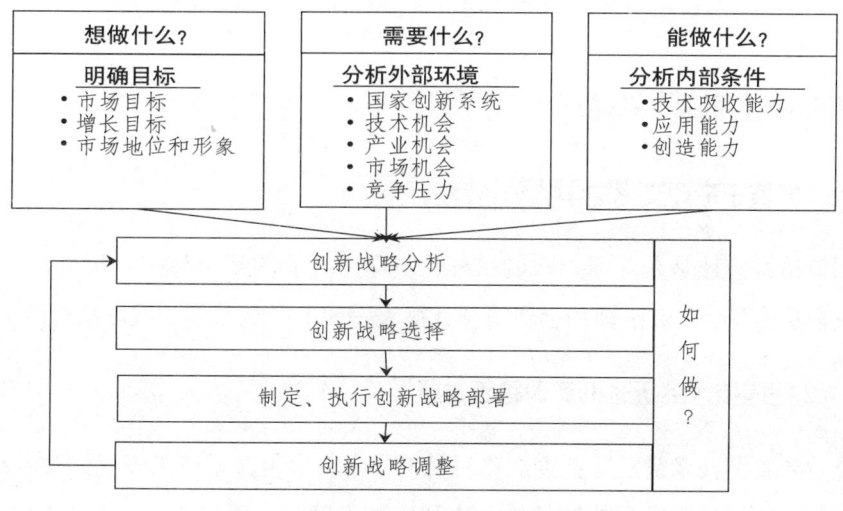

图 5-4　制定创新战略的步骤

(1) 明确企业目标

制定创新战略之初，企业一定要明确自身的目标，也就是说企业到底想要什么，例如企业的市场目标、技术目标和增长目标，以及企业未来想要在行业中取得的市场地位和塑造出的形象等。

(2) 了解外部环境

企业在明确了自身目标之后，需要对外部环境进行深入的了解和分析，其中包含政策环境、国际环境以及金融环境等，进而了解相关的技术发展、产业机会以及竞争对手的状况等。

(3) 分析内部条件

明确了企业自身目标以及市场外部环境后，企业需要分析和研究自身内部条件，即企业当前能做什么。具体来说，企业需要对自身的现实状况进行分析，其中包括了人财物的情况，具体涉及企业的技术吸收能力、资金支持能力以及创造能力。

总而言之，企业一定要明确未来想做什么，需要什么，并且目前能做什么。在明确这些方面的基础上，企业才能够根据现实情况去制定创新战略。

5.5.2 创新战略调整

制定出创新战略之后，企业需要将战略付诸实施。在实施战略的过程中，肯定会遇到各种各样的问题。因此企业需要根据具体情况，对创新战略进行适当的调整，对战略实施过程或采取的策略进行不断的改进，更好地适应内外部环境的变化。在实施过程中只有不断调整和完善，才能形成合理的、适应企业的创新战略。

5.6 创新战略实施的关键点

5.6.1 根植于企业文化之中的创新理念和激情

创新精神应该是企业所追求的目标，贯穿于企业的每个部门、每个员工之中。企业的领导者具有企业家精神和创新精神，很大程度上影响着创新战略执行的成败。

5.6.2 把握技术跳跃时机实现跨越发展

企业要警醒技术跳跃，把握战略时机。技术发展包含了技术成长和技术替代过程，技术替代破坏了技术发展的连续性，出现了技术跳跃。所以在技术生命周期的不同阶段，企业应该采取不同的对策，这是取胜的关键环节。

技术跳跃可能引起颠覆式创新，可以让一部分企业迅速脱颖而出，也会造成大批企业的破产。比如，蒸汽机出现时，让大批手工业者失业，但也让一部分使用新机器的企业崛起。最早用作存储计算机数据的磁盘，经历了5.25英寸、3.5英寸、2.5英寸等一系列的变化。每当有新尺寸的磁盘面世，往往会有一大批生产原尺寸的企业倒闭，因为生产不同规格的磁盘所需要的设备、技术都是不一样的。如果拥有一定市场份额的企业不愿意做出创新改变，这就给了新企业更多的机会，造就了新企业的崛起，同时也让更大一批的企业没落。

在微信应用之前 QQ 已经为腾讯积累了大批用户，抢占了社交网络巨大的市场份额。然而腾讯并没有满足于 QQ 给它带来的商业利益停滞不前，并支持新的团队研发出了微信。如果微信不是由腾讯研发出来的，那么腾讯现如今又会处于何种境地？技术跨越在企业发展的过程中发挥着非常重要或者说是性命攸关的作用。

5.6.3 跨越创新的障碍——路径依赖

路径依赖指的是当技术发展的过程中已有的技术或者已被采纳的标准形成一定的稳定性，人们不得不延续已经形成的习惯，再去开发新的产品。

铁轨的宽度一般是 143.55 厘米，这个数据是如何设计出来的？追根溯源就会发现古代罗马战车的两个车轮轮距就是 143.55 厘米，当罗马战车侵入大不列颠岛国的时候，四轮马车也采取了这样的设计标准。当蒸汽机、汽车出现时，也沿用了这样的一个轮距的标准，我们就把它叫作路径依赖。

企业在开发新产品的时候，也应该关注这一点，有时候改变原有的制度模式很难，到底需不需要打破原有的标准或者建立新的标准，是企业在实施创新战略过程中需要谨慎思考的问题。

5.6.4 创新成果保护与持续开发

在企业创新战略实施过程中，利用专利来保护企业创新成果是企业实施创新过程中非常重要的步骤。不同行业的产品专利提供的保护力度是不同的，所以在不同行业采取的知识产权保护模式也不一样。例如传统的机械制造业，即使看到了企业的专利技术公告书也很难去模仿。而对于医药行业或者饮料行业，如果配方一旦公布，其他人就很容易模仿生产出同样的产品。因此企业要依据自身产品的特点，选择合适的知识产权保护方式，保证企业创新成果能够有效地实施，让创新成果发挥更好的作用。

5.6.5 整合配套资源保障实施效果

配套资源也称通用性资源，是指某项技术得以有效实施的配套技术、原材料及能源供给系统、制造系统、营销及售后服务系统等项资源（如计算机、操作系统、各类软件等），充足的配套资源是拥有竞争力的保障。

我们在购买电脑时，任何品牌的显示器和主机的插口都是标准化的，都可以连接，显示器和主机就叫通用性资源。

跟通用性资源相对应的是专用性资源，就是针对特定的产品提供服务。例如企业的维修和售后服务，只针对自己的产品来提供。

企业应该更好地利用通用性资源和专用性资源，帮助其将创新产品推向市场。例如，北京的电动汽车有很多价格优惠措施，相对传统汽车更易获取牌照，但很多人还是不会选择购买，原因之一就是北京充电桩的配备还不是非常完善。如果一个企业找到了行业的短板，并能想办法把这个短板破除掉，那么可能就是企业创新的机会。

通过上述分析，创新战略的制定和实施过程中几个关键要素是一定要考虑的，一是企业一定要有创新意识，把创新意识从决策层一直贯穿到企业的每一个员工，让创新成为大家每天所想、每天所做的事情；二是一定要关注技术发展过程中的技术障碍和技术跨越所提供的机会，利用这些机会推进企业跨越式的发展；三是如何利用知识产权保护创新，让创新战略得以更好地实施；四是企业在实施创新项目的过程中，要有相应的配套资源。对这些要素进行充分整合是企业实施创新战略，对创新战略进行合理调整的关键。

参考文献

[1] Ireland RD, Hirc M A. Mission Statements: Importance, Challenge and Recommendations for Development[J]. Business Horizons, 1992, 35(3):34-42.

[2] Michael E. Porter. What is strategy?[J]. Harvard Business Review, 1996 , 74(6):61-78.

[3] 开石家族办公室 . 家族办公室介绍之贝西默信托（全球最大 MFO）[EB/OL]. http://www.sohu.com/a/124772700_481658, 2017-01-20/2017-10-31.

[4] 澎湃新闻 . 乐视网：贾跃亭及乐视控股所持公司 26.03% 股份被冻结 [EB/OL]. http://www.sohu.com/a/154388980_260616, 2017-07-04/2017-11-01.

[5] 范晓东 , 卜祥 , 李儒超 . 独家专访贾跃亭：乐视要刹车检修，但战略绝不会改变 [EB/OL]. http://tech.qq.com/a/20161106/019179.htm, 2016-11-06/2017-10-31.

[6] 陈劲 , 郑刚 . 创新管理：赢得持续竞争优势（第 2 版）[M]. 北京：北京大学出版社 , 2013, 168-170.

[7] 丁大尉 . 我国实施创新驱动发展战略的背景、内涵与问题 [J]. 兵团党校学报 , 2017, (02):66-70.

[8] 陶力 . 网易科技任正非首度"破墙"谈转型：多元化必摧毁华为 [EB/OL]. http://tech.163.com/14/0618/01/9V01VUAK000915BE.html2014-06-18/2017-11-01.

[9] 左光源 . 华为 2015 年专利申请数量全球排名第一 [EB/OL]. http://tech.huanqin.com.original/2016-03/8729478.html2016-03-18/2017-11-01.

第六章 创新源泉与方法

创新的源泉是一切创新项目的开始。创新的源泉可以归纳为创造力、创造性环境、技术推动和市场拉动等四个方面。

6.1 创新的源泉

6.1.1 创造力

创造力是创新的源泉之一。创造力是一个十分复杂而有争议的概念。创造力研究的领军人物吉尔福特（J. P. Guilford）1950年在就任美国心理学会主席的就职演讲中指出：创造力是一个长期被忽视但却十分重要的品质，发散思维能力是创造力的核心。

国外学者对个人创造力和企业创造力进行了研究。巴龙（Frank Barron）和哈林顿（David M. Harrington）将个人创造力的特质概括为：美学素养高、兴趣广泛、勇于挑战复杂性难题、精力旺盛、有独立的判断力、自主性强、直觉敏锐、自信、包容性强等。[1] 布朗（Robert T. Brown）和哈林顿认为企业创造力是创造过程、创造产品、富有创造力的人和创造性环境几方面的结合，以及它们如何互动的结果。[2][3]

国内学者普遍认同的创造力的定义是根据一定目的，运用一切已知信息，产生出某种新颖、独特、有社会价值或个人价值的产品的品质。这里的产品是指以某种形式存在的思维成果，既可以是一种新概念、新设想、新理论，也可以是一项新技术、新工艺、新产品。[4]

6.1.2 创造性环境

创造性环境主要指影响创造力的环境因素。创造性环境最初是指环境对创造者进行创造时产生的压力。[5] 我们认为，创造性环境更多的是帮助研究者更好地表达自己的创意或激发灵感。

促进创造力发展的环境因素包括：自由的空间、充足的资源、认同与鼓励、有适当的挑战性和充裕的时间等等。阻碍创造力发展的环境因素包括：过多的限制、不恰当的评价、资源的缺乏，等等。[6]

为了更好地激发人们产生更多的想法，创造力研究中出现了一系列的方法，包括头脑风暴法、强制关联法等，6.3节中会详细介绍如何打造创造性环境。

6.1.3 技术推动力

随着科学技术的发展，新的产品或服务被开发出来，并不断推向市场，满足已经存在的市场需求或开发新的市场需求。苏联科学家根里奇·阿奇舒勒（Genrich S. Altshuler）和他的团队在对大量专利进行研究的基础上，提出了TRIZ（Theory of Inventive Problem Solving）理论，它总结了技术创新过程的规律，提出了解决技术问题实现创新开发的各种方法、工具和算法，为解决技术创新中的问题提供了有力的指导。TRIZ中解决技术创新问题的方法体系包括创新思维方法、创新规律和解决创新问题的工具。

6.1.4 市场拉动力

市场是获得创新灵感的重要来源，通过各种方式对市场进行研究，了解企业在市场中的地位，理解用户的需求，找到可能存在的机会，都为我们寻求创新的方法提供了借鉴。市场环境包括用户、竞争者、投资方等，他们都可能在某个方面拉动企业的创新活动。

6.1.5 创新搜索空间地图

在寻求创新来源的过程中，技术和市场是两个非常重要的维度，包含这两个维度的二维平面图称为创新搜索空间地图，如图6-1所示。

创新搜索空间地图的横轴代表市场变化的程度，纵轴代表技术变化的程度。不同的技术和市场构成了不同的环境，在不同的技术和市场组合环境中，创新会有不同的形式。

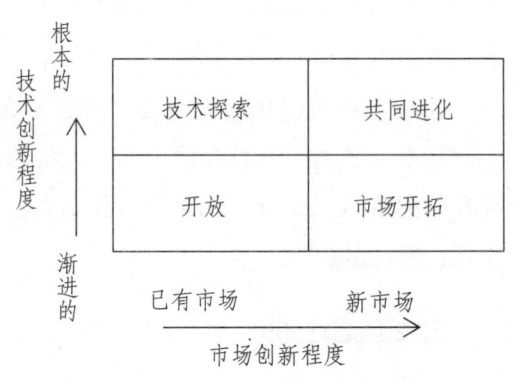

图6-1 创新搜索空间地图

6.2 开发创造力的方法

6.2.1 系统思考法

创造力不仅仅是天生的，更可以靠后天培养，合适的方法可以给人们更好的引导，相应的工具可以给人们支持，每个人都可以拥有创造力。系统思考法提供了分析问题和解决问题的步骤，通过逻辑分析帮助大家找到更多的方案。

系统思考法分为五步，如图6-2所示。首先是要关注创意，关注新想法，也就是说乐于创新，把创新作为我们考虑问题的关键；第二步是打破常规的想法与思路，把碰到的问题细分；第三步是针对每一个细分问题找到相应的解决方案；第四步是把找到的每一个解决方案重新组合和优化；第五步是从这些组合里寻找并选择新的创意。

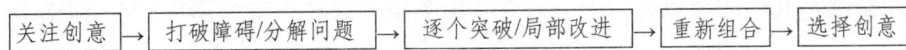

图6-2　系统思考法的步骤

系统思考法中关键的环节是打破障碍，通常是指突破常规的思维。在日常生活中障碍是无处不在的，如果不了解事物运行的规律或者存在的原理，很容易对很多现象做出错误的判断。为了不让这些错误的判断成为处理事情的障碍，下面的方法可以用来打破障碍：

◆ 表述你的质疑
◆ 列出你的假设
◆ 质疑你的假设
◆ 推翻所有的假设，写出相反的结论
◆ 记录不同的观点
◆ 对被否定的内容加以补充、完善

案例6-1　系统思考法案例

早期的汽车是作为奢侈品出现的，通用汽车公司针对如何开拓市场进行了一系列研究，系统思考法是他们所采用的方法之一。

首先通用汽车公司列出现存问题清单。当时的汽车成本很高，属于奢侈品，意味着只有高收入家庭或者有一定实力的机构或单位才能购买，并且只能全款购买使用。于是研究人员提出反问，是不是只有全款购买汽车才能使用？基于这一思考，通用公司创造性地实施了分期付款售卖汽车的商业模式，让更多的普通家庭能够购买汽车，公司的市场自然也就扩大了。

不仅是汽车，对经营的其他产品同样可以提出类似的问题。通过这种模式打破头脑里固有的思维障碍，对这些障碍提出相反或不同的意见，这样能够帮助我们找到更多的思路。

6.2.2 水平思考法

水平思考法采用逆向思维模式思考问题，摆脱某种事物的固有模式，从多角度多侧面去观察和思考同一事件，捕捉偶然发生的构想，从而产生意料不到的"创意"。六顶思考帽法是其中的经典方法之一，它是由英国的管理学家爱德华·德·博诺（Edward de Bono）博士提出来的。

六顶思考帽是指使用白、绿、红、黑、黄、蓝六种不同颜色的帽子代表六种不同的思维模式，分别代表中立客观、创造性思维、乐观思维、否定思维、直觉思维和总结性思维。任何人都有能力使用这六种基本的思维模式。在以小组形式讨论问题的过程中，各种颜色的帽子起到的作用如下：

◆ 白色思考帽：白色是中立而客观的。戴上白色思考帽，人们思考时要关注客观的事实和数据。

◆ 绿色思考帽：绿色代表茵茵芳草，象征勃勃生机。绿色思考帽寓意创造力和想象力。它具有创造性思考、头脑风暴、求异思维等功能。

◆ 黄色思考帽：黄色代表价值与肯定。戴上黄色思考帽，人们从正面考虑问题，表达乐观的、满怀希望的、建设性的观点。

◆ 黑色思考帽：戴上黑色思考帽，人们被鼓励运用否定、怀疑、质疑的看法，合乎逻辑地进行批判，尽情发表负面的意见，找出逻辑上的错误。

◆ 红色思考帽：红色是情感的色彩。戴上红色思考帽，人们表现自己的情绪，人们还可以表达直觉、感受、预感等方面的看法。

◆ 蓝色思考帽：蓝色思考帽负责控制和调节思维过程。负责控制各种思考帽的使用顺序，规划和管理整个思考过程，并负责做出结论。

六顶思考帽的价值在于，它是一种具有建设性、设计性和创新性的思维管理工具，可以使思考者克服情绪感染，剔除思维的无助和混乱，避免片面和自负，在你认为问题无法解决时，给你一个崭新的契机。对于一个团体而言，它能够使各种不同的想法和观点和谐地组织在一起，避免人与人之间的对抗，使团队中的每个人都积极参与思考，共同寻找最终方案。下面以两个案例说明六顶思考帽的使用。

案例6-2 水平思考法案例——尤伯罗斯经营洛杉矶奥运会[7]

在1984年洛杉矶奥运会之前，举办每一个奥运会的城市都面临一场财政"灾难"。1976年蒙特利尔奥运会亏损高达10亿美元，20年后蒙特利尔市民还要替当年的奥运会买单，但1984年洛杉矶奥运会却盈利1.5亿美元。

彼得·尤伯罗斯（Peter Ueberroth）策划和组织了1984年洛杉矶奥运会，发现并挖掘出了潜藏在奥运会中的巨大商机。尤伯罗斯的卓越贡献来自于两个方面：一方面是他的敏锐的经济头脑，另一方面来自于他"六顶思考帽"培训中学到的敢于突破传统创新的独到思维。

尤伯罗斯在寻找造成奥运会财政"灾难"产生的原因时，独具慧眼地看到了一个不赔钱的方案——不再搞新建筑，充分利用现有的设施，同时让赞助商为各个项目提供最优秀的设施。尤伯罗斯采用欲擒故纵的手法，对赞助商提出近乎苛刻的条件，但赞助商纷至沓来，一时竟成热门。最后，尤伯罗斯以5∶1的比例选定了23家赞助公司。同时以2.5亿美元的天价把电视转播权卖给了美国全国广播公司，还以7000万美元的价格把奥运会的广播转播权分别卖给了美国、欧洲、澳大利亚等，从此打破了广播电台、电视台免费转播体育比赛的惯例。尤伯罗斯因此成名，如今举办奥运会已是炙手可热。

案例6-3 水平思考法经典工具——六顶思考帽案例[8]

几年前，一家诞生不久的互联网家电企业砍掉了传统渠道等中间环节，将一些设计精良、性能优异的产品在线上进行销售，在很短的时间内，领先同行竞品，夺得市场第一份额。但不久之后一些市场问题凸显出来：销量下滑，投诉增加，甚至很多地方开始出现了假货、仿冒品。

公司总结最大的问题是缺乏线下体验和线下购买方式的多样化。于是，战略决策部门组织公司骨干一起商量对策，开始了一场六顶思考帽的战略讨论。

创新管理与设计

蓝帽设定讨论的议题：是否开设线下销售和线下体验服务来解决投诉问题？

白帽团队梳理客观事实：一个月内，"A"产品在线销量下滑了40%；在投诉量的统计上，线上、线下投诉的占比分别是35%和65%；线下投诉的70%是中老年人，绝大多数原因是功能使用不当造成；400电话接到投诉最多的两个问题是线上"抢"不到产品和线下被骗而买到假货；多家自媒体在优酷、爱奇艺等视频网站发布视频指责公司搞"饥饿营销"；广东省某一个用户在当地数码市场买到假货仿冒品，充电时短路造成重大损失。

黄帽团队通过议题思辨，发现价值和机会：开设线下销售可以满足一部分不会使用在线购买的中老年用户的需求；开设线下销售可以向客户推荐配件或其他产品，提高客单价和提升毛利，有了线下体验环节，线下顾问可以指导客户使用产品，避免使用不当造成的客户投诉；线下终端和门店可以帮助客户进行免费验货、免费维护和保养，提升用户体验；开设线下销售可以提高企业形象和影响力，提高口碑。

黑帽团队分析可能面临的问题、困难和风险：开设线下商店，租金成本、运营成本将大大增加；人力资源储备不够，一下子招募不到足够的人手满足线下销售和体验支持；公司定位是"互联网公司"，大规模开设线下渠道销售担心与公司定位矛盾；线下渠道投资增加，最终成本转嫁到价格上，用户利益将严重受损，和经营理念不符合；进一步开放线下销售，可能会使"黄牛"更加猖獗。

绿帽团队针对黑帽发现的问题，创造性提出解决办法：储备一部分货源在原有的城市服务网店销售（不增加额外租金成本）；要求购买产品实名制，一张身份证可购买一个产品（防"黄牛"）；每一个服务网店增设若干产品体验师，专职指导用户使用产品（提升用户体验）。

红帽团队负责了解团队成员意见，并组织大家投票，90%的参会者同意执行开设线下销售服务。

蓝帽负责形成最终决策及解决方案：在原有的数百家服务网点开通部分产品线下销售，满足部分客户需求；用户凭身份证限购，严格管理，防止黄牛炒货；服务网点员工全员定期产品培训，以轮岗的形式服务，提升客户体验。

最终该公司通过线上销售、线下服务的O2O模式，满足了不同用户群体的需求。在不增加运营成本的前提下，在已有的直营与授权服务网点部分开放销售，增加客户体验师的投入和培养，大大地提高了用户满意度，原来困扰大家的客户投诉问题也得到了缓解。

6.3 打造创造性环境

6.3.1 酝酿创意的 3B

很多伟大的科学发现都是在三个"B"(Bus,Bed,Bath)中得到的灵感,也就是说创意往往在不经意间出现。

阿基米德(Archimedes)在跨进澡盆洗澡时,看见水面上升得到启示,从而提出了浮力定律;韩美林老师在凌晨两三点钟洗澡的时候想到把中国有特色的动物和中国传统娃娃的形象结合起来传播中国文化,从而设计出北京奥运会的吉祥物福娃。

那是不是整天躺在床上、泡在澡盆里或去坐公交车,就能找到更多的创意?答案当然是否定的,阿基米德在研究浮力定律的过程中,冥思苦想积累了很多先期研究之后才得出最终的结论。韩美林老师和他的团队也是经过了很长时间的研究,很多资料的积累之后,最后设计出了福娃。也就是说这些创造性想法的出现,一方面得益于一个良好的环境,同时也必须有先期研究的基础和积累,还有研究者全身心的投入。

6.3.2 改进的头脑风暴法

20世纪40年代,被誉为创造工程之父的亚历克斯·奥斯本(Alex Faickney Osborn)在著作《创意的力量》(*Your Creative Power*)中将头脑风暴法作为一种开发创造力的方法正式提出。按照奥斯本的解读,头脑风暴是一种会议技巧,团体通过其成员自发地聚集所有想法来试图找到针对特定问题的解决方案。

具体来说,头脑风暴可以让所有参与者在自由愉快、畅所欲言的气氛中,通过相互之间的信息交流,每个人毫无顾忌地提出自己的各种想法,让各种思想火花自由碰撞,从而得到解决问题的思路。

在我们日常生活和工作中,很多人使用过便签贴,它可以方便使用者记录有关问题和想法,提高人们的工作效率。便签贴运用于头脑风暴法中可以让该方法更高效。下面介绍一种运用便签贴的改进型头脑风暴法的具体步骤。

(1) 便签贴+白板的自由讨论:每个人把自己对问题的设想和解决方案用便签贴记下并贴在白板上,这样可以通过别人写的内容启发自己,从而产生新的想法。

(2) 将离散的想法聚类:当讨论告一段落,大家聚集在一起整理便签贴并进行分类,形成几类解决问题的方案或思路。

(3) 采用投票或打分的方法决定每类方案和思路的优先级,确定大家认可的解决方案。

一个小组的创造力要远远高于相同数量的个体所产生的创造力，但前提条件是这些智慧的头脑要相互倾听、交谈和交流。这也是创新型头脑风暴法的意义所在。

6.3.3 强制关联法

强制关联法又叫一一对应强连法，是指我们在考虑或解决某一个问题时，通过联想把各种素材组合在一起从而激发创意。强制关联法的步骤如下：

(1) 把解决问题所能想到的方法都列在一张表上；

(2) 把这些构想逐一与其他构想建立联系；

(3) 强制性进行新的组合；

(4) 产生解决问题的新奇构想。

例如，在服装设计过程中，列出与衣服相关或不相关的一系列词汇——镜头、玻璃、拖布、汽车，等等。拖布跟衣服有什么样的关系呢？把这两个词强制地放在一起大家就会想，拖布是用来擦地的，如果是一个淘气的孩子，他可能会穿着衣服在屋里爬来爬去。这时候它们就产生了一个共同点，都和地板有关系。有人就有了这样的一个创意，是不是可以把儿童衣服的膝盖上、胳膊肘上设计成拖布的布料，当孩子在屋里爬行的时候就可以顺便把地给擦了。这是一个非常有意思的和日常生活相关的例子。

6.3.4 思维导图

思维导图是围绕特定的主题，进行完全离散的发散思维，然后将其以某种关系连接起来，形成包含若干节点的图形，以帮助我们发现更多创意的可视化方法。

下面的一些场合适合用思维导图来解决问题：

(1) 在讨论任何一个主题或者任务需要发散思维，获得看起来毫不相干的想法和点子的时候；

(2) 利用头脑风暴，收集各种联想，获得联想的整体视图的时候；

(3) 需要详细地组织与主题相关的内容，将孤立的信息相互连接起来的时候；

(4) 希望找到看起来非常离奇的新创意的时候。

使用思维导图法的步骤：

(1) 确定要讨论的一个"目标"或者"主题"，写在白板中央；

(2) 围绕要讨论的"目标"，每个人将自己想到的关联词——"子主题"写到便签贴上，贴到"目标"周围；

(3) 大家将所有的"子主题"进行聚类，将"子主题"相近的聚到一起；

(4) 针对每一个"子主题",大家再将联想到的"想法"写到便签贴上,贴到"子主题"的周围;

(5) 将"想法"聚类,贴到一起,用笔将相关的"子主题"与"想法"连接起来;

(6) 重复第四步和第五步,这样我们就获得了一个关于"目标"的思维导图;

(7) 从这个导图出发,检查每一个相互连接的分支,研究其含义,找到创新点。

思维导图软件是一种革命性的思维工具,对于头脑风暴、项目规划或者将想法变为实际的过程都是极佳的方式,更让人欣慰的是,现今多种多样的工具可以帮助大家构建思维导图、组织导图元素并保存下来便于后期使用。常见的有 XMind、MindManager、百度脑图和 Freemind 等。图 6-3 用百度脑图 App 绘制的以"创新的源泉"为主题的思维导图示例。

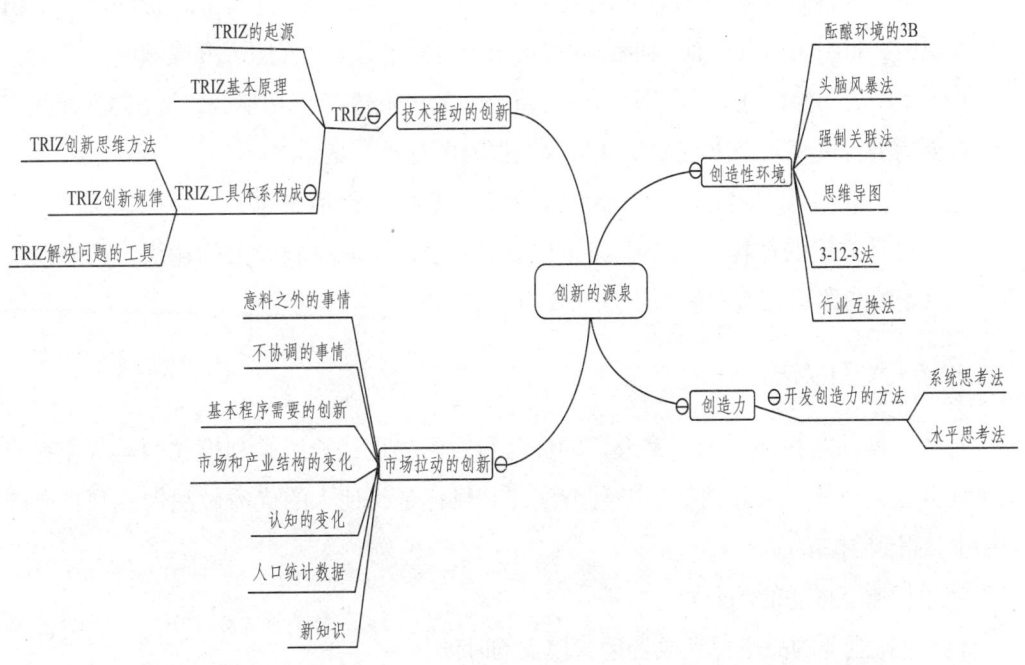

图 6-3 以"创新的源泉"为主题的思维导图示意图

6.3.5 获取创意 3-12-3 法

3-12-3 法也是获取创意的一种方法,其中 3 分钟产生特征池,12 分钟获取创意,3 分钟陈述创意,目标是让参与者充分理解所要解决的问题,从而得到更多的解决问题的思路或方案。

3-12-3 法的步骤：

（1）将要讨论的主题写在白板上。

（2）用 3 分钟的时间产生特征池。在练习的前三分钟，参与者每人发一只记号笔和多张空白卡片，要求考虑该主题，尽最大努力在卡片上写出与该主题相关的特征词，产生特征池。在这个过程中，不过滤任何特征项。这个阶段的目标是尽可能从多个维度来刻画主题的特征。

（3）用 12 分钟的时间获取创意。将参与者分成两个人一组，每队从特征池中随机抽出三张卡片，每个小组有 12 分钟的时间，通过这三张卡片对主题特征的描述，形成一个有关主题的创意。在这 12 分钟里，小组成员可以利用粗糙的草图、原型或者其他媒介，准备一个不超过 3 分钟的短时间创意汇报。

（4）用 3 分钟时间陈述创意。每组用 3 分钟时间汇报，所有人可以获得讨论主题的整体视图。每组可以陈述他们抽到的特征卡内容和卡片对他们想法的影响。

（5）在所有小组陈述之后，大家需要将全部的创意进行相互整合，选出重点创意，或者对创意进行排序，来决定需深层次挖掘的创意或方案。

这样的一个过程，就是一个让大家充分开拓思路，然后聚焦，之后把想法转化成初步产品设计方案的过程。当小组陈述创意的时候，既能得到大家的建议，又可以给别人提供新的思路，在实际使用中是非常有效的。

6.3.6 行业互换法

行业互换法是指将一个大家公认的优秀行业的先进经验、盈利模式和运营流程等互换到自己企业从而得到创新的一种方法。其目标是将他人的优秀做法借鉴到自己的工作中，得到创新的结果。

使用行业互换法的场合：

（1）讨论企业的战略规划或者运营模式的时候；

（2）当看到客户或行业发生巨变时，希望将这种模式运用到自己企业的时候；

（3）希望将其他行业先进经验运用到自己的企业来探索业务模型的时候；

（4）帮助一个企业客户在其他领域寻找新的增长点的时候。

行业互换法的步骤：

（1）选定一个行业或企业，给参与者时间查阅资料，对其进行充分的了解；

（2）针对选定的行业或企业，大家将自认为先进的经验、盈利模式和运营流程等写在便签贴上，然后贴到白板的左边；

(3) 将这些便签贴分类；

(4) 大家寻找如何将这个企业或行业的经验复制到自己的企业，每个人贡献自己的点子，然后贴到白板的右边；

(5) 大家进一步讨论是否有其他的做法。

行业互换法将参照企业的做法推广到自己的企业，获得新的思想和愿景，走出行业原来"标准"的运营模式，获得与自己企业完全不同的创新运营模式。不同行业的产品有不同的特点，但如果我们能把其他行业的特点借鉴进来，可能这恰恰是本行业的人所没有想到的，这也可以为我们改进服务提供更多的思路。

6.4 技术推动创新的方法——TRIZ

6.4.1 TRIZ 的起源

TRIZ 是由苏联科学家根里奇·阿奇舒勒和他的团队开发的解决创造性问题的理论，针对技术创新提供了一系列的支持方法和工具。

20 世纪 40 年代，阿奇舒勒在苏联海军专利局工作期间，与同事一起分析研究了大约 250 万个技术领域的专利文献，发现现实生活中大部分创造性问题已经在其他领域得到解决，因此如果能够事先找到其他领域问题的解决方法就能快速有效地解决创造性问题。阿奇舒勒经过研究提出了 TRIZ 理论，即解决创造性问题的理论，由解决技术问题和实现创新开发的各种方法、工具和算法组成。[9] 最初，TRIZ 主要用于解决技术领域中的创新问题，如新产品概念设计等，后来逐渐向经营管理、教育和政治等非技术领域扩展，应用范围不断扩大。[10]

6.4.2 TRIZ 基本原理

TRIZ 的两个基本原理：

(1) 很多方法和原理在发明过程中是在重复使用的。

大量的发明创造面对的基本问题和矛盾是相同的，只是研究领域不同而已。由于同样的解决方法在不同的研究领域被反复利用，导致在不同领域形成多个发明创造，耗费了大量的有限资源。如果能将这些方法隐含的知识进行整理，形成可以应用于不同领域的理论知识，就能为创新问题指明正确的方向，加快创新步伐，避免资源浪费。

(2) 技术系统的进化和发展遵循着一定的客观规律。

阿奇舒勒通过对大量专利的研究，发现了技术系统在结构上的进化趋势以及技术系统的进化路线，不同领域技术进化模式和进化路线具有共性和可传递性。技术系统的进化一般都要经历四个阶段：婴儿期—成长期—成熟期—衰退期，如图6-4所示。处于婴儿期的技术系统发展较慢，处于成长期的技术系统能给企业带来大量的利润，处于成熟期的技术系统，企业应对其替代技术进行研究，即开发新的核心技术来代替现有的核心技术，处于衰退期的技术系统，会使企业的利润急剧下降，结束这种下滑现象的唯一办法是用新的技术对其进行替代。

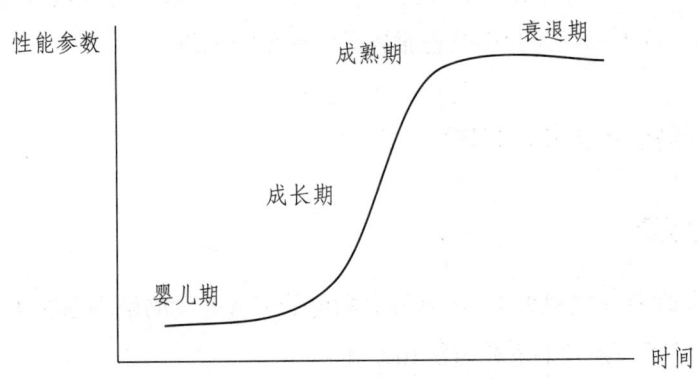

图6-4 技术系统进化的S曲线

6.4.3 TRIZ工具体系构成

TRIZ工具体系可以分成三类，包括创新思维方法、创新规律和解决问题的工具。其中创新思维方法包括九屏幕法、小人法、金鱼法和最高理想解法等；创新规律包括完备性法则、能量传递法则、动态性进化法则、提高理想度法则、子系统不均匀进化法则、向超系统进化法则、向微观级进化法则和协调性法则，解决问题的工具包括技术矛盾与创新原理和物理矛盾与分离原理。

6.4.4 TRIZ创新思维方法

TRIZ创新思维的方法有九屏幕法、小人法、金鱼法和最高理想解法等。[11]

6.4.4.1 九屏幕法

九屏幕法的基本原理是从研究对象出发，找到当前系统、当前系统的超系统和子系统。由当前系统、子系统、超系统以及这三个系统的过去和未来组成九个屏幕。通过九屏幕法能够帮助研究者更好地开拓思路，拓展看待问题、解决问题的角度。

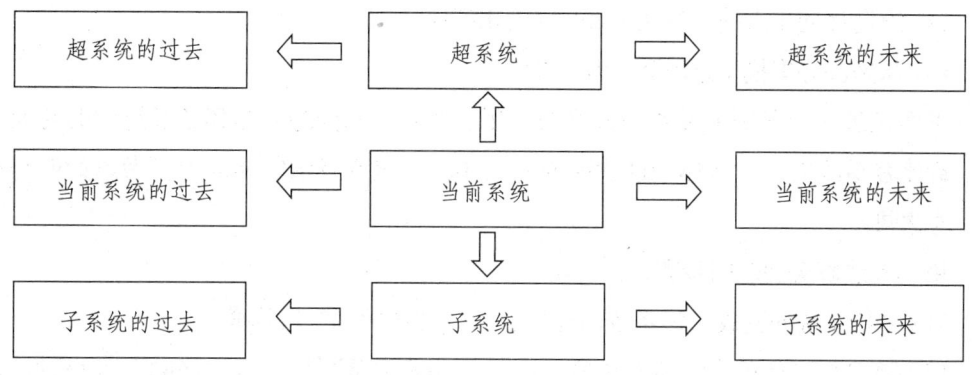

图 6-5 九屏幕法

例如,棕榈树的果实长在高高的树干上面,如何把这个果实取下来?九屏幕法可以给我们提供什么样的帮助?我们可以看看树的过去和树的未来。

树的过去是一颗小树苗,我们很容易接触到它的顶端。在树的成长过程中,是否可以在不伤害树的前提下拿工具在树干上制作一些小阶梯,随着树的成长,这些阶梯也随之而上,当树长到 30 米的时候,我们可以爬到树上去摘取果实。或者当树还是小树苗的时候,我们可以把树种在山崖底下,当它长成之后,在山崖的顶端就可以很方便取到棕榈树的果实。

除了看树的过去,还可以研究树的超系统——树林,是不是可以用结网的方法,把这些树林都看成和这棵树相联系的资源,用绳子把这些树连接起来,做成绳梯爬上去。还有人有更奇妙的想法,可以训练猴子去采摘果实,等等。

6.4.4.2 小人法

小人法是利用拟人化思考方式打破惯性思维,从而挖掘知识,进而巧妙解决问题的方法。该方法的关键是拟人化。当技术系统出现问题时,首先将系统想象为小人集合,并按系统组件或问题条件对小人进行分组得到小人模型;然后分析小人模型,通过移动小人,打乱和重组小人分组,从而寻找解决问题的方案模型;最后将方案模型向实际问题解决方案过渡。如果问题没有解决,再次回到小人模型对其打乱重组,并向实际方案过渡,直至问题解决。[12]

小人法的解题流程:

(1) 分析系统和超系统的构成;

(2) 确定系统存在的问题或者矛盾;

(3) 建立问题模型,用多少组小人来表达该模型;

(4) 通过移动小人找到解决问题的方案模型；

(5) 从解决方案模型过渡到实际方案。

下面通过一个案例来说明小人法的使用。要解决的问题：当杯子过滤网的孔太大时，茶叶容易流出来，当杯子过滤网的孔太小时，倒水时水容易溢出，考虑如何合理设计过滤网。

用小人法解决问题的步骤：

(1) 分析系统的构成。该系统由杯体、水、过滤网、空气构成。

(2) 确定系统存在的问题或矛盾。该系统的矛盾是当杯子过滤网的孔太小时，水流比较集中，由于空气和水之间的压力关系，空气无法从水中排出，水停留在过滤网上方，容易造成水的溢出。

(3) 建立问题模型，用四组小人来描述该系统的组成和功能，如表6-1所列。

表6-1 系统不同组件、功能及小人组描述

序号	组件名称	功能	小人组
1	杯体	支撑茶水混合物、支撑过滤网	紫色小人
2	水	浸泡茶叶	蓝色小人
3	过滤网	分离茶叶阻挡空气	红色小人
4	空气	阻挡开水	白色小人

(4) 通过移动小人找到解决问题的方案模型。

将小人拟人化，根据问题的特点及小人执行的功能，赋予小人一定能动性；对小人进行重组、移动等改造，找到解决问题的方案模型。

(5) 从方案模型过渡到实际方案。

6.4.4.3 金鱼法

金鱼法是一种层次递进式分析问题的思维方法，逐步深入分析，直至找到问题的解决方案。金鱼法首先将问题分解成现实部分和幻想部分，找出可以将幻想变成现实的条件，从可利用资源出发，将部分或全部幻想方案变为现实。它是一个反复迭代分解的过程，每一次迭代过程集中求解幻想部分的问题，如图6-6所示。该方法有助于打破惯性思维，将幻想式构想转变为实际可行的方案。

第六章 创新源泉与方法

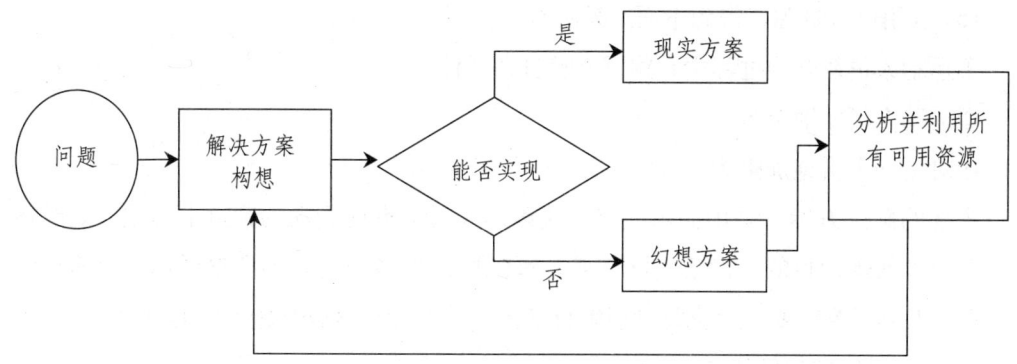

图 6-6 金鱼法解决问题流程图

使用金鱼法的步骤：

（1）将问题分为现实部分和幻想部分；

（2）回答幻想部分为什么不现实；

（3）需要创造什么条件，才能把幻想部分转换为现实；

（4）列出系统中（包括超系统和子系统）可以利用的资源；

（5）从可利用资源出发，将部分或全部幻想方案变为现实；

（6）如果构想中仍然存在幻想部分，回到第一步，重复上述思考过程。

下面通过一个案例来说明金鱼法的使用。[13]由于受到室内跑道长度的限制，使得运动员或健身人员不能充分舒展自己，不能达到锻炼的目的。要解决的问题是运动员或健身人员希望在办公室甚至住宅内也能以跑步的方式锻炼身体。运用金鱼法解决问题的过程如下：

（1）根据条件将问题分为现实部分和幻想部分，现实部分是跑步、锻炼身体的想法；幻想部分是在室内长距离跑步。

（2）回答为什么在室内长距离跑步是不现实的，因为只有在宽敞的场地上才可能长距离奔跑，而室内面积有限，不能布置长跑道。

（3）需要创造什么条件，才能把幻想部分转换为现实。

①运动人员体型极小

②运动人员运动极慢

③运动人员跑步时停留在同一位置上

④跑道很长

（4）列出系统中（包括超系统和子系统）可以利用的资源；超系统包含房间、楼房、楼群；系统为跑道；子系统是跑道组成部分如地面、塑胶。

(5) 利用已有资源，得到下面的解决方案构想：

①运动人员在奔跑过程中，跑道能够自动延伸

②运动人员原地奔跑

③对运动人员施加阻力

最终的解决方案：采用循环跑道，让运动人员定点在运动的跑道上奔跑，能够达到室内跑步锻炼的目的。考虑实际需要，可以增加更多的功能如调整循环跑道速度以适应不同人群锻炼需要，危机时刻能够自动停下等功能，这就是跑步机的雏形。

6.4.4.4 最终理想解法

最终理想解（Ideal Final Result，IFR）是解决问题的"导航仪"或"指路灯"，通过理想化来定义问题的最终理想解，明确理想解的方向和位置，保证在问题解决过程中沿着此目标前进并获得最终理想解，从而避免了传统创新设计方法中缺乏目标的弊端，提高了创新设计的效率。针对问题情境，最终理想解可以是理想系统、理想过程、理想资源、理想方法、理想机器或理想物质等。

最终理想解的确定是解决问题的关键所在，很多问题的最终理想解被正确地理解并描述出来，问题就直接得到了解决。应用最终理想解的步骤如下：

(1) 现有问题的描述；

(2) 确定理想解；

(3) 障碍的消除条件；

(4) 分析现有的可用资源；

(5) 得到最终理想解解决方案。

6.4.5 TRIZ 创新规律

6.4.5.1 技术系统完备性法则

技术系统完备性法则表明，一个完备的技术系统至少包括四部分：动力装置、传输装置、执行装置和控制装置。基于该法则分析技术系统，有助于我们在设计系统的时候，确定实现系统所需部件，帮助我们发现并消除系统中效率低下的子系统。

6.4.5.2 技术系统能量传递法则

技术系统能量传递法则表明，能量能够从能量源流向技术系统的所有元件。如果技术系统的某个元件接收不到能量，它就不能产生效用，那么整个技术系统就不能执行其功能，或者所实现的功能不足。

了解能量传递法则，在设计和改进系统的时候，首先要确保能量可以流向系统的

各个元件，然后通过缩短能量传递路径，提高能量的传递效率，这样使系统的各个元件都能为技术系统的正常工作提供最大的效率。例如绞肉机采用螺旋式递进代替菜刀，缩短了路径，提高了效率。

6.4.5.3 动态性进化法则

动态性进化法则提出以下几个进化趋势：技术系统会向提高柔性、可移动性和可控性的方向进化。

（1）提高柔性子法则

提高柔性子法则是指技术系统会向提高柔性的方向进化。例如门锁的进化趋势是挂锁→链条锁→电子锁→指纹锁。

（2）提高可移动性子法则

提高可移动性子法则指的是技术系统的进化应沿着系统整体可移动性增强的方向发展。例如座椅的进化趋势是四腿椅→转椅→滚轮椅。

（3）提高可控性子法则

提高可控性子法则指的是技术系统的进化应该沿着增加系统内各部件可控性的方向进化。例如路灯的进化趋势是：

直接控制：每个路灯都有开关，有专人负责定时开闭；间接控制：用总电闸控制整条线路的路灯；引入反馈控制：通过感应光亮度，控制路灯的开闭；自我控制：通过感应光亮度，根据环境敏感自动开闭并调节亮度。

6.4.5.4 提高理想度法则

提高理想度法则指的是技术系统朝着系统理想化程度更高的方向进化，通常情况下，我们采用有用功能之和/（有害功能之和＋成本）来衡量产品的理想化程度。

6.4.5.5 子系统不均匀进化法则

子系统不均匀进化法则指的是任何技术系统各子系统的进化都不是均衡一致的。这个法则在技术系统发展和进化的各个阶段都适用。

该法则提示我们，技术系统整体进化的速度取决于最不理想子系统的进化速度。利用这一法则，可以帮助设计人员及时发现技术系统中不理想的子系统，并对其改进或以较先进的子系统替代这些不理想的子系统，使我们能够以最小成本实现对系统的改进。

6.4.5.6 向超系统进化法则

向超系统进化法则指的是系统在进化过程中，可以和超系统的资源结合在一起，或者将原有系统中的某子系统分离到超系统中，这样能够使子系统摆脱自身进化过程中存在的限制或要求，让其更好的实现原来的功能。

向超系统进化有两种方式，一是使技术系统和超系统的资源组合，二是将系统的某子系统纳入到超系统中。可以以飞机空中加油为例说明向超系统进化法则。为进行长距离飞行，一些飞机需要在飞行中完成加油，原来飞机是要携带一个副油箱，在飞行的过程中补充燃油，这个副燃油箱是飞机的一个子系统。现在由空中加油机在空中执行加油任务，空中加油机在本质上是一个飞行的燃油箱，也就是副油箱被分离到一个超系统内，这样飞机不需要再装载数百吨的燃油。

6.4.5.7 向微观级进化法则

向微观级进化法则指的是技术系统及其子系统在进化发展过程中，向着减小其尺寸或体积的方向进化。进化的终点意味着技术系统零件已经不作为实体存在，而是通过场来实现其必要的功能。

例如轴承的进化过程是单排球轴承→多排球轴承→微球轴承→液体轴承→气体支撑轴承→磁悬浮轴承。切割技术的进化过程是锯条切割→砂轮片切割→高压水射流切割→激光切割。

6.4.5.8 协调性进化法则

协调性进化法则指的是技术系统向着子系统各参数、系统参数与超系统参数相协调的方向发展进化。进化到高级阶段的技术系统的特征是，子系统为充分发挥其功能，各参数之间要有目的地相互协调或反协调，能够实现动态调整和配合。

子系统各参数之间的协调，包括材料性质、几何结构、尺寸和质量上的相互协调。例如流水线上各个操作设备必须协调才能相互配合完成整个加工流程。

6.4.6 TRIZ 解决问题的工具

6.4.6.1 技术矛盾与创新原理

技术矛盾表现为：

（1）在一个子系统中引入一种有用功能后，会导致另一子系统产生一种有害功能，或加强已存在的某种有害功能；

（2）一种有害功能会导致另一子系统有用功能的削弱；

（3）有用功能的加强或有害功能的削弱使另一子系统或系统变得复杂。

不同的发明创造往往遵循共同的规律，TRIZ 理论将这些共同的规律归纳成 40 个创新原理，如表 6-2 所示，针对具体的技术矛盾，可以基于这些创新原理、结合工程实际寻求具体的解决方案。

表 6-2 TRIZ 创新原理

1- 分割	11- 事先防范	21- 减少有害作用的时间	31- 多孔材料
2- 抽取	12- 等势	22- 变害为利	32- 改变颜色
3- 局部质量	13- 反向作用	23- 反馈	33- 同质性
4- 增加不对称性	14- 曲率增加	24- 借助中介物	34- 抛弃或再生
5- 组合,合并	15- 动态特性	25- 自服务	35- 物理或化学状态变化
6- 多用性	16- 未达到或过度的作用	26- 复制	36- 相变
7- 嵌套	17- 一维变多维	27- 廉价替代品	37- 热膨胀
8- 重量补偿	18- 机械振动	28- 机械系统替代	38- 加速氧化
9- 预先反作用	19- 周期性动作	29- 气压或液压结构	39- 惰性环境
10- 预先作用	20- 有效作用的连续性	30- 柔性壳体或薄膜	40- 复合材料

例如分割原理:

(1) 把一个物体分成相互独立的部分,如将巨型汽车分解成卡车及拖车;

(2) 将物体分成容易组装和拆卸的部分,如组合家具;

(3) 提高物体的可分割程度,如用活动百叶窗代替整体窗帘。

6.4.6.2 物理矛盾与分离原理

当一个技术系统的工程参数具有相反的需求,就出现了物理矛盾。例如,要求系统的某个参数既要存在又要不存在,或既要高又要低,或既要大又要小,等等。为了便于加速并降低加速时的油耗,汽车的底盘应有较小的重量,但为了保证高速行驶时汽车的安全,底盘又应有较大的重量,这种要求底盘同时具有大重量和小重量的情况,对于汽车底盘的设计来说就是物理矛盾。解决物理矛盾的核心思想是实现矛盾双方的分离。包括空间分离、时间分离、条件分离和系统级别分离。

(1) 空间分离

空间分离是指将矛盾双方在不同的空间上分离,以降低解决问题的难度,进而找到解决问题的方法。

例如,某欧洲鞋业公司生产一种知名品牌的运动靴。为了节约生产成本,该公司把生产地点转移到了若干个劳动力成本低的国家。刚开始时生产工艺和质量控制得非常严格,一切似乎都很顺利。但是没过多久,管理者发现少数当地工人有偷靴子的行为。管理者曾多次公开警告，包括使用降薪、开除等管理手段，但始终难以奏效。

该欧洲鞋业公司遇到的问题是：生产过程需要降低成本，因此需要让劳动力成本低国家的当地人生产靴子，但是因为有人偷靴子，所以又不能在该国家生产靴子。在这里，"既要"又"不要"让当地工人生产靴子的矛盾出现了，这是一个物理矛盾。解决这个矛盾的关键是靴子本身。在咨询了技术创新专家以后，这个欧洲鞋业公司选择了如下的生产方案：生产地点还是选择这些国家，但是，在某个国家生产左靴子，在另外一个国家生产右靴子，在第三个国家生产靴带。此处生产地点应用了空间分离原理，靴子应用了整体与部分的分离原理。此后，杜绝了偷靴子现象。

（2）时间分离

时间分离是指将矛盾双方在不同的时间段上分离，以降低解决问题的难度。当关键子系统中矛盾双方在某一时间段上只出现一方时，可以进行时间分离。

例如，折叠自行车在行走时体积较大，在存储时因已折叠体积变小。行走与存储发生在不同时间段，因此采用了时间分离方法。

（3）条件分离

条件分离是指将矛盾双方在不同的条件下分离，以降低解决问题的难度。当关键子系统中矛盾双方在某一条件下只出现一方时，可以进行条件分离。

例如，将水射流分离，给予不同的射流速度和压力，即可获得"软"的或"硬"的不同用途的射流，用于加工手段或武器。在厨房使用的筛子对于水而言是多孔的，允许水流过，而对于食物而言则是刚性的，不允许食物通过。

（4）系统级别分离

系统级别分离是将矛盾双方在不同的系统级别上进行分离，以降低解决问题的难度。当矛盾双方可以在子系统、系统或超系统不同层级内得到满足，可以进行级别分离。例如自行车链条微观层面上是刚性的，宏观层面上是柔性的。

6.5 市场拉动创新的方法

6.5.1 用户需求拉动的创新

发现顾客需求，生产制造出满足顾客需求的产品是企业价值创造活动的出发点和落脚点，是企业发展和战略制定的重要依据。为此，企业花费大量人力物力来收集并满足用户需求，但是结果往往不尽如人意，因为需求信息和解决方案是由不同主体决定的。随着用户数量的逐渐增加和用户的个性化需求日益复杂多变，企业按照原先的方法获取用户需求信息再进行创新设计和生产制造,越来越不能适应时代的发展和市场的变化。[14]

为了满足互联网时代用户的个性化需求,提升用户体验,小米搭建了用户—企业平台。主要有两种形式,一种是通过互联网平台所搭建的论坛、微信、微博、贴吧及社交软件米聊等虚拟形式,其主要功能是实现用户与企业间及时沟通,实现信息的动态交互。小米通过设立某产品专门社区,用户将自己的创新成果发布在该平台上,然后大家提出改进方案,以促使其进一步完善。另一种形式是设立专门的企业—用户线下平台,让用户可以直接参与产品的开发。用户的潜在需求和创意是企业的重要创新来源,用户经过小米公司培训,在小米公司技术引导和支持下,直接参与到小米手机的开发中,这样有助于用户明确表达自己的需求,将他们的概念和要求转化为设计方案。

6.5.2 竞争者拉动的创新

企业本身处在一个竞争激烈的环境里,要想在竞争中获胜,就必须不断创新,否则会很快被竞争者超越。

近几年,视频网站竞争愈加激烈,各大视频网站都在竞争中不断发展,不断创新。其中爱奇艺不断追求丰富的内容资源,尤其专注于内容自制,先后推出《灵魂摆渡》《盗墓笔记》《最好的我们》《心理罪》等网络剧以及《奇葩说》《中国有嘻哈》等网络综艺,并采用差异化排播模式,在获得播放量与口碑双丰收的同时,也得到行业认可。虽然其进入市场的时间较晚,但是积累了大量的用户。

优酷土豆的优势主要是进入视频行业时间早,品牌影响力较大,而且技术水平较高。在其他视频网站的竞争下,不断推进生态化发展,兼具版权、合制、自制、直播、VR等多种内容形态。业务覆盖会员、游戏、支付、智能硬件和艺人经纪,从内容生产、宣发、营销、衍生商业到粉丝经济,贯通文化娱乐全链路。

腾讯视频则定位于中国最大在线视频媒体平台,借助之前积累的用户网络及超强的用户关系链,采取"弯道超车"的非常规策略,通过对奥运会等六大焦点赛事等一系列大事件、大制作的精细化运营,全力塑造新闻资讯、体育赛事、综艺娱乐等各类专业化的精品内容,也收获了成功。2016年年底,腾讯视频提出了全新的品牌理念——"不负好时光",以更加年轻化、更能引起用户情感共鸣的定位全新亮相。秉承"内容为王,用户为本"的价值观,腾讯视频通过此次品牌升级,着力凸显优质内容的差异化竞争优势,深化与消费者的情感沟通,持续为观众和广告客户创造更大价值。

提供同类产品或服务的竞争者持续不断推出新的产品，提供新的服务，扩大自身的规模，才能保持竞争优势，这一系列的活动也促进了创新活动的不断展开。

6.5.3 供应方要求拉动的创新

通常情况下，在技术创新领域，供应方拉动的创新多是由于采用了新的供应原料，而为创新提供了契机。当资金成为重要的供应来源时，也可促进创新。

影视制作过程由于涉及诸多因素，拍摄成本很难控制。有一些公司开发了影视制作管理系统来对影视制作过程进行支持。"小土科技"开发的影视制片过程管理系统，实现了对影视制片的预算、统筹、劳务支出、成本管理和风险调控等过程的管理。该系统为影视剧组提供了一套高效的生产管理工具。通过对剧本进行规范化解析和自动化分析，精确把握总体拍摄量，生成场景表、拍摄地管理表、角色出场表等管理报表，根据场地、角色、服装、化妆、道具、美术等部门汇总的时间档期以及准备工作的情况，按生产计划排期，生成各种计划通告表。并且在影视剧制作过程中对总体拍摄量和拍摄周期精确把控，实现影视剧的工业化生产，为投资方和影视机构提供实时、准确、公正、独立的管控和支撑手段，帮助用户缩短拍摄周期，节约生产费用。

但是这样一套系统在影视行业却很难推行，经过细致调查，发现主要的原因如下：影视制作人员习惯了已有的模式，不愿意做出改变；制作过程中有很多需要灵活处理的事情，与影视制作系统对接不太容易；影视制作系统代替了制片人很多经验性的工作，制片人的经验所具有的竞争优势减少了。因此这套本来是为制片人助力的系统却受到了制片人的抵制。在系统持续推广的过程中，发展这套系统其实最能为影视投资人解决痛点。在原有的影视制作模式中，资金支出很难清晰，成本不好控制，拍摄进度不好把握，风险难以被及时发现。影视制片系统恰恰解决了这些问题。影视投资公司在签订投资协议的过程中，将拍摄过程中必须使用影视制片管理系统作为投资的要求之一，从而推进了新的管理方法在影视制作过程中的应用。

6.5.4 利益相关方的不协调带来的创新

利益相关方的不协调会带来创新。例如，在我国电视剧的运营链条上，收视率造假问题一直是让管理者、投资者、制作者、广告商等各个环节的人都非常头疼的一件事情。

收视率原本是为广告商向电视台投放广告服务的，并非电视节目优劣的评价标准。

但一些电视台广告部为争取广告资源,开始进行收视率作假。中国电视剧制片协会法务委员会相关人员透露,有的播出机构甚至强行要求在电视剧的购剧合同中将收视率与购片价格挂钩,引导制作机构去买收视率。由于增加了购买收视率的成本,制作机构反过来又向电视台要高价,形成一种恶性循环。收视率统计机构也很无奈,样本户少,收视率容易被人操纵,但增加样本户又会提高成本。所以,在收视率作假问题上,电视剧行业的从业者没有赢家。收视数据的单一化和线性化,再加上收视率统计出口的垄断化,为不法行为提供了便利条件。收视率作假从最初的"个别现象"发展为后来的"行业潜规则",再演变到现在的"产业要素",正越来越猛烈地冲击着中国电视剧的市场诚信体系。[15]

收视率作假问题主要是由利益相关方的不协调造成的,随着电视剧播出的渠道越来越丰富,如何合理、客观和公平地评价电视剧就是非常重要的事情。能为各方提供一个客观、公正和科学的收视率数据,就是一个巨大的创新。

6.5.5 市场和产业结构变化带动的创新

市场和产业结构的变化也是一个重要的创新机遇。近年来,"互联网"概念受到热捧,正倒逼各行各业深度拥抱互联网。移动医疗领域的丁香园、酒店业领域的途家和小猪短租等中国版 Airbnb 创新型企业和海尔、美的等传统家电企业都先后创立了创新平台,积极进行互联网转型。海尔 HOPE 平台于 2013 年 10 月正式上线,上线第一年已聚集了 13 万家创新资源,上百万的用户和创客,每月产出数百个创意,成功孵化了各类项目 200 多个。这样的开放式创新平台,正在逐渐改变传统的产业结构。

下面以手机市场的变化为例来说明市场和产业结构的变化如何拉动创新。

苹果公司是智能机领域的开拓者,它作为引领者进入市场,主打高端用户市场,击败了以诺基亚为首的一系列传统数字手机企业。其核心竞争力不仅包括技术的积累、极简化的产品设计,同时也包括把硬件平台和软件平台充分的结合。苹果公司把智能手机推向市场的同时,紧随苹果公司发展起来的另外一个手机厂商就是三星。

当智能机市场上已经有一个领先者进入的时候,三星采取了相对来说风险较小的跟随者策略,与苹果公司的硬件软件平台都由自己开发的模式不同,它采取了开放合作的模式,采用了更开放的手机操作系统,主打中端用户市场,这样的战略决策也让三星公司迅速地发展起来。

在中国市场上出现的小米公司,在技术、积累和品牌上,与三星和苹果公司相比都没有优势。它的优势在于利用了互联网销售渠道,降低了大量的成本。另外它避开了中高端市场上其他公司的锋芒，主打低端市场。虽然每一台手机销售的价格和利润都比较低，但是它的规模非常大，这也让小米公司迅速地发展起来。

最近几年发展势头良好的另一个公司是任正非带领的民营企业——华为，它通过自主研发积累了大量的知识产权作为它的核心竞争力。华为公司在进军手机市场的时候，首先通过在中低端市场布局，迅速产生品牌效应，随后向高端市场迈进。它用优于三星手机的性能及低于苹果手机的价格迅速积累了大量用户，同时它也没有放弃低端市场，打造荣耀品牌在低端市场和小米等竞争。

随着智能时代的到来，手机不仅仅只作为通讯和娱乐的工具，而且要作为一个终端和智能家居对接起来。以小米为例，它通过占领智能手机的低端市场，吸引了大批在未来会有更多消费能力的年轻用户，为未来的市场打开了通道，这些年轻用户成家立业的时候，自然而然会将智能产品与自己使用的小米手机绑定在一起。对于华为、苹果和三星公司来说，面临这些转型的时候也会有不同的策略。

在智能时代，企业之间的竞争不仅是同类企业之间的竞争，也会与其他类型的企业进行激烈的竞争。例如智能手机生产厂商与海尔、格力等家电制造商、爱奇艺和优酷等内容渠道供应商之间，会有越来越多的交叉业务，竞争也越来越激烈。在激烈的竞争中，如何找准自己的市场定位并且制定自己的发展战略，对很多企业来说都是一个巨大的考验，同时也是新的创新发展的动力。

参考文献

[1] F. Barron , D. Harrington. Creativity , Intelligence, and Personality [J]. Annual Review of Psychology, 1981, 32, 439-476.

[2] Brown, R.T. "Creativity: What are We to Measure?" [J]. Handbook of Creativity, 1989, (pp.3-32).

[3] Harrington D.M. The Economy of Human Creativity: A Psychological Perspective[J]. Albert Theories of Creativity, 1990.

[4] 贾绪计, 林崇德. 创造力研究：心理学领域的四种取向 [J]. 北京师范大学学报（社会科学版），2014, (01):61-67.

[5] 田友谊. 西方创造力研究 20 年：回顾与展望 [J]. 国外社会科学，2009, (02):122-130.

[6] Amabile T M, Schatzel E A, Moneta G B, Kramer S J. Leader Behaviors and the Work Environment for Creativity:Perceived Leader Support[J].The Leadership Quarterly, 2004, 15(1):5-32.

[7] 爱德华·德·波诺. 六顶思考帽：全球创新思维训练第一书 [M]. 北京：北京科学技术出版社，2004.

[8] 佚名.《六顶思考帽》【典例学习】互联网家电企业的案例分析——六顶思考帽的组合应用 [EB/OL].[2017-10-15]http://www.xuehu365.com/Article/ArticleInfo/436.

[9] 龚益鸣，丁明芳.TRIZ——解决创造性问题的理论 [J]. 研究与发展管理，2004, (01):40-43, 48.

[10] 丁俊武, 韩玉启, 郑称德. 创新问题解决理论——TRIZ 研究综述 [J]. 科学学与科学技术管理, 2004, (11):53-60.

[11] 沈世德. TRIZ 法简明教程 [M]. 北京：机械工业出版社, 2010.

[12] 林岳. 技术创新实施方法论 [M]. 北京：科学出版社, 2009.

[13] 王亮申, 孙峰华. TRIZ 创新理论与应用原理 [M]. 北京：科学出版社, 2010.

[14] 姜忠辉, 崔珍珍. 用户创新研究评述与展望 [J]. 中国海洋大学学报 (社会科学版), 2017, (05):91-97.

[15] 李蕾. 对收视率作假说不 [N]. 光明日报, 2017-01-19.

第七章　创新项目评价与选择

前面的章节介绍了如何培养个人和集体的创造力,如何创造一个有利于创新的环境,如何通过市场调查找到更多的创新源泉,以及如何利用技术进步来激发创新。那么当拥有了很多新的创意或者创新项目的时候,如何选择这些项目就成为要考虑的问题。本章将讨论哪些方法可以帮助我们选择更好的创新项目。

一个好的项目来源于很多的创意,学者斯蒂文和博雷(G. Stevens and J. Burley)在研究中发现,3000个好的创意,可能只有大约300个被表达出来,其中大约125个被作为项目设计出来,只有非常少的创意作为产品设计出来,只有1.7个项目推向市场,成功的项目可能只有一个。[1] 从创意到创新成功会经历很多困难,创新成功的概率是非常低的。面临这么大的失败可能性,如何提高创新项目成功的概率?选择创新项目,选择好的、合适的、有可能成功的创新项目成为非常重要的事情。

7.1 创新项目的不确定性

选择创新项目时,首先要考虑这些项目在执行过程中会存在哪些风险?风险包括内部风险和外部风险两部分。内部风险主要来源于企业在运行过程中的管理风险、技术风险和成本控制风险。外部风险包括政策风险、市场风险以及外部的竞争对手所带来的风险等。这些风险因素是不确定的、不可控的。

如果能对未来进行精准的预测,也就是说知道什么时间、什么地点会发生哪些事情,风险就不会对我们构成威胁。但是在现实中,我们无法准确预测未来的事件,存在一系列的不确定性,不确定性是做出正确决策的最大障碍。影响创新项目成功的不确定性主要包括技术的不确定性、市场的不确定性、竞争对手的不确定性以及政策环境的不确定性,下面通过实例进行分析。

7.1.1 技术的不确定性

2017年7月5日百度在国家会议中心召开了"百度AI开发者大会",这次大会受到了特别关注,原因何在?在大会开始之前,百度的创始人李彦宏驾驶着百度开发的无人汽车,从北京五环开到会场,这个过程被实时转播,让很多人看到了无人驾驶汽车已经进入了我们的生活。一方面我们惊讶于技术发展的速度和技术发展的力量,无人驾驶汽车从开始有概念、有模型,到开发成成品,时间并不长。如果无人驾驶汽车量产并销售后,对整个社会将会造成很大的影响。

但是,我们也会看到很多的不确定性,无人驾驶汽车经过严格测试了吗?它的安全性能够保障吗?从监控画面上看,百度的无人驾驶汽车出现了跨线行驶、从实线变道等问题,反映出无人驾驶汽车在技术上还存在很多未能解决的问题。

不仅百度在开发无人驾驶汽车的时候会面临这些问题,谷歌、特斯拉等公司在无人驾驶汽车研发过程中也碰到了一系列的问题。其中一个非常重要的问题就是无人驾驶汽车是否要设置方向盘,关于这个问题传统汽车厂商和互联网巨头有不同的观点。谷歌在设计无人驾驶汽车时,只有一台控制汽车的"大脑",驾驶员可以实现紧急状态下的完全制动,但车内完全没有方向盘。而传统汽车公司奥迪认为,即使是全自动驾驶技术,司机也不应该因为没有方向盘和刹车踏板而选择在无人驾驶汽车上完全放松下来。奥迪的做法是在现有的自动辅助驾驶系统上继续完善安全特性,例如在自动驾驶的同时监测司机的状态。奥迪的考虑是有一定根据的,特斯拉汽车就出现过因完全放开"自动驾驶系统"导致的死亡事故。[2]

通过案例分析发现开发新产品时会面临很多技术上的不确定性,企业在推行新产品时,应该面对这些不确定性做出合适的应对。

7.1.2 市场的不确定性

近几年中国共享单车市场发展很快,竞争开始进入焦灼状态。领先的共享单车企业ofo和摩拜将目光投向海外市场,从2016年年底开始相继考察美国、英国、日本等海外市场。但是进入海外市场有很多不确定性,例如海外市场的需求如何?中国的共享单车商业模式是否适合?与当地共享单车公司的竞争是否有优势?

摩拜在考察海外市场时发现美国属于松散型市场,美国华盛顿特区、纽约和旧金山这种市中心比较集中的城市、洛杉矶和迈阿密这样的旅游城市、美国校园和科技园区等封闭场所较为适合推行共享单车。

欧洲、日本属于紧凑型市场,比较适合发展共享单车。但日本公共交通已经十分发达，道路狭窄陡坡较多，并不非常适合骑自行车，对共享单车的需求可能不是很大。另外目前日本的本土共享单车公司不多，共享单车大多"有桩"，容易被管理和控制，整体发展的速度较为缓慢。

海外的共享单车与中国共享单车最大的区别就是科技性不强，无法使用手机开通骑行，大多数使用信用卡支付而非手机支付。因此中国的共享单车企业开拓海外市场将会遇到各种不确定性带来的风险和挑战。[3]

7.1.3 竞争对手的不确定性

近年来各种新兴技术发展迅速，其中虚拟现实技术（Virtual Reality, VR）受到众多企业的青睐。虚拟现实技术是以计算机技术为核心的一种现代仿真技术，集合了计算机图形学、人机接口技术、多媒体技术、传感技术等多种技术于一体，并利用三维图形技术、多传感交互技术等，模拟一个三维的虚拟环境，通过与用户视觉、听觉、触觉等感觉器官的交互来模拟人在自然环境中的行为，用户需要借助必要的设备实现与虚拟环境的交互，从而达到身临其境的体验。[4]虚拟现实技术将被广泛应用在教育、医疗、生产、娱乐、训练等领域。

国际上谷歌、三星、Facebook等公司已经利用VR技术开发出各自的新产品，中国的百度、腾讯等互联网公司也不甘落后，积极开展VR技术的研发，进行VR产品和服务的布局。虚拟现实市场面临着非常激烈的竞争，面对这些竞争，参与者应该采取什么样的策略？如何预测竞争对手的策略？

从初期来看，国外的公司和中国以BAT为代表的互联网企业，采取的发展方向是不同的。谷歌、三星等公司把VR技术的重点应用在硬件开发上，如谷歌的VR头盔，三星的VR相机等。而中国的腾讯、百度和阿里巴巴则是把VR技术用在了内容设计和场景设计方面，例如阿里巴巴的VR购物。腾讯利用VR技术支持体育直播和音乐节，百度在爱奇艺平台上开发了更多基于VR的影视剧节目。

竞争对手的不确定性是影响一个企业在此领域能否成功的重要因素，如果所有的竞争者采取较一致的研发方向和推向市场的方向，市场竞争会非常激烈，可能会导致惨痛的结果。如何在竞争中找到自己独特的定位，如何对竞争对手的策略或优势进行准确的判断，是一个企业决定自己推出哪些产品，在哪些市场推出自己的产品非常重要的依据。如果判断准确，将是企业在创新道路上能够成功的非常重要的因素。

7.1.4 政策的不确定性

2017 年 7 月 5 日腾讯公司股价下滑，出现了当年单日最大跌幅，导致腾讯公司市值缩水 1300 亿港元。造成这次腾讯股价下跌的主要原因就是《人民日报》连续发布的两篇评论，批判"王者荣耀"这款游戏给青少年带来的负能量，导致少年儿童因为玩游戏而引发的一系列问题。

在这个背景下，腾讯开始推出防沉迷系统措施，规定 12 岁以下（含 12 岁）的未成年人每天限玩 1 小时，并上线晚上 9 时以后禁止登录功能；12 岁以上未成年人每天限玩 2 小时，超出时间的玩家将被强制下线。除此之外，"王者荣耀"还增加"未成年人消费限额"功能，与现有的成长守护平台一起限制未成年人的非理性消费。这些措施能真正解决青少年沉迷游戏的问题吗？实际使用中发现游戏还是有很多漏洞，无法彻底杜绝青少年玩"王者荣耀"而产生的负面影响。

从政策上来看，早在 2007 年国家就发布了《关于保护未成年人身心健康实施网络游戏防沉迷系统的通知》，2010 年发布了《网络游戏管理暂行办法》等。但从目前来看，虽然政府和游戏制作方在监管方面都做出了一定的努力，但监管的力度和效果与人们的期待还存在一定距离。尤其是政府此前的监管方式主要针对网络游戏和页面游戏，而针对手机游戏尤其是"社交游戏"的监管和规范还存在空白。政府部门针对性地根据新情况制定规则和办法，会尽快纳入到议事日程上来。对于企业的经营者来说，如何应对政策上的变化，是企业推出新产品过程中面临的非常重要的挑战。

创新项目发展面临着诸多不确定性，创新项目的成功需要企业根据用户对环境提出的新要求不断改进，引导用户使用新产品，顺应政府出台的新政策，降低创新项目的风险，才能助力创新项目走向成功。

7.2 应对不确定性的方法

如何应对这些不确定性，如何把这些不确定性转变成企业发展的动力，创新管理理念提倡一系列的方法，例如知识学习，技术研发，市场调查和趋势识别等，下面对其中的市场调查法和趋势识别法做重点说明。

7.2.1 市场调查方法

市场调查方法是很多企业在制定创新战略的过程中主要采用的方法。市场调查方法包括定性研究方法和定量研究方法。定性研究方法的主要目的是形成对消费者需求、关键购买因素、使用行为习惯的基本了解，采用的研究工具主要包括小组座谈会、深入访谈和产品小规模体验等。定量研究方法的主要目的是对定性研究形成的相关假设进行测试和量化研究，找出消费者细分市场，研究工具主要是问卷调查和样本数据统计分析。

传统的样本调查和数据统计分析方法只能对部分样本进行分析，随着移动互联网的发展，大数据采集和分析工具为全样本数据分析创造了可能。下面以宝洁生活家项目案例来进行详细说明。针对宝洁生活家会员在淘宝官网上的客户群体进行挖掘分析，如图7-1所示。

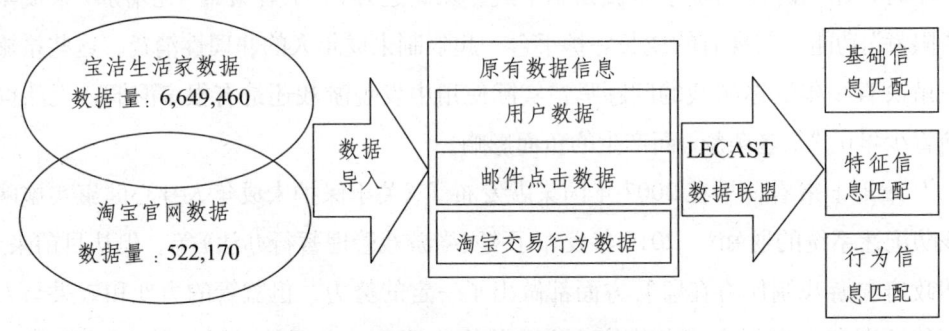

图7-1　宝洁的淘宝客户大数据分析流程

宝洁是较早开始实践商业智能的公司，很早就将商业智能应用于用户研究中。宝洁公司在传统的基于用户的问卷调查和利用结构化数据研究消费者的方法基础上，引入新的基于大量的非结构化数据观察消费者行为的方法，用大数据分析还原用户的真实需求，进而做出最终决策。

宝洁在组织架构上有专门的团队来做商务智能方面的工作，大数据也应用在日常的工作流程中。一方面与很多第二方平台合作拿到大数据，另一方面也在构建自己的大数据。宝洁中国的生活家俱乐部，会员数量一度达到1500万，虽然数量庞大但参加会员活动的活跃度低。采用了大数据分析方法之后，不仅收集内部原有的用户信息，还针对宝洁生活家会员在淘宝官网上的客户群体进行挖掘分析，从用户数据、邮件点击数据、淘宝交易行为数据以及原有数据中，提取出用户的基础信息、特征信息和行为信息，从而为宝洁更好地服务用户提供支持。[5]

7.2.2　趋势识别——技术预见

英国技术预见专家、Sussex大学政策研究所的本·R.马丁（Ben R. Martin）教授于1995年系统地提出了技术预见（Technology Foresight）的概念，认为技术预见是对科学、技术、经济、环境和社会的远期未来进行有步骤的探索过程,其目的是选定可能产生最大经济与社会效益的战略研究领域和通用新技术。20世纪70年代这一方法首先在日本得到了应用,日本进行了六轮的技术预见的研究,并且得到了较好的效果。该方法后来传到了德国、新加坡等国家。21世纪初,中国有一大批的研究者也开始了对中国技术发展的情况进行技术预见研究。

技术预见能得到迅速传播的主要原因之一是在日本的研究中取得了较好的效果,如表7-1所示。因为日本的技术预见开展得比较早,60%到80%的预见得到了实践,其中20%到40%的技术预见是成功的。成功比例虽然不高,但是能够较为准确地预测三十余年之后的事情,达到这个成功概率已经非常不容易了。

表7-1 日本技术预见概况

门类	专题数	全部实现数目	部分实现数目	未实现数目	实现率(%)	包括部分实现的实现率(%)
社会发展	119	23	47	49	19	59
信息	96	40	35	21	42	78
卫生与医疗保健	73	21	36	16	29	78
粮食与农业	92	22	45	25	24	73
工业与资源	150	41	30	79	27	47
合计	530	147	193	190	28	64

* **资料来源**:NISTEP & ISI: Outlook for Japanese and German Future Technology – Comparing Japanese and German Technology Forecast Surveys. NISTEP Report No.33,Tokyo,1994.

技术预见研究的目标是对远期发展情况进行的预测,研究过程中研究者把技术分成不同的领域,请相应的专家填写问卷,对不同领域的技术发展方向进行预测,预测结果帮助国家制定战略决策。

可想而知,如果能够预见20年甚至30年后的世界技术发展的前沿和核心技术,那么国家在制定战略决策的时候,就可以对这些技术实现倾斜,未来就可以在这些领域占据有利的优势。

2003年中国科学院科技政策与管理科学研究所技术预见研究小组开展了"中国未来20年技术预见"的研究活动,选择了四个研究领域:先进制造技术、资源与环境技术、化学与化工技术和空间科学与技术,分析了31个技术子领域的328项技术课题。研究内容包括预计实现时间、实现可能性、目前我国研究开发水平、国际领先国家和发展制约因素，列出了我国 2020 年重要的技术课题清单。

技术预见在具体执行中使用的方法通常是德尔菲法。德尔菲是古希腊地名，相传德尔菲的阿波罗神庙是一个能预卜未来的神谕之地。所以科学家们借用此地名作为这种方法的名字，希望这个方法能帮助人们更好的预测未来。德尔菲法具体步骤如图 7-2 所示。

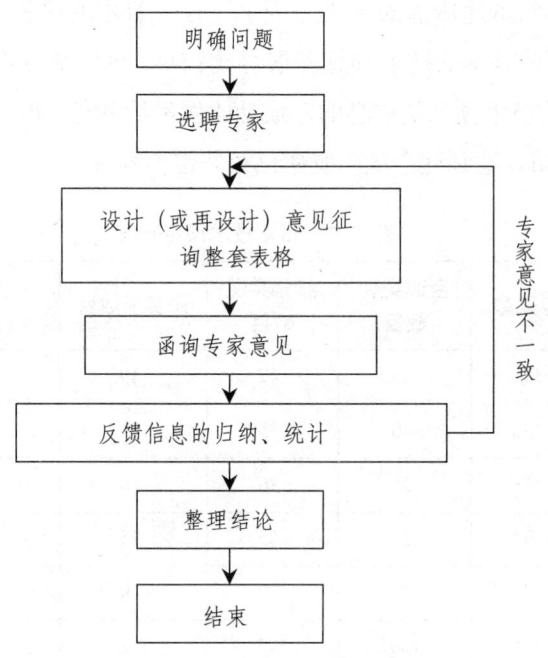

图 7-2 德尔菲法的工作流程

在运用德尔菲法过程中，首先要明确问题，结合研究问题去选择相关领域的专家。专家团队的选取非常重要，他们既要了解所研究问题的领域，又不能让他们的思路拘泥于领域知识的限制。在设计调查问卷中要对技术预见中需要研究的问题进行细分，要求专家对未来几年的趋势进行判断。特别注意的是专家互相之间是不能见面讨论的，必须独立完成问卷填写。专家填写完问卷后，研究人员回收问卷，对专家的意见进行分析、汇总，对研究问题进一步明确。在此基础上再发放第二轮问卷，一般要经过三到四轮的反馈才能完成预测。这是德尔菲法的主要步骤及其在技术预见中的应用。

7.3 选择创新项目的方法

虽然在创新项目运行的过程中存在着很多不确定性和风险，但是如果能在选择创新项目的阶段多做一些工作，就可以起到事半功倍的效果。传统的创新项目选择方法可以分为定性方法、定量方法和综合方法。随着互联网企业的发展，众筹、项目实验室等更多的方法不断呈现出来。

7.3.1 定性判断法

定性判断法首先要对创新项目的初步情况进行概要了解，在了解的基础上和创建项目的设计者进行沟通，随后进行初步原型设计和测试设计，最后了解用户使用的反馈。例如Q-Sort方法。

Q-Sort方法主要步骤如图7-3所示，把各个创新项目的主题写到不同的卡片上，参与决策的人一起把这些卡片进行分类。首先分成两类，一类是被认为创新水平较高的，一类是被认为创新性较低的；随后把创新性高的卡片进行再分类，分成比较有创新性的项目和创新性更大的项目；创新性较低的项目分为非常没有创新性的项目和有一定创新性的项

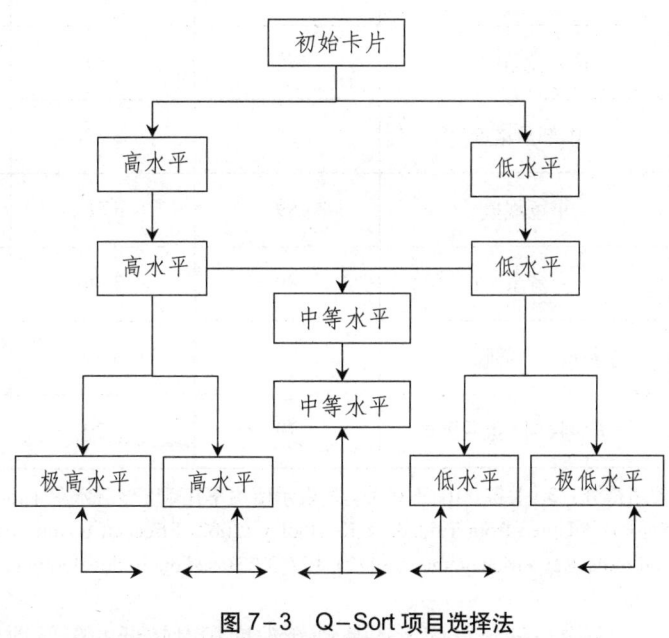

图7-3 Q-Sort项目选择法

目。据以上逻辑，从中选择出企业可能推行和实施的创新项目。

7.3.2 定量分析法

定量分析方法主要包括贴现现金流法（Discounted Cash Flow, DCF），用之测算创新项目可能会为企业带来的收益，这个过程看似非常的精密，但其中使用的很多数据是预测得到的，不能够保证结果的准确性。贴现现金流法包括净现值法（Net Present Value）、内部报酬率法（Internal Rate of Return）。另外实物期权法（Real Options）也是一种常用的定量分析方法。

不论是定性判断方法还是定量分析方法，创新项目的选择者在选择项目的过程中，一般都会考虑以下几个方面的因素，如表7-2所示。

表 7-2　项目筛选和选择标准的使用率和效用

	高水平创新		低水平创新	
	使用率（%）	效用	使用率（%）	效用
技术成功概率	100	4.37	100	4.32
商业成功概率	100	4.68	95	4.50
市场份额 *	100	3.63	84	4.00
核心竞争力 *	95	3.61	79	3.00
内部承诺度	89	3.82	79	3.67
市场规模	89	3.76	84	3.94
竞争	89	3.76	84	3.81
净现值/内部收益率	79	3.47	68	3.92
投资回收期/盈亏平衡	79	3.20	58	4.27

效用得分：5= 关键；0= 不相关。* 表示使用率在 5% 显著水平上的差异。
Source: Adapted from Tidd, J. & K. Bodley (2002) Effect of novelty on new product development processes and tools, R&D Management, 32 (2), 127–38. Based on 50 development projects.

无论是创新难度大还是创新难度相对较低的创新项目，技术成功概率和商业成功概率都是必不可少的要考虑的因素，相对于其他的判断指标来说其效用性也更高。市场份额和核心竞争力通常也是要考虑的关键因素。

7.3.3 网上项目众筹

随着互联网时代的到来，为创新项目的选择提供了新的途径和方法。例如创业网[6]和创客星球网[7]。

在创意网上有创意需求的人可以发布自己的要求，例如要设计一个 logo、标志和商标等。有这些方面才能的人可以根据用户的需求提供相应的方案，并在平台上达成相关协议。通过这个过程就可以把更多关注这个网站的人和关注这些项目的人纳入创新项目选择的团队里。

创客星球又是另外一种模式，其主要目的是帮助创新项目的提出者筹集资金。创新项目的提出者会列出项目的具体情况、将来的计划发展愿景和需要筹集资金数目。对这个项目进行判断之后，很多人就可能愿意出资，但是出资的额度是由他自己来决定的。一方面筹集的资金越多说明对这个项目认可的人越多，同时也说明这个项目有可能会得到市场上更多人的认可；另外一方面，这个项目如果得到别人的认可，那么可能筹集到的资金就会越多，成功的概率就会越大。最后这个项目一旦成功了，受益的人也会更多。把大众的智慧通过网络纳入创新项目选择的过程当中，是一个非常好的模式。

案例 7-1　创新项目的选择——Google 如何选择创新项目

Google 多年以来一直位于全球创新型企业的前列。Google 有哪些好的方法和工具，让创新项目能够更好地被选择并被执行？

Google X 是 Google 公司最神秘的一个部门，位于美国旧金山，该实验室的机密程度堪比 CIA，仅少数几位谷歌高层掌握情况。在其中工作的人，都是 Google 从其他高科技公司、各大高校和科研院所挖过来的顶级专家。Google X 有一份列举了 100 项未来高科技创意的清单，Google 利用这个实验室来追踪这些创意。Google X 项目是一个巨大的赌注，既有可能成为 Google 的下一个大商机，也有可能最终是巨大的失败。

Google X 实验室的负责人曾说，每年他们做的最重要事情就是停止至少一百项创新项目。不仅意味着决定要做哪些事情，更为重要的是要决定放弃哪些事情，这对于创新来说可能更为重要。在 Google X 实验室，为了能够依照这个规律找到更好的创新项目，他们甚至实施了一个对创新失败者鼓励的政策。例如一个研究团队对某一个项目进行了两年的研究，通过各方面的评判发现这个项目不合适，那么这个项目可能被停掉，但这个小组里的员工有可能因此拿到奖金。

Google 公司还开发了若干工具来支持创新的选择过程。其中一个工具是 Google Moderator，利用这个工具，创新的研究者们可以以开放式的形式展开实时讨论，让更多的人能够参与到这个讨论主题中，为吸纳更多的意见和建议提供了一个非常好的平台。为了更好地进行用户调查，Google 还开发了 Googlegeist。通过这个工具，可以对用户、员工的意见进行调查、汇总和分析，为创业项目的选择和决策提供支持。Google 还有严格的内部创新项目评估审核机制，各个部门有了创新计划之后，可以向上级或者向上上级提交计划，有经验的领导者会对这些创新项目计划进行认真的评估和讨论。

理解创新过程中的规律，并且把规律转变成促进企业不断创新的制度，提高创新项目评价的水平，选择出成功概率更大的项目，这是企业管理者能够做得非常了不起的事情。

参考文献

[1] G. Stevens and J. Burley,"3000 Raw Ideas = 1 Commercial Success!"[J].Research Technology Management, 1997, 40(3): 16-27.

[2] 无人驾驶汽车该不该有方向盘?[EB/OL]. [2017-10-25] http://tech.sina.com.cn/n/k/2016-08-29/doc-ifxvixeq0636941.shtml.

[3] 姚瑶.ofo、摩拜纷纷进军海外市场背后：贸然出海或有风险[N].21世纪经济报道，2017-7-19(1).

[4] 陆颖隽，程磊.基于虚拟现实技术的图书馆信息资源建设与服务创新研究——以CADAL为例[J]. 图书与情报, 2017, 4:8-12.

[5] 虎嗅网.来自宝洁中国、阿里巴巴,巨深刻的消费者洞察与大数据对话[EB/OL]. [2013-12-23] https://www.huxiu.com/article/25139/1.html.

[6] 创意网.toidea 创易网参与任务作品展示[EB/OL].http://www.toidea.com/ti_case_show/show.php.

[7] 创客星球网[EB/OL].http://www.themakers.cn/project/discover.html?class=all&status=2&order=1.

第八章 创新项目实施过程管理

对创新项目实施过程的管理对创新成败有着重要的影响。创新项目实施管理是全过程管理，也就是对创新项目形成、选择、设计、实施、测试、推广全过程的管理，通过过程的管理实现结果的最优。

8.1 创新项目开发流程

8.1.1 漏斗模型

漏斗模型描述了新产品开发的流程。在了解市场需求并结合自身技术能力的基础上，企业新产品开发的流程分为四个阶段：概念框架生成、产品详细设计、产品实现与测试、发布与推广。随着技术知识和市场知识的增加，产品不断更新换代。新产品开发的过程是一个思路不断集中，市场不断明确，产品不断优化的过程，如图8-1所示。

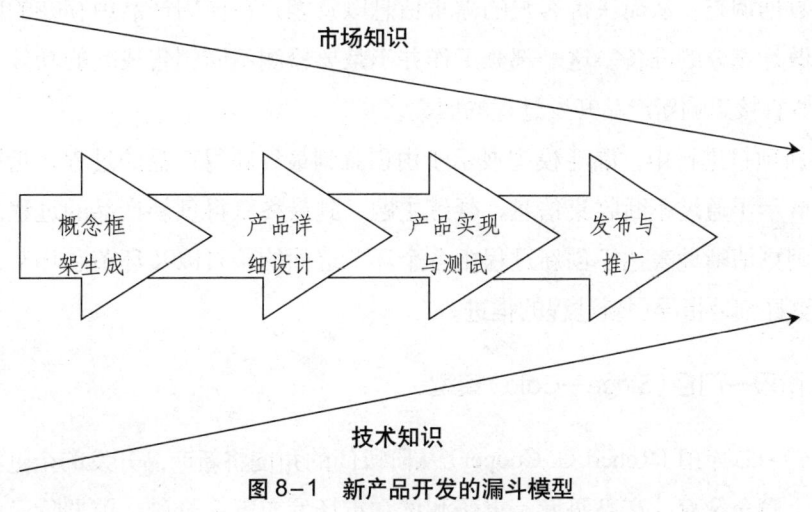

图8-1 新产品开发的漏斗模型

(1) 概念框架生成

概念框架生成阶段主要是识别新产品和服务。新产品创意的动力来源于多个方面，包括科学技术的发展、用户的需求和企业竞争者的压力等。创意可能是受到环境的激发、已有素材的启发或是企业通过各种创新管理手段获得的想法等。企业结合自身的能力和对市场的考察，对这些初步的创意进行筛选和重新组合，逐渐形成创新概念。

(2) 产品详细设计

产品详细设计阶段是筛选满足一定标准的创新项目并进行设计。这一阶段一般需要考虑两个层面的问题：一方面考虑产品的集成计划，尽可能地整合有潜力的项目，并确保集成开发项目与公司的发展目标一致；另一方面进行具体的产品设计，明确产品的开发方案，确定开发步骤。

(3) 产品实现与测试

产品实现就是将其转化为物理产品或服务项目。研发人员、产品设计工程师以及销售人员等在一起工作，解决具体的问题，并在产品生产的细节上达成一致。每当有新的问题出现，即在目前设计和需求之间有了缺口，开发团队就必须想办法把这个缺口封上。问题解决的路径一般会是反复的设计和测试，不同的环节会用到很多工具，完成的方法决定着问题解决过程的速度和效果。

(4) 发布与推广

这一阶段主要的工作是在市场上以合适的方式和形式进行新产品的发布，推进其商业化和产业化的进程。商业化过程指的是与客户共同开发、测试销售情况以及利用网站进行数据调查，从而获得客户的需求信息以及客户在使用产品中存在的问题，为进入市场做好充分的准备。这一部分工作并不是要检测不同销售战略的功效，而是为了辨识那些直接影响新产品开发过程的因素。

在创新项目进行中，漏斗模型展示了由创意到最终获得产品的过程，指明了进展的方向，展示了通过不断收集信息，凝练主题，到最终获得创新产品的过程。阶段—门径模型则更清晰地表达了创新过程中各个环节之间的接口以及环节和环节之间的反馈，能够更详细地指导创新过程的推进。

8.1.2 阶段—门径（Stage—Gate）模型

罗勃特·G. 库珀（Robert G. Cooper）从阶段门的角度将新产品开发的全过程划分为创意形成、概念孕育、产品研发、市场测试和市场发布五个阶段，前期阶段向后期阶段过渡的过程中都有相对严格的评价和测试,以确保创新过程的顺利进行,这一模型称为阶段—门径模型。如图 8-2 所示。

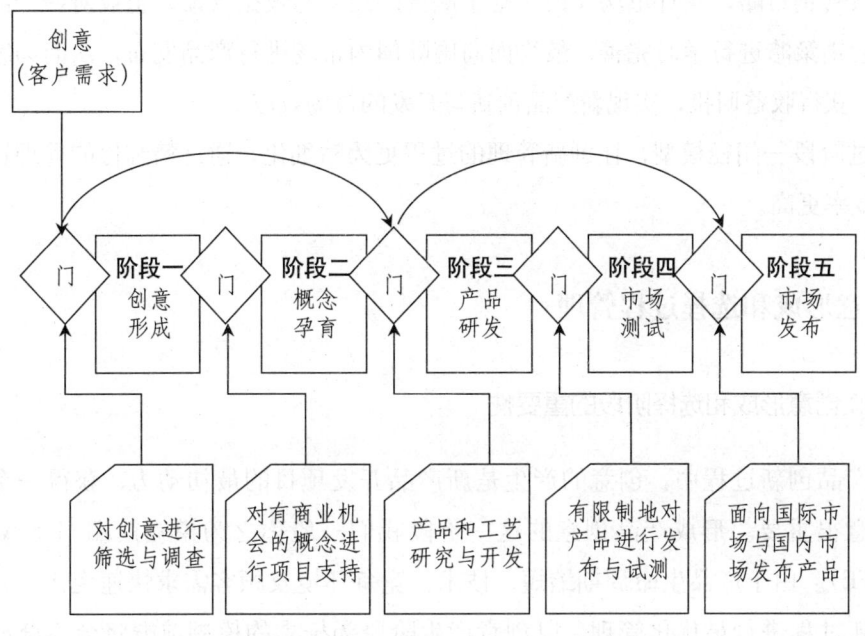

图 8-2　新产品开发的阶段—门径模型

这一模型的目的就是将新产品的开发过程划分成易管理的"阶段—门",每个阶段包含一系列平行协调的活动,用以提炼用户需求,寻找技术解决方案,提高创新项目开发的能力。

每个阶段之后都有一个"门",在这个决策点对项目进行审查,有能力的高级管理人员能保证有价值的项目继续快速执行。这个"门"是阶段之间关键的质量控制检查点。这种持续改善或者不断改进的活动能有一个显著的累积效应。

以客户的需求为创意来源,新产品开发的第一阶段和第二阶段注重创意形成与产品概念的形成。着重面向客户需求进行创意的筛选、调查,以及在筛选基础之上对蕴含商机的产品开发概念予以项目支持。

新产品开发的第三阶段为产品研发,企业整合硬件资源和人力资源,面向新产品开发的需求,通过产品与工艺流程的改进,实施产品设计与原型开发。同时伴随着开放式创新范式的兴起,以及信息技术平台、协同制造等模式的广泛应用,企业能够打破组织边界,柔性利用外部资源优势,形成企业内部资源与外部网络对于产品研发的协同创新。

新产品开发流程的最后两个阶段是产品商业化的过程,主要包含市场测试与市场发布两个阶段。前者在限定市场范围内对产品性能、功效等进行测试,同时结合客户需求探索营销策略,倾听市场反馈。基于测试的经验与数据反馈,企业对新产品及其商业化营销策略进行学习完善,最终面向国际国内市场进行产品发布,从而为客户提供价值,获得收益回报,实现新产品创新与开发的市场效应。

通过阶段—门径模型,让创新管理的过程更为精细化,通过精细化的管理让创新成功的概率更高。

8.2 创意形成和选择过程管理

8.2.1 创意形成和选择阶段的重要性

在产品创新过程中,创意的产生是新产品开发项目的最初动力,获得一个好的产品创意很重要。形成产品创意的这一阶段我们一般称之为模糊前端(Fuzzy Front End,FFE)。由于产品生命周期缩短,技术、竞争环境及顾客需求快速变化,企业需要对创新过程进行最优化管理,以创意产生阶段为标志的模糊前端将会逐渐凸显其重要性。

模糊前端的执行效果,很多时候是产品开发成败的分水岭。研究表明,新产品的开发过程中,对于模糊前端的有效管理不仅能够提高新产品开发的绩效,也能节省30%的新产品开发时间。但与此结论形成鲜明对比的是,统计实践表明实际在模糊前端投入的时间仅为开发阶段和商业化阶段的16%,而投入资金量更是只有开发阶段和商业化阶段的6%。可见现阶段对于新产品开发模糊前端并没有实现真正意义上的有效管理[1]。

8.2.2 创意形成和选择的管理方法

设立意见箱是公司用来挖掘和收集员工创意最常见做法。1895年,美国国家现金出纳机公司(National Cash Register,NCR)的创始人约翰·帕特森(John Patterson)设立了第一个"意见箱"项目,以挖掘各方的创意,被采纳建议的最初提出者可以获得1美元奖励。当时这个项目是具有革命意义的。到1904年,员工提出了7000多条创意,其中1/3被采纳。其他企业设计了更加清晰的系统以获取员工的创意。例如,本田美国分公司设立了员工创意系统(Employee-driven Idea System),只要员工提出自己的创意，不仅能得到金钱上的奖励，还可以获知创意执行的情况。

实现创意收集是比较容易和低成本的，但这只是释放员工创造力的第一步。英特尔、3M 和惠普等计算机时代有代表性的公司在开发员工创造力方面采取了新的做法，例如开展创造力培训，鼓励员工通过各种渠道提出自己的想法，塑造鼓励创新的企业文化，开发创意管理系统等。

创意管理系统可以帮助企业树立创新信条，帮助企业中的每个部门寻找新的商业机会，促进管理者和员工的广泛参与。创意管理系统并不能取代现有的搜寻创意开发方法，它主要起到辅助支持作用，鼓励传统的工作部门能够更好地关注创意和创新。

案例 8-1 选择创意案例分析——影视 IP 资源开发

IP 是知识产权（Intellectual Property）的英文首字母缩写。17 世纪中叶由法国学者卡普佐夫（Carpzov）最早提出，后为比利时著名法学家皮卡第所发展。知识产权的内涵相对较为宽泛，主要是指法律授予的与人类智力活动有关的权利[2]。知识产权的类型包括：著作权、专利权和商标权等。

IP 对于影视剧来说可能是一个好的创意来源，其原作已有成型的情节或编撰点，并且累积了大量的粉丝，这为影视剧未来的开发及宣传带来了很多便利。但来自 IP 的创意对这部影视剧是否真正有用还需要进行考量，对其有效的管理至关重要。

当前，IP 的概念在文化领域被广泛应用。文化领域所指的 IP 与以往所说的知识产权的相同点是，大部分的 IP 核心是版权。不同之处在于，首先它已经有一定的影响力，受到人们的广泛关注；其次它开发潜力巨大，可以向不同领域转换。IP 可以是一首音乐、一个故事、一个角色甚至是一个概念的文化产品。比如小说《三生三世十里桃花》是文学 IP，《同桌的你》是音乐 IP，孙悟空是角色 IP，它们中的一些已向电影、电视剧、动漫、游戏等多个领域联动转换。文化 IP 的价值如想被更好地开发出来，需要转化为被市场认可的产品或服务，例如影视剧、游戏、娱乐服务，等等。开发为影视剧是文化 IP 转化的主要形式，也是本案例讨论的重点。

目前，在开发影视 IP 资源过程中面临着以下一些问题：

(1) 不知道应该购买哪些 IP 资源

近几年，影视圈掀起了竞购 IP 的热潮。各大影视公司纷纷开始抢夺和囤积 IP。数据显示，截至 2014 年年底，有 114 部网络小说被购买影视版权，题材涉及青春、仙侠、悬疑等。其中，90部计划拍成电视剧，24部计划拍成电影。但是很多影视公司并不知道如何对IP资源进行寻找、挖掘和评估，也不知道有哪些方法可以分析出IP资源开发的市场潜力，所以选择和购买IP资源成为很多影视公司面临的困惑。

(2) 不知道如何为IP资源定价

目前还没有形成市场认同的对IP资源进行评估的体系和规范。对IP资源的评估多是根据经验的判断，或是相关专家的主观评价，还有就是基于供应方和使用方的相互信任程度。因此，影视投资方在购买IP资源的过程中对于定价没有可参考的科学依据。

(3) 购买的很多IP资源没有得到充分开发

IP的改编权具有时效性，如果在购买的时间范围内，没有对其进行充分开发就会造成巨大的资源浪费。在将IP资源改编成影视剧的过程中需要创作者充分了解其流行属性及粉丝的关注点，同时又熟悉影视剧制作的过程，这样的人才是行业里紧缺的。同时还缺乏对IP资源进行开发的管理模式和开发方法指导，也影响了IP资源开发的速度和质量。

在IP资源开发的过程中，受各种因素的影响，有成功的经验也有失败的教训。迪士尼公司以其在电影《玩具总动员》中创造的系列经典形象为基础，进行了游戏、图书、DVD、版权和授权等全线开发，《玩具总动员3》为迪士尼在全球收进了11亿美元的票房，但衍生出的产品等为迪士尼带来了87亿美元的收入。IP资源不仅仅可以被开发为一部电影，或者电视剧，它的系列开发模式更是目前中国影视公司需要去思考的问题。

IP资源是否适合改编以及改编的形式也在很大程度上影响了改编的成败。如2013年拍摄的电影《中国好声音之为你转身》，其来源于由浙江卫视联合星空传媒旗下灿星制作的大型励志专业音乐评论节目《中国好声音》，该节目在当时产生了巨大的影响，却在将其改编为大电影时遭遇了滑铁卢。因为原有IP资源是在室内录制，其录制的形式，展示的资源，以及可挖掘的情景都非常有限，大大限制了改编电影的内容，让改编电影十分生硬，粉丝并不买账。另一方面，一些公司过分投资热门IP和明星，而没有保证影视剧的制作质量，也导致了开发的失败。电视剧《孤芳不自赏》改编自同名网络小说，其IP资源内容丰富，情节足够吸引受众，其在拍摄过程中由于资金分配、制作安排和明星档期问题，在社会上引起了负面影响，而在播放过程中被发现的"抠图"事件与"替身"事件，更进一步引起了全民的议论，导致了粉丝的大量流失。IP资源的选择和对开发过程的管理都会影响开发是否成功。

由此可以看出，任何创新项目在不同的开发阶段，都需要有科学的管理制度、可靠的评估方法、有效的评估工具，才能提高创新项目成功的概率。

8.3 创新项目研发和实施管理

8.3.1 创新项目研发和实施阶段管理的特点

菲利普 A. 劳塞尔等学者将研发的类型划分为四种，包括直觉型研发、系统型研发、战略与目标型研发和创新型研发[3]。目前，全球科技产业中的领导企业几乎都是通过采用创新型研发管理的战略，才得以创造竞争优势以及维持市场上的领导地位。另一种采取创新型研发管理战略的新型企业是许多围绕在大学周围、由科学家主导的小型科技公司，它们运营的中心是技术研发，并以研发创新与销售知识产权作为主要的经营手段。它们虽然没有具体产品，但能针对未来市场产品的需求发展技术能力，并以拥有关键技术的专属权利来创造企业的竞争优势与市场价值。

创新型研发管理的根本精神是将技术创新视为创造战略性竞争优势的主要手段，并将研发管理提升至经营战略的核心层，重视研发活动所带来的战略性效益。一般而言，这类企业已经将研发管理由一个部门提升到针对企业整体创新活动的管理。在技术研发、市场发展、生产制造、组织运作、流程管理、战略规划等方面，都以持续创新作为最高的指导原则。

创新型研发管理的特色可以归纳如下[4]：

(1) 创新管理成为企业经营管理最重要的议题。

采取创新型研发管理的企业将会积极发展以创新为导向的企业文化与扁平的网络组织结构。重视技术资源管理以积蓄企业的核心技术能力，并大力推动知识管理与知识产权管理，以有效地将创新成果转化为企业的知识产权资本。

(2) 技术创新主导企业的经营战略方向。

领先创新与发展核心技术能力被视为企业创造价值的最关键部分，企业高层亲身主导与技术有关的战略规划，并以技术战略作为经营战略规划的核心部分。

(3) 技术创新相关的投资被视为战略性的知识资产。

企业将采取扩大技术创新的投资规模来维持企业成长与竞争的优势地位，并促使这种战略性知识资产能大幅增加企业的市场价值。

(4) 以颠覆性创新改变竞争方式与经营模式。

技术创新重视时间与速度的竞争，较多采取攻击者战略，能积极投入前瞻技术与下一代技术的研发，并以创新来颠覆现有产业竞争方式，以掌握未来产业发展的主导权力，赢得市场的领导地位。

(5) 以战略联盟来推动技术创新。

在充分掌握自主研发的核心技术的基础上，能够灵活运用技术资源，采用技术授权等方式与其他企业形成联盟，共同推进技术的发展和推广，提高创新的效率和效能。

(6) 构建全球研发网络。

能以全球化运作的观点看待研发活动，将传统总部实验室的中央控制观念转变为全球研发网络的分散架构，在全球最适合的地点设置许多研发单位，形成有效管理的网络组织，将知识创新、技术创新、产品创新、流程创新、市场创新等均纳入全球研发网络的活动之中。

研发在企业管理中所扮演的角色已发生巨大的变化。尤其当我们进入知识经济时代后，创新成为企业竞争优势的主要根源，知识也因为法律保障与交易市场蓬勃发展而确立其市场价值。因此，在许多企业的运营管理活动中，知识与技术的研发创新也逐渐跃升为经营的核心部分。

案例 8-2　创新项目研发——百度 AI 研发

2017 年 10 月 18 日，百度公司 CEO 李彦宏参加了《华尔街日报》主办的 WSJ.D Live 大会。他在此次大会上讨论了如何赢得 AI 大战。

百度正在大力押注 AI，此举受到了投资者的欢迎。2017 年伊始，百度的股价为每股 168 美元，现在已经飙升到了 270 美元，并且有望继续增长突破 300 美元。百度的前景为何被看好？李彦宏在 WSJ.D Live 大会上回应称，因为 AI 被普遍视为是一个拥有巨大潜力的市场，而百度本质上是一家搜索公司，拥有取得成功的文化和思维。

李彦宏称百度同时又是一家技术公司，这种思维令百度在台式机时代受益匪浅，一举主导了中国搜索市场。但是在移动时代，苹果公司、谷歌公司等主导性平台的拥有者，采用了所谓的"围墙花园"(walled garden) 策略，把百度拒之门外，百度在这一领域面临挑战。但是，现在已经进入了新的时代——AI 时代，技术再次变得重要，百度有最好的语音处理技术，最好的图像识别技术，最好的数据分析。

过去五六年的时间里，百度每年把 15% 的营收用于研发，并且一直扮演着人工智能先锋的角色，2013年就已成立深度学习实验室，大举投资人工智能，现在百度拥有两千多名AI研发人员，还有两千多个与人工智能相关的专利。AI已成为百度业务增长和利润率提升的核心驱动。从2017年百度发布的第二季度财报来看，百度营收为208.74亿元，同比增长14.3%；净利润44.15亿人民币，同比增长82.9%。

百度重视AI的研发，并且以AI驱动新兴业务发展，取得了有重大意义的进展。由此可见，重视技术创新的创新型研发管理可以创造独特的竞争优势，并且创造经济效益[5]。

8.3.2 创新项目开发的主要方法

8.3.2.1 按照产品类型划分的创新项目开发方法

新产品/服务的开发是由市场和技术的新颖性共同来决定的，可依据技术和市场的不同发展水平将创新产品分为四种类型，差异型产品、结构型产品、技术型产品和复杂型产品，如图8-4所示。

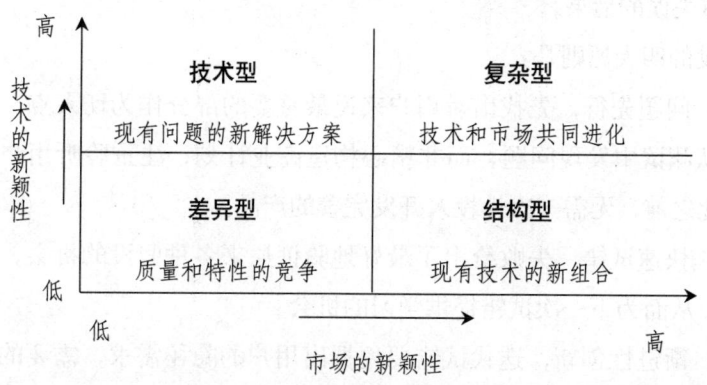

图 8-4 新产品/服务的分类

差异型产品：技术和市场都很成熟，大多数创新都是以改进现有技术去满足已知的客户需求，提供差异型产品和服务是创新的重点。

结构型产品：现存技术单独或联合生产新颖的产品或服务。创新是原创型的或与潜在用户是协同的。这种情况下，关键问题是识别或创造新的细分市场。

技术型产品：为了满足已知的客户需求而开发新的技术。产品和服务竞争是基于执行力，而不是价格或质量。

复杂型产品：技术和市场都是新的，并且共同进化。开发者与引领用户一起创造新的应用，在新产品的开发中需要不断与用户，尤其是与领先型用户进行深入沟通。

更多详细的内容可参见作者的另一著作《创新机理——以媒体行业为例》[6]。

8.3.2.2 互联网时代创新项目研发的主要方法——原型法[7]

互联网时代，产品和技术的生命周期越来越短，市场需求的变化也更为迅速，原型法成为新产品开发的主要方法。

原型法（Prototyping）是 20 世纪 80 年代随着计算机软件技术的发展，特别是在关系数据库系统（Relational Data Base System，RDBS）、第四代程序生成语言（4th Generation Language，4GL）和各种系统开发生成环境产生的基础上，提出的一种从设计思想、工具、手段都全新的系统开发方法。由于市场的不确定性高，需求在没被完整地确定之前，开发就迅速启动，每次循环不求完美，但求不断发现新问题，迅速求解，获取和积累新知识，并自适应地控制过程。在每一次迭代中完成系统的一部分功能或业务逻辑，然后将未成熟的产品交付给领先用户，通过他们的反馈来进一步细化需求，从而进入新一轮的迭代，不断获取用户需求、完善产品。原型迭代法使需求定义在不断快速形成原型和得到用户反馈中逐步形成，一定程度上避免了因需求定义的误差带来严重失误的后果。

原型开发的四大原则是：

原则一：问题先行，先找出对用户来说最重要的部分作为切入点，开始系统的测试，即注重从测试中发现问题，而非精心构建商业计划；注重聆听用户反馈而非相信直觉，而在此之前，无需一次性投入开发完善的产品。

原则二：快速试错，失败给出了最好地验证原来各种假设的机会，在失败后要有精准的测量，从而为下一次试错提供学习的机会。

原则三：渐进性创新，迭代试错要挖掘出用户的隐秘需求，需要的不是颠覆性创新而是渐进性创新，开发团队可以先根据用户特征开发出符合基本要求的测试版，交付给领先用户在模拟环境下测试，从而证实其功能和用户需求的准确性。

原则四：让用户参与研发过程，和用户一起不断对产品进行改进，在用户参与中树立品牌与影响。

原型法的步骤：(1) 需求分析，调查和分析清楚用户的基本信息需求；(2) 构建/修订原型，开发初始简明的原型或者是修订不满意的原型；(3) 使用验证原型，用户和开发人员进行初步的测试和使用；(4) 评价原型，结合使用的情况对原型进行评价，如果不满意，就提出修改建议，对原型进行修订，如果满意就交付实施；(5) 交付实施，将多次反馈修订的模型交付相应的部门实施，最后推向市场，原型法的流程如图 8-3 所示。

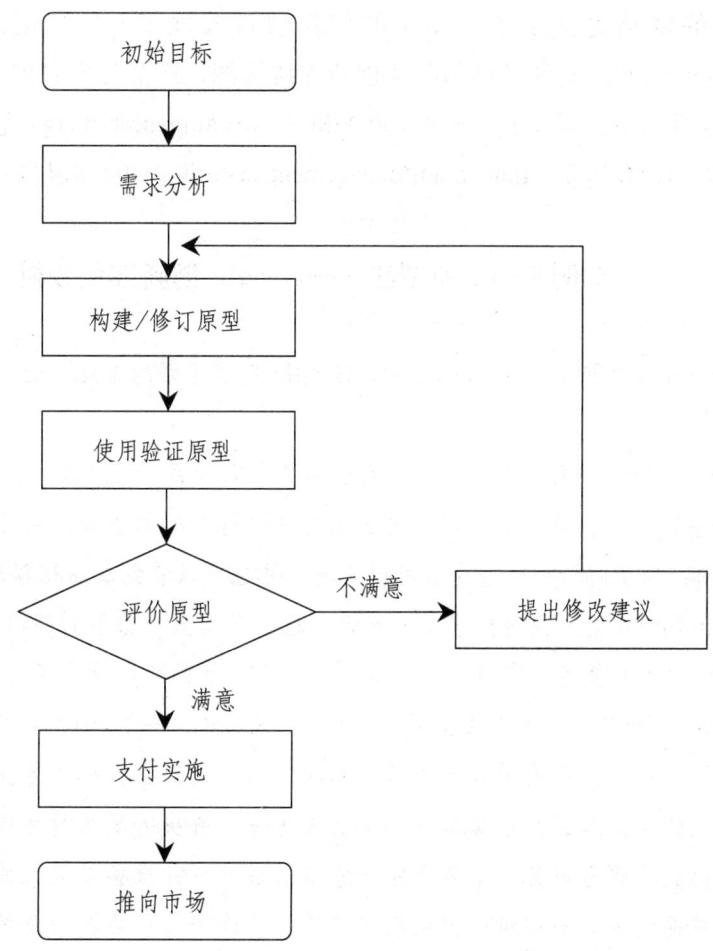

图 8-3　原型法流程

通过原型法，用户可以较早看到未来产品的概貌，以便企业判断创新产品功能是否符合要求，以及需要改进的点，并细化这个需求，让企业在产品生产前排除掉不必要的失误。

8.3.2.3 创新项目过程管理的工具

很多机构、组织为创新项目过程管理提供了很多资源和工具，包括创新项目选择的工具，创新项目的实施工具，降低创新项目实施过程中的风险的工具等。由于不同的项目有不同的特点，必须要把项目特点和这些工具结合起来，可能才会得到比较有参考价值的结果。还有一些网站和机构提供了支持创新的系统化工具，对创新进行过程中的不同阶段都可以提供有效的帮助，大家可以根据需要去参考。

以下的网站提供了不同类型的创新项目管理工具，创新工具网站（www.innovationtools.com）提供了案例以及创新支持资源，产品开发管理协会（www.pdma.org）涵括了很多的决策工具，ESTA 和 AIM（www.aimresearch.org）提供围绕核心创新主题的报告和调查问卷，InnovationManagement.se 提供了 300 多种创新工具。

案例 8-3　原型法——Google 创新案例分析

Google 是众所皆知的创新型企业，Google 有哪些好的方法，让创新项目能够更好地研发和实施？

Google 开发了一套在整个企业内部实施的创新项目开发方法，称为 Design Sprint，其核心理念是在一个项目推向市场之前先尝试进行原型的设计，将几个月的时间缩短到一周之内，以了解一个想法是否可以实现，并且可以看到成品和客户的反应。

Design Sprint 的工作时间单元为五天，在这五天里，由不同部门的人员组成团队，一起来完成特定的任务，即可以实施的创新项目，他们要对这个项目进行先期的实验。Jake Knapp 于 2010 年开始在 Google 进行设计 Sprint，并在 2012 年完善了流程。第一天进行结构化讨论，明确挑战并且理解问题。第二天确立目标并专注于解决方案，规划最后一天的客户测试，招募客户。第三天对每个解决方案进行评判，选择一个合适的方案开始进行原型设计。第四天完成原型的设计，并准备第五天的测试。最后一天访问客户并通过观察他们对原型的反应来进一步改进，最后进行总结和反馈并提交相应的报告。

Design Sprint 方法最重要的关键点是这个团队要有一个综合能力较强的核心领导者。他需要确定一个项目作为攻关的对象，要在 Google 内部招募不同部门的人来组建团队，在 Sprint 的冲刺周，有足够的能力解决各个方面的问题，包括资金问题、协调问题、时间问题等等。

Sprint 是一个发散、聚集、再发散、再聚集的过程，在讨论过程中，大家会针对研究的问题进行发散性思维，找到要解决问题的根源所在。在这个发散的过程中聚集出要解决的根本问题是什么。针对根本性的问题，大家再去讨论，再去找到一系列可行的方法。然后再针对这些方法，大家一起讨论哪些方法是可行的，哪些方法是可实施的，在人财物上能够满足的。最后在此基础上制作原型，进行测试。

Design Sprint 不但在 Google 内部产生了非常大的影响，现在也逐渐被作为一种模式和方法在社会上推进它的培训和应用，让更多的人在这种方法中受益。

参考文献

[1] 陈劲, 郑刚. 创新管理——赢得持续竞争优势（第三版）[M]. 北京：北京大学出版社, 2016.

[2] Ricketson, S. New wine intooldbottles: technologicalchange and intellectual Property rights[J]. Prometheus, 1991, 1:53-82.

[3] 菲利普 A. 劳塞尔. 第三代研发 [M]. 北京：机械工业出版社. 2004.

[4] 威廉·L. 米勒. 第四代研发——管理知识、技术与革新 [M]. 北京：中国人民大学出版社, 2005.

[5] 搜狐科技. BAT 大举进军 AI: 百度 AllIn, 阿里已商用, 腾讯要收割 [EB/OL].http://it.sohu.com/20170822/n507863791.shtml.

[6] 任锦鸾. 创新机理——以媒体行业为例. 北京：科学出版社, 2011.10.

[7] 孙黎, 杨晓明. 迭代创新：网络时代的创新捷径 [J]. 清华管理评论, 2014, 6(12).

第九章　从创新中获益

企业通过创新售卖了更多的产品和服务，可以获得直接的经济效益，通过知识产权转让也可以获得经济收益。同时创新也可以带来工艺升级、产品升级、能力升级和跨产业升级，解决相关的社会问题等社会效益。

9.1 经济效益

获取效益是所有创新活动最核心的目标，但是由于存在市场失灵，企业的创新活动往往会受到模仿甚至于剽窃等行为的影响，打击了企业创新的积极性。企业对核心技术知识产权的缺乏也使企业在国内外竞争中没有优势，阻碍了企业的进一步发展。随着科学技术的发展，技术贸易的增长，企业间竞争的加剧，使得企业对知识产权的保护日益重视。通过知识产权保护和相关的法律法规能有效地保护企业创新的成果并从中获益。

从外部市场的角度来看，企业的创新成果可以通过知识产权保护来保证其优势不被模仿，通过对知识产权的利用可以将其转化为收益。知识产权制度保护了企业的创新投入，有效促进了企业竞争力的提高，获取更多的效益。

从企业内部的角度来看，随着各种社交媒体等新兴媒体的出现和应用，海量信息和知识冲击着个人和企业，有效的知识管理将会帮助企业获得更多的竞争优势，有助于企业进行创新活动。

9.1.1 通过知识产权获益

知识产权是企业对智力活动创造的成果和经营管理活动中的标记、信誉所享有的权利[1]。知识产权包括工业产权和版权。工业产权是指人们依法对应用于商品生产和流通中的创造发明和显著标记等智力成果，在一定地区和期限内享有的专有权，主要包括商标专用权与专利权。

企业的知识产权意识越来越强，越来越多的企业运用知识产权实现了创新发展。华为、中兴、联想、海尔等企业已经成为具有很强知识产权实力的国际化企业，成功实现了以自主创新为主的发展目标[2]。在文化、影视、游戏、出版等行业，知识产权尤其是著作权纠纷频频发生。这说明相关企业在运用和保护知识产权方面仍需要进一步提高能力，加强知识产权管理。

9.1.1.1 著作权

著作权又称版权，是指自然人、法人或者其他组织对文学、艺术和科学作品依法享有的人身权和财产权的总称。著作权关注于想法的表达，而不是想法本身。因此，著作权只有在想法有形化时才存在，如书籍或录音。

著作权为作品的发表权提供了有限的法律权利，例如，公民的作品发表权的保护期为作者终生及其死亡后五十年，电影作品和以类似摄制电影的方法创作的作品、摄影作品的发表权的权利保护期为五十年。[3]

9.1.1.2 商标权

商标权是商标专用权的简称。商标是自然人、法人或其他组织在商品上使用的由文字、图形、字母、数字、三维标志、颜色组合和声音等或者由上述要素的组合形成的具有显著特征、便于识别的标记。商标权包含使用权、禁用权、续展权、转让权和许可使用权等[4]。

9.1.1.3 专利权

专利被认为是创新指示器，通过对专利的保护可以使专利权人的合法权益得到保障，鼓励发明创造，推动发明创造的应用，提高创新能力；同时专利的公布也意味着一定知识的公布，能促进科学技术进步和经济社会发展。专利包括发明专利、实用新型专利和外观设计专利。

发明专利是指对产品、方法或者其改进所提出的新的技术方案。

实用新型专利是指对产品的形状、构造或者其结合所提出的适于实用的新的技术方案。

外观设计专利是指对产品的形状、图案或者其结合以及色彩与形状、图案的结合所作出的富有美感并适于工业应用的新设计[5]。

9.1.1.4 专利制度在创新活动中的两面性

专利的目标是通过允许有限的垄断来鼓励创新。专利制度是一把双刃剑，一方面，通过法律保护，有利于保障发明者的权益，促进和鼓励发明创造；另一方面，大量的专利文献为技术信息的传播又提供了畅通的渠道。

专利作为创新指示器有很多优点：

◆ 专利代表发明过程的产出，尤其是那些预期会有经济效益的发明。

◆ 专利可以被技术领域分解，因此提供了创新速率和方向的信息。

◆ 专利统计跨越非常长的时间序列，可以为技术创新提供指导。

在使用专利的过程中，也存在一些不利于创新的行为：

◆ 公司可能不会为所有的发明都申请专利。

◆ 不是所有的创新都是技术上可获得专利的，例如，一些生物品种。

◆ 专利作用因不同的部门和公司而不同。

◆ 公司在不同的国家市场有不同的专利偏好。

◆ 很大比例的专利可能从未被利用。

公司对自己的发明和创新是否申请专利会采取不同的策略，有些创新会申请专利，有些创新不申请专利。什么情况下公司采取专利申请策略呢？

◆ 以自用为目的。申请专利是为了自行实施，在实施中取得垄断地位。

◆ 以转让为目的。通过专利保障技术转让时的权益。

◆ 以削弱竞争对手为目的。防止竞争对手通过专利建立有利地位。

◆ 干扰竞争对手视线为目的。故意在主攻方向之外申请专利，以造成错觉。

在以下情况公司可能会采取专利不申请策略：

◆ 避免暴露战略意图。

◆ 延长技术保密时间。长期保护而不受专利保护期限的限制，用于他人难于破译的技术秘密。

◆ 公开技术，使竞争对手专利无效。

案例 9-1 知识产权获益——《西游记之大圣归来》分析

中国的广播影视知识产权保护长期以来一直存在"五多和五少"问题，即认识多、行动少；制作多、登记少；引进多、卖出少；注册多、开发少；事情多、人手少[6]。近年来中国优越的政策环境、丰裕的资金注入及稳固的发展基础促进了影视行业的大力发展。但是侵权事件频频发生，使得影视公司对知识产权管理越来越重视。

2015年上映的国产动画电影《西游记之大圣归来》从票房上看，上映11天就突破了5亿元，但是票房只是动画电影收益的一部分。该电影在版权方面获得了更多的收益，其中在2015年戛纳电影节销售出的海外版权超过千万，创下中国动画国际销售的历史之最，后续的网络播出版权和电视播放版权等的销售也带来了不少的收益。此外，电影后期很多衍生品，包括网络游戏、手机游戏、邮票制作、人物玩偶产品和形象授权等，也都获得了丰厚的收益。

现代动画制作是个技术密集型产业，图像处理、角色建模、场景处理、特效制作都是优质动漫作品的核心技术。国产动画电影《西游记之大圣归来》经过8年的创作，过亿的投资，从创作、宣传到发行共有超过600人的参与，在知识产权保护方面的探索，为中国的广播影视产品的获益提供了很多思路。

但是《西游记之大圣归来》也遇到了被盗版的问题，尤其是网络盗版严重。一方面，一些网民匿名将视频上传到一些网站上，或通过提供链接、种子文件、网盘账号和密码等方式提供视频下载，侵权行为很难被发现，影视公司难以及时找到盗版源。网站对于大量用户发布的海量信息也难以完全及时掌握，无法进行有效监管。另一方面，由于我国存在大量未经备案的网站，一些网站的服务器在国外，通过代理向国内用户提供信息。影视公司即使发现了盗版行为，由于无法掌握网站的真实信息，也难以及时维权。因此，影视行业的知识产权保护任重而道远。

9.1.2 内部知识管理促进创新

企业通过建立内部知识管理体系，可以实现知识传承、获得更多的竞争优势并推进创新，将技术优势转化为可商业化的产品。知识管理体系的建立，一方面需要企业建立起知识管理理念，完善企业知识管理制度，明确企业知识资产，建立知识共享文化、团队协作文化、终身学习文化等；另一方面需要建立知识管理系统，使用知识管理工具对企业的显性知识和隐性知识进行管理。知识管理系统包含五个关键环节：通过经验、实验和购买来产生或获取知识；识别和编码现有知识；储存和检索知识；在组织中分享和传播知识；在工艺、产品和服务中利用和植入知识。

知识包括隐性知识和显性知识。隐性知识指那些只可意会的、没有表达出来的、隐含的知识。显性知识是指那些阐明的、表达出来的、编码的知识。它们之间的转换是知识管理中的重点也是难点。

1995年日本著名学者野中郁次郎和竹内出版了《知识创造公司》一书，提出了隐性知识与显性知识相互转换的四个阶段，如图9-1所示。

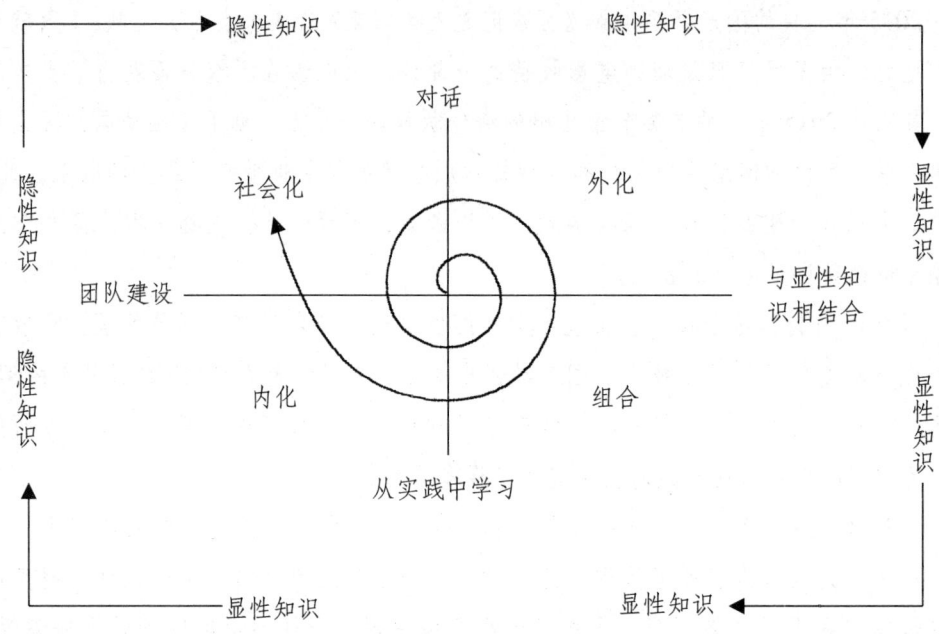

图 9-1 隐性知识与显性知识的转换

(1) 社会化 (Socialization)：从隐性知识到隐性知识。在这个过程中个人或团队的知识与他人分享，企业的分享文化、社会化思想和团体协作文化是这个阶段的关键。

(2) 外化 (Externalization)：从隐性知识到显性知识。经过这一过程知识以某种固定的形式明确和编码。

(3) 组合 (Combination)：从显性知识到显性知识。当不同的显性知识资源合并和改变时，组织过程和技术系统的作用是关键。

(4) 内化 (Internalization)：从显性知识到隐性知识。个人或团队通过实践学习将显性知识内化为隐性知识。

隐性知识和显性知识的相互转化以及在企业内部的传承对企业创新能力的提升有很重要的作用，为企业获得更多的效益提供了知识和技术的支持。

案例 9-2　内部知识管理——腾讯的知识管理与技术创新

创新是腾讯公司企业文化的核心内涵，技术创新是其生存和发展的核心支柱。腾讯公司的数百项技术专利共同构成了腾讯的核心技术，这些技术是腾讯公司知识共享和应用的成果。

第九章 从创新中获益

腾讯公司通过建立科学有效的知识管理体系,发掘隐性知识,保护显性知识。但是技术创新并不是对企业现有知识的简单堆砌,而是通过知识管理体系先对现有知识进行转化和整合,从而引发对知识管理新的思考以不断完善企业的知识管理体系。将知识资源优化配置到公司运营的各个环节中,推动着腾讯公司各业务的迅速发展,保持企业持续的竞争力。

腾讯公司于2007年10月成立腾讯研究院,其首要目的是开发互联网实用基础技术,通过自主创新切入互联网的核心技术领域,以此加强公司的持续创新能力。由腾讯研究院、创新中心、产品业务部门组成一套完善的研发架构,形成完善有效的知识管理体系,提高了企业的技术创新能力。

知识管理的实现不仅需要大量知识等无形资产的储备,更需要技术创新为其提供科学高效的技术手段。腾讯公司内部建立了腾讯实验室、在线生活产业模式、BBS和RTX等各种整合重要知识的技术平台。一方面,对于企业员工,提供一个传递信息和知识共享的平台;另一方面,用户可以在这一平台上试用公司推出的新产品和新创意。通过搭建知识和技术相融合的桥梁,对企业实施知识管理、降低技术创新的风险都有很好的成效。

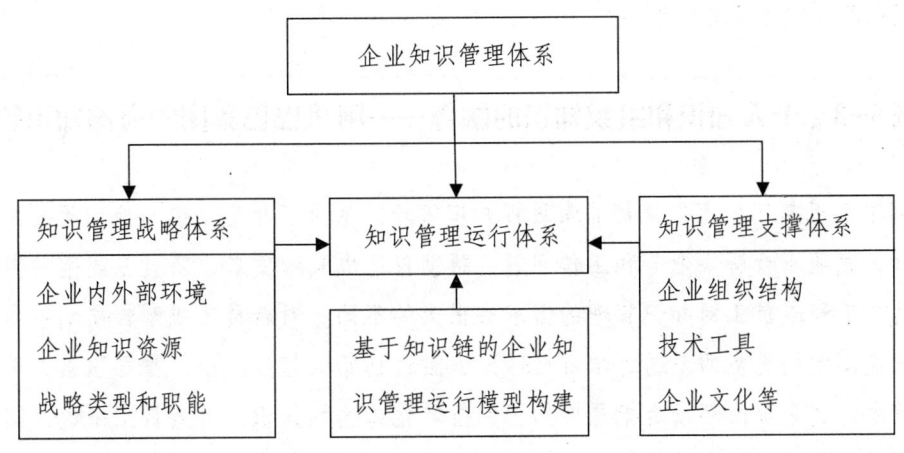

图 9-2 腾讯公司知识管理体系架构

如图9-2所示,腾讯公司创新导向的知识管理体系架构分为三个层次,即:战略层、技术层和应用层,三个层次是相互联系密不可分的,以此确保知识管理的有效实施。创新创造价值是腾讯公司知识管理的战略理念;信息技术、文化管理是腾讯公司知识管理的技术层,是确保知识管理得到有效实施的工具和平台,包括为保障知识管理运营的安全系统、知识管理的网络系统平台等,为知识管理的运营提供一个安全稳定的环境；知识管理的应用层包括知识发现、知识聚集、知识创造和知识运用。在知识资源的实际运用中，总结实践经验，发现其中的不足并加以改进。不断改进管理方法和技术，优化知识管理体系，在知识创新的基础上推动企业技术创新。

腾讯公司的知识管理和技术创新是相辅相成的。知识管理是企业推进技术创新活动的关键因素之一，实施知识管理不仅可以充分挖掘技术创新的潜力，而且能够最大可能地降低技术创新的风险；企业技术创新的实践过程也是知识管理的充分体现，企业只有通过知识管理才能推动技术创新活动的持续进行。在腾讯公司的实践中，知识管理和技术创新关系主要体现在以下五个方面：技术创新的实质是知识创新；知识管理能有效抵御企业技术创新的风险；知识管理能够保护技术创新成果；技术创新可以优化知识资源配置；先进的技术为企业实现知识管理提供有效的平台和手段。

在知识经济社会，知识管理已成为企业提高竞争力的抓手，不论是知识型企业还是传统型企业都意识到知识已成为企业最重要的资源。腾讯公司充分挖掘、合理有效地运用了公司内外部一切可以利用的重要知识资源，通过构建科学的知识管理体系，促进了知识创新和技术创新。公司从实际出发实施知识管理并在实践中不断发展完善，最终凝练出来的一套科学的知识管理体系，为中国情境下企业实施知识管理、不断推动技术创新提供了良好的借鉴[7]。

案例9-3　个人知识和组织知识的融合——阿里巴巴集团的内部知识管理

阿里巴巴集团一直以来都非常重视知识管理。从员工角度来说，他们更关注如何通过知识管理平台解决业务和工作问题，帮助自己成长和发展。新员工或刚转岗到新岗位的员工和老员工对知识管理的需求有很大的不同。对新员工或刚转岗到新岗位的员工来说，他们更多的是通过学习显性知识渡过初始的茫然阶段，需要积累大量的数据和信息，这个阶段还没有把显性知识完全转化为隐性知识；对老员工来说，则是已经经历过前期的沉淀和积累，更多的是通过解决工作中的问题，完成工作中的任务，不断学习和发展，分享知识的意义更大一些。通过基于互联网的知识管理系统和各类知识管理工具，将沉淀下来的知识，通过分享进行融合，持续地产生知识和智慧。

阿里的知识管理是循序渐进的。首先知识管理聚焦于工作和业务问题，帮助员工更好地解决问题。聚焦于员工最关心的绩效和晋升等问题，帮助员工更快成长。然后循序渐进，慢慢把知识的萃取、积累、沉淀、分享和使用做起来，再通过知识管理逐步推进企业创新。

阿里员工的个人知识和组织知识是融合到一起的。随着移动互联网和社交网络的发展，年青一代的员工很容易获得并积累丰富的个人知识，个人知识是员工最有感触的，且与每个员工日常工作高度相关的，与员工切身利益关联的。个人知识的汇总，形成组织知识很重要的一部分。但是，组织知识也不局限于个人知识汇总。还有很多组织知识，是需要专门人员来做，否则，很容易因为重要不紧急被忽略、忽视甚至淹没。知识管理就是要做到个人知识和组织知识的融合与管理，成为创新的源头和驱动。[8]

9.2 社会效益

企业创新活动除了带来经济效益外，还可能带来社会效益。社会效益一般包括企业工艺升级、产品升级、能力升级和跨产业升级。在经济发展过程中，企业从渐进的工艺创新升级，到为满足用户新需求开发设计新产品，从而需要企业能力不断升级，进而推动企业跨产业升级，这是一个层级式创新过程，每一层都有价值增加。

9.2.1 工艺升级及案例分析

企业通过不断的引入新工艺、新技术、新流程，促进生产效率提高，达到减少成本或改进质量的目的。

下面以中国纪录片发展的案例来说明这一点。在国际交流中，纪录片承担着传播国家形象和文化理念的重任，为实现有效传播，纪录片的国际化和市场化是基本前提。纪录片节目的标准化，则是国际化和市场化的基础。多年来，中国的纪录片、纪实性节目、专题片、宣传片、政论片长期混为一谈，人们对纪录片没有一个标准的解读。中央电视台成立纪录片频道后，开始推出一大批较为优秀的纪录片产品。从2011年开始，央视纪录片频道每年参加国际上所有重要的电视节和纪录片大会。但是与国际优秀的纪录片产品相比，中国纪录片的差距还是显而易见的，而造成这些差距背后的原因主要是国内纪录片工业化生产流程的落后。

纪录片的规范化管理涉及内容较多，包括规范节目策划文案、预算分解、拍摄进度、后期制作、项目人员配备、统一风格、解说词比例、广告设置、播出评估、发行和播出渠道等。纪录片在发展过程中还会不断出现新的内容，需要不断完善其行业标准。

(1) 建立选题和拍摄方案标准

选题和拍摄方案是决定一个纪录片能否被市场接受的关键。在国外，提案会是最市场化的方式，也是风险控制的关键环节，提案一旦通过，就有成熟的项目监理规范拍摄过程中的质量和成本，从而有效地规避市场风险。而国内纪录片行业项目操作中的随意性占据了主导。中国纪录片制作从2013年开始实施提案会制度正是建立行业标准的关键措施。

(2) 建立纪录片的质量标准

在中国纪录片行业，央视纪录频道对行业发展起到了引擎作用。频道自2011年开播以来，连续两年收视份额年增长率达到55%，观众规模达到8亿，广告额翻番并突破4亿元。2013年纪录频道发起并组织成立了中国最大的纪录片联盟，聚集了中国100余家电视台、150余家制作机构以及上千位制作人，对国内的纪录片资源进行了有效整合，并进一步确立了纪录片的品质标准[9]。

(3) 纪录片制作专业化和类型多样化

从国际市场来看，真正优秀的纪录片都是由专业化程度非常高的公司或独立制片人拍摄的，他们往往长时间内只拍一种类型的纪录片，从而确保节目的高度专业化。专业化带来的是类型的多样化，进而推动市场的分众化，满足更多观众对于纪录片的不同需求。而专业化、类型化和多样化，恰恰是中国纪录片目前欠缺的，也是整个行业未来的奋斗目标。

通过系列标准的制定、更加类型化的节目和产业化的运营，中国纪录片产业的整体规模和拍摄水平不断提高。

9.2.2 产品升级及案例分析

根据消费者和市场的需求，企业不断适应市场的变化，设计和开发差异化产品。产品升级可以分为三个层次，即外观改进型产品升级、跟进型产品升级和创新型产品升级。外观改进型产品升级对原有产品做了提升，改变包装，不仅提升了原有产品的竞争力，还提升了原有产品的利润；跟进型产品升级主要以满足消费者的现有需求为主，研究市场上畅销产品，做一个跟随者，通过经营成本优势和决策效率优势，来快速赚取利润；创新型产品升级主要以满足消费者的潜在需求为主，在产品研发方面具有重要的创新，包括产品内在品质的创新和外在包装的创新等[10]。

2009年，3D电影《阿凡达》的上映在全球掀起3D电影狂潮，它以全球28亿美元的成绩创造了电影史上新的票房纪录。3D电影成为电影业70年以来最伟大的创新之一[11]。3D电影作为创新型产品推进了整个电影行业的发展。

随着人民生活水平的日益提高，观众观念的更新，对电影需求的不断提升促使高技术含量的3D和影视特效向前发展。3D电影给观众一个新的感官体验，立体的视觉冲击和强有力的打斗场面给影片增加了无数新的体验。

为了呈现出《阿凡达》中如梦似幻的潘多拉星世界，电影导演詹姆斯·卡梅隆 (James Cameron) 和他的团队从前期摄像到后期制作开创了一套全新的电影制作方法，创造出五项前所未有的革新技术，自主开发了先进立体摄像机、拍摄中的完美预览技术、工作摄像机协同"动作捕捉"、记录稍纵即逝的表情和在电脑图形 (Computer Graphics，CG) 世界中运镜自如。[12] 产品升级经验要基于支持技术的创新。

由于《阿凡达》60%的画面都是CG制作的，使得传统实景拍摄的手提摄影、摇臂摄影等设备表现出了很大局限性，而卡梅隆运用自己开发的虚拟摄像机解决了这一问题。使用这个虚拟摄像机，不但可以预览已经结合了演员表演和虚拟场景的画面，还能铺设出导演想要的所有镜头运动。在这个过程中，运动轨迹能够被系统捕捉下来，并合成到后期的画面处理中。依靠这套设备，卡梅隆使自己在CG世界中运镜自如，让画面呈现出仿佛实拍一般的动感。

9.2.3 能力升级及案例分析

企业通过创新使其核心能力和其他能力得到提升，从而推动企业加快创新。企业的能力就是指企业在组织创新项目活动过程中的技术能力、组织能力、人员研发能力、市场开拓能力等。在推进创新项目的过程中，无论创新项目成功或失败，企业各方面的能力都会得到锻炼，企业创新能力的总体提高就是企业提高核心竞争力。

技术能力是企业创新的基础，提高技术能力以及技术能力升级是企业不断创新的源泉。

为什么谷歌的创新一个接一个，根本停不下来？因为它掌握了持续创新的能力。这是哈佛商学院教授琳达·希尔 (Linda Hill) 研究谷歌得出的结论。

谷歌有一个基础设施部，主要任务是确保谷歌网站全天候正常运转。当谷歌决定引入 Gmail 邮件系统和 YouTube 视频业务的时候，这个部门知道，它们的数据存储系统根本不够用。工程部和基础设施部的主管比尔·库格伦 (Bill Coughran) 和他的领导团队必须弄明白采取什么措施应对这个状况。他们决定允许不同的团队围绕着不同的解决方案分头进行研究，而不是仅仅新建一个团队来解决这个问题。

最终自发形成了两个团队，一个称为"大表格"，另一个叫"白手起家"。大表格团队提出他们基于现有的系统来增建，白手起家团队则提议整体更换新系统。这两个团队被允许按照各自的方法开展相关工作。

在早期，这两个团队被鼓励去建造系统原型，以便能够发现更多问题，并发现他们各自方法的优缺点。白手起家团队将其创建的系统原型在部门内进行了分享，结果大家评论该系统的诸多局限。最终大表格团队的解决方案被认为是当下最适合的。因此，他们选择了这个解决方案。但是，为了确保他们没有失去白手起家团队的学习，比尔派遣该团队的两个成员去参加一个新团队。这个新团队也是自发形成的，致力于发展下一代系统。整个过程花费将近两年，但是他们都以惊人的速度取得进展。

在这一过程的早期，有一个工程师曾经对比尔说："并行地进行不同的试验，这是没有效率的工作系统，我们都因此太忙了。"然而，随着这一过程的展开，他开始明白让天才员工释放激情的智慧。他承认："假设你之前强迫我们所有人都组成同一个团队，我们也许就一门心思来证明谁是对的以及谁获胜，而不是专注于学习和新的发现。"

"为什么谷歌能够持续地创新？因为他们已经掌握了持续创新所需要的能力。他们懂得如何开展合作解决问题，他们懂得如何进行发现驱动型学习，他们懂得如何做出综合性决策。"希尔教授总结道[13]。在创新过程中使企业创新能力不断得以提升，这是创新的根本驱动力。

9.2.4 跨产业升级及案例分析

企业的创新成果推动了企业向其他具有更高附加值产业的扩展和转移。跨产业升级具有广泛而巨大的空间，既可以应用于制造业之间的融合，也可以应用于传统产业与新兴产业之间的融合，还可以应用于传统制造业、新兴产业与服务业之间的交叉融合。跨产业升级可以带动产业链向上游或下游延伸，还可以带动产业向其他领域延伸[14]。

湖南广播影视集团在全国广电系统改革的背景下，筹建了第一家省级广电传媒集团，随后改组成立了湖南广播电视台和芒果国际传媒有限公司，之后电视台与芒果国际传媒又组建了湖南广播影视集团有限公司，充分说明传统媒体机构在转制、转企的过程中艰难探索，并同时伴随着传统媒体与新媒体的融合和创新。[15]

在节目内容制作方面，积极与内容制作商合作，加强制作实力，开发新节目和新内容，同时也开启与电子商务公司的合作。2009 年，湖南卫视与淘宝网宣布双方共同出资 1 亿元组建合资公司"快乐淘宝文化传播有限公司"，主营业务包括策划制作每周日晚在湖南卫视播出的节目《越淘越开心》，同时运作独立于淘宝的外部电子商务（电商频道）网站——嗨淘网。[16] 这一合作创建出了电子商务结合电视传媒的创新商业模式，开创中国第一家可以边看电视、边上网购物的商业模式。"快乐淘宝"的建立进一步打通了产业上中下游之间的壁垒,形成了新的媒介产业链。新的产业链创造了新的增量空间,它从根本上转变了湖南卫视原有的电视产业的增值模式,在原有的内容生产之外又形成了物质生产的功能。

在移动互联网等新兴技术的发展推动下,用户的交互、社交功能需求被极大激发,湖南卫视积极抓住机会,2012年与上海宏蝠网络合作打造了首款移动社交应用——呼啦。呼啦诞生13天,用户总互动次数便破千万次,每天新注册用户以近5万的速度增加。呼啦的社交功能得到全面展现,全屏识别功能大大增强了用户与电视互动的便捷性,用户坐在沙发上就可以实现互动,不再需要跑到电视前扫描二维码。设有直播聊天室,邀请湖南卫视节目主创、嘉宾、主持人等做客,与用户零距离交流;设置呼啦星球游戏排行榜,全球呼啦好友互动游戏PK,直播互动指引,直播过程中置顶消息将提醒用户扫描二维码及图形互动。与一般电视所涉及的互动体验不同,呼啦打破时间、空间的局限,突破了传统的短信互动、网络征集和投票等互动方式,为电视观众和手机用户提供了新一代增值体验。它区别于传统的手机用户之间的强关系,在众多电视观众相互之间的弱关系中,把手机用户与电视观众连接起来[17]。

湖南广电在不断创新中向互联网行业扩展和转移,构筑芒果生态链,其主要的做法如下:

(1) 从服务观众向服务用户转型

大力投入、开发、应用新媒体,形成全媒体格局,打造"一云多屏、多屏开花"的新传播生态,实现产品的多样化、渠道的多元化、平台的规模化,最终实现从服务观众向服务用户转型[18]。

(2) 变内容产品为IP资源

传统的媒体经营主要依靠内容产品的收视率来赚取广告费。而湖南广电是围绕主业建立一种新生态,减少主业的不可控因素以及可能带来的风险,围绕一个创新IP,全方位开发,延伸产业链[19]。

"个性定制"+"粉丝经济"+"衍生产品"是常规套路。《爸爸去哪儿》是电视节目IP开发的成功案例。一方面将电视内容产品放大为电影、图书出版物,如《爸爸去哪儿》大电影的票房超过7个亿;另一方面将传统内容业态延伸到手游、动漫产品等新业态,如2013年11月上线的《爸爸去哪儿》手游目前注册用户已上亿,日活跃用户超过300万。另外,通过网络电视,粉丝用户可以通过专区功能与节目进行趣味互动,如投票支持喜欢的明星参加节目、互动答题赢取节目嘉宾签名照、累积芒果豆兑换精美礼品等。

实现全产业链的内容开发,需要组织架构以及机制的调整。芒果传媒为此拿出的解决方案是精准授权管理，启动一种协同机制，即同样的 IP（版权产品），不同产品推进的协同机制，例如游戏业务就授权给游戏公司，电影业务就授权给电影公司。

(3)"内容+平台+终端+应用"的生态链布局

在"内容"方面，湖南卫视脍炙人口的综艺节目是其核心内容。在湖南广电的前两轮改革中，湖南卫视的品牌知名度得以逐步建立。2002年启动的第二轮改革以内部整合为目标，关键是创建三大平台，即播出平台、生产平台、营销平台。在此阶段，成功推出了《超级女声》《快乐男声》等大型娱乐节目。

在应用和终端层面，湖南广电也做出了探索。2012年，一款由湖南卫视出品、面向客厅用户的移动互联应用——呼啦面世，这款应用不仅连接了电视大屏和个人私享的手机小屏，也打通了与湖南卫视各节目、电视剧的捆绑和联动，透过一方小小的二维码将线上节目和线下活动紧密结合在了一起；在终端方面，芒果 TV 已陆续与三星、TCL、长虹、海美迪、华为等多家厂商合作，形成了一系列的芒果家族产品。在电视一体机方面，与三星、TCL、长虹等推出一系列智能电视；在机顶盒方面，与华为联手推出机顶盒自有品牌芒果派，与海美迪合作推出芒果嗨 Q 系列。

(4) 向市场生态转变

当前传媒业的市场化程度越来越高，传统媒体要转体制、转身份，大胆进入市场的蓝海，把可经营性资产拿出来进行整合，全力打造市场主体——芒果传媒，走专业化、规模化、集约化的市场之路。在这个生态圈中，湖南卫视是全台内容创新引擎和发动机，是龙头；芒果传媒是全新体制机制下的合格市场主体，是市场平台。

9.3 创新的知识产权战略

制定实施企业知识产权战略，加大知识产权管理投入，综合运用商标、专利、著作权以及技术手段加强创新成果的知识产权保护。

9.3.1 创新不同阶段对知识产权的利用策略

创新的不同阶段要采取不同的创新战略，如图 9-3 所示。在创新项目的开发和实施阶段，可以通过对专利信息的分析，帮助本企业解决在创新项目开发过程中遇到的相关问题，解决现有的技术难题，或者给遇到的问题提供线索。企业如果有了新的技术之后，也一定要根据自身的需求来决定是不是要申请专利。

在产品投向市场的阶段，通过对核心专利的利用，来确保自己的收益能够得到保障。一方面，如果自己的专利技术被别的公司使用，要收取专利保护的费用；另一方面，利用自身的技术优势，来获取市场上更多的竞争优势。同时也要考虑把现有的专利用于未来产品的开发。公司也可以利用其他企业的专利信息来获取其他企业的相关情况。

总之，对专利技术或者知识产权的使用，会贯穿于创新管理的各个环节，专利技术不仅能保护企业自身的权益，让企业的创新活动能够得到应得收益，同时还可以建立起企业和竞争者之间的竞争壁垒。

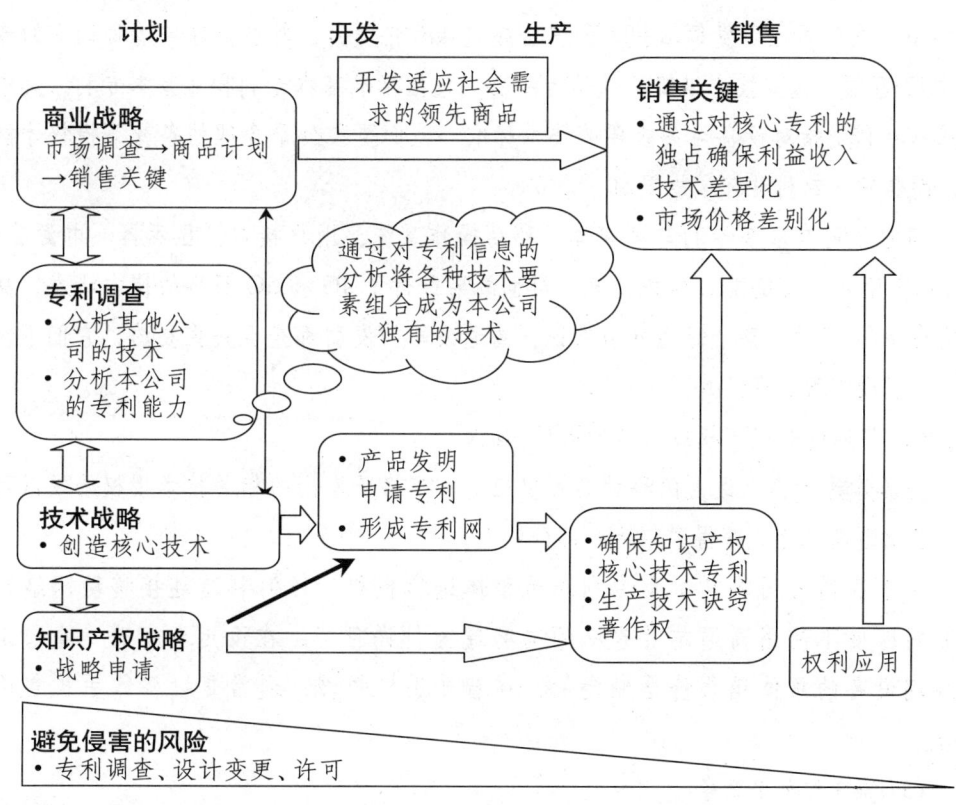

图 9-3　创新不同阶段对知识产权的利用策略

9.3.2 知识产权战略案例分析

知识产权战略给很多初创企业带来烦恼，甚至是很多麻烦以及巨额的经济负担，但同时也是很多创新型企业竞争的壁垒，甚至成为企业获益的主要模式。高通公司就是这样一家企业。

案例 9-4 创新的知识产权战略——高通公司的战略分析

(1) 高通是一家什么样的公司？

高通一直以研发和生产连接蜂窝网络的芯片闻名，其 Snapdragon 处理器堪称是移动设备的最强大脑。市场研究机构 Research and Markets 指出，2016 年出货的 59% 智能手机使用高通的调制解调器，其次则是中国的联发科（占 23%）。高通公司是苹果、三星以及其他手机制造商关键组件的供应商。

除了处理器，高通还发明了移动设备上使用的很多其他技术。高通表示，在过去 30 年中，该公司在研发领域投入的资金超过 440 亿美元，其在全球申请和拥有的专利超过 13 万项。这些技术以蜂窝通信为中心，包括标准基本专利和非基本专利。其中标准基本专利是指对设备至关重要的技术标准，他们要在公平合理的条款下授权才能使用，而非基本专利没有这些限制。

高通公司有很多专利与多媒体、移动操作系统、用户接口、显示器、电源管理、Wi-Fi、蓝牙、飞机模式相关。该公司也最早进行了 4G 和 5G 网络的技术研发。高通在文件中称："对于整个蜂窝网络来说，高通公司的发明都是至关重要的，它们不仅限于手机或调制解调器芯片。"

(2) 高通的知识产权战略是如何运作的？

高通作为世界上最大的移动芯片供应商，它将研发出的相关技术授权给数以百计的设备制造商，为此获得了很大一部分收入。

由于高通公司将其所有专利作为整体进行授权，任何制造连接移动网络设备的公司即使不使用高通芯片也必须向高通支付许可费。在设定费率时，高通是基于终端设备的总体销售价格制定的，在智能手机领域，通常是以整体手机售价为基础。

(3) 高通和苹果之争

苹果公司虽然使用自己的应用处理器，但它依然依赖于第三方的网络连接芯片。自 2011 年推出 iPhone 4S 以来，高通公司一直是这些芯片的供应商。

高通不是按照苹果公司使用网络连接芯片的价值进行收费，而是按照整个设备价值收费。苹果谴责高通公司多年以来一直对与他们无关的技术创新收取不公平的许可费，高通是在对苹果的创新征税。苹果开发出许多独特的功能，比如 TouchID、先进的屏幕以及摄像头等，苹果公司认为不应该为与高通无关的技术突破付费，高通收取的专利更高费用让苹果创新变得更昂贵。

而高通公司则认为如果没有其技术，iPhone 和其他移动设备就不可能成功。其技术不仅仅涉及连通性，还与生产智能手机所需要的多媒体、成像、全球定位系统以及无数其他发明息息相关。双方为此多次对簿公堂。

中国的手机制造商们也需要向高通支付 3G 和 4G 专利费，专利费为每部手机售价的 3.25%。高通首席执行官史蒂夫·莫伦科夫（Steve Mollenkopf）认为随着时间推移，高通的专利价值正在大幅增长。

（4）高通面临哪些法律纠纷？

高通公司的知识产权保护战略一方面使其获得大量收益，另一方面也使其涉嫌垄断行为而受到许多审查。2015 年 2 月，高通向中国支付近 10 亿美元，结束了对其长达 14 个月的反垄断调查。2016 年 12 月，韩国经过三年的调查后，宣布对高通罚款 8.5 亿美元。韩国公平贸易委员会指责高通存在"不公平的商业模式"，并造成垄断行为。2017 年初高通在美国也陷入了困境，美国联邦贸易委员会提起诉讼，指控高通迫使苹果使用其独家使用芯片以换取更低的许可费，以此排除竞争对手，损害竞争。它称高通此举为垄断，并称它通过收取高额的授权费削弱了竞争。高通虽然否认所有指控，但他也在通过知识产权战略获益的道路上面临着越来越多的竞争和压力[20]。

参考文献

[1] 陈劲，郑刚. 创新管理——赢得持续竞争优势（第三版）[M]. 北京：北京大学出版社，2016:418.

[2] 靳晶，吴洁. IP 新时代下的创新力保护——专访国家知识产权局保护协调司副司长张志成 [J]. 小康，2016(26):45-46.

[3] 李明德，许超. 中华人民共和国著作权法 [M]. 北京：法律出版社，2009.

[4] 中华人民共和国商标法 [EB/OL]. https://baike.baidu.com/item/ 中华人民共和国商标法 ?fromtitle=%E5%95%86%E6%A0%87%E6%B3%95&fromid=1404244.

[5] 中华人民共和国专利法 [EB/OL]. https://baike.baidu.com/item/ 中华人民共和国专利法 /4961.

[6] 谭伟，李如香. 湖南省广播影视产业知识产权战略研究 [EB/OL].http://www.mgtv.com/gba/c/20140704/1331436005_2.html，2017.10.31.

[7] 尹钧惠，伦智慧. 企业知识管理与技术创新的关系探讨——基于腾讯公司知识管理实践 [J]. 特区经济，2014, 10:78-79.

[8] 张桥刚. 企业知识管理那些事儿 [EB/OL]. http://tech.sina.com.cn/i/2013-02-22/11098081187.shtml.

[9] 耿庆源. 中国纪录片的行业标准已建立产业化水平提升 [EB/OL].[2017-10-31]http://www.chinanews.com/cul/2013/11-21/5531600.shtml.

[10] 跨越品类周期，如何实现产品升级？[EB/OL].[2017-11-1]http://www.sohu.com/a/72552159_179643.

[11] 叶佳琪. 浅析 3D 电影未来发展趋势 [J]. 今传媒，2014, 6:111, 119.

[12] 乌有.《阿凡达》技术揭秘五项革新重新定义大片 [EB/OL].[2017-11-2]http://news.mtime.com/2009/12/10/1420983.html.

[13] 陈明禹. 原来是它！揭秘谷歌创新的真相 [EB/OL].http://www.ceconline.com/leadership/ma/8800073863/01/.

[14] 毛蕴诗. 以基于创新的跨产业升级推动经济增长 [N]. 南方日报, 2012-3-17.

[15] 电视湘军 VS 上海文广, 千亿媒体航母你看好谁?[EB/OL].http://toutiao.com/i4641200836/, 2015-07-02.

[16] 湖南卫视与淘宝整合的案例分析. [EB/OL]. http://www.docin.com/p-1502911610.html.

[17] 张光照. 电视媒体与移动互联网的融合发展——以湖南卫视官方 APP 呼啦为例 [J]. 青年记者, 2014(26):79.

[18] 吕焕斌：布局芒果生态，改革已经动起手来 [EB/OL].http://bc.tech-ex.com/character/figures/2014/48527.html, 2014-03-26.

[19] 曹素妨. 湖南卫视：打响版权战 [J]. 中国传媒科技, 2014(09):24-28.

[20] 一文看懂高通苹果专利战：对你的 iPhone 有啥影响 [EB/OL]. [2017-10-31]http://tech.163.com/17/0710/12/CP0220V900097U7S.html.

第十章 创新管理与设计实践

创新管理理论和案例分析为企业从事创新活动提供了借鉴和指导,但如何将创新活动付诸实施往往是困扰创新管理者的难题,而设计思维(Design Thinking,DT)的出现为这一难题的解决提供了有力的支持。

10.1 设计思维的起源

设计思维的雏形可以追溯到 1969 年诺贝尔经济学奖获得者赫伯特·西蒙(Herbert A. Simon)的著作《人工科学》,西蒙对自然科学和人工科学做了定义和区分,他指出人工科学离不开人的设计,要将人工的与自然的进行融合,离不开人的思维[1]。1973 年罗伯特·马金(Robert McKim)出版了著作《视觉思维的体验》(Experiences in Visual Thinking),马金深化了西蒙的工作,书中着重于讨论人们可以对感性思维技能进行观察、利用和改进,以及这些技能能够强有力地改变人们的创造力。1984–2003 年在斯坦福大学担任斯坦福联合设计项目(The Stanford Joint Program in Design,D.School 的前身)主管的罗尔夫·法斯特(Rolf Faste)在马金的基础上将"设计思维"定义为一种创意方式,一种实用性的和富有创造性的解决问题的规范化方法,并通过斯坦福的大卫·凯利(David M Kelley)教授得以被 IDEO 及史蒂夫·乔布斯(Steve Jobs)的商业活动所采用。1987 年,哈佛大学教授彼得·罗(Peter Rowe)在著作《设计思维》中首次使用了设计思维这个词,该词第一次走进大众视野。1992 年,理查德·布坎南(Richard Buchanan)发表文章"设计思维中的难题(Wicked Problems in Design Thinking)",表达设计思维在处理设计棘手问题方面具有越来越强的影响力[2]。1991 年成立的 IDEO 公司逐步发展成为设计思维的倡导者,并通过商业化产生全球影响。2005 年斯坦福大学得到 SAP 公司创始人哈索·普拉特纳(Hasso Plattner)的捐赠,成立了哈索·普拉特纳设计学院（Hasso Plattner Institute of Design at Stanford，简称 D.School），"设计思维"作为一种通用方法论走进大学课堂，成为教学课程。设计思维面对企业或社会的实践难题，提供实用和富有创造性的解决方案。今天设计思维被广泛应用于工业、美术、工程、建筑与商业等领域中。

由于应用过程中的学科差异十分明显，因此，人们很难对设计思维做出比较精确的定义，关于设计思维的内涵主要有以下三种理解：

第一种观点是方法观，认为设计思维是一套以人为本进行创新探索从而解决问题的方法论体系，一门通过把技术可能性和商业战略可行性转化为客户价值和市场机会、并用以满足客户需求的方法体系。IDEO 现任总裁蒂姆·布朗（Tim Brown）认为，设计思维是一种方法，它以用户为中心，结合人们的需求、技术的可能性和商业需求来解决创新问题，其核心要素如图 10-1 所示。它有两大核心理念：以用户为中心的设计（Human Center Design）和同理心（Empathy）。所有的工作都是围绕着用户，从服务对象最根本的需求出发，将问题和挑战转化为创新的机遇，并通过快速设计原型及反复测试来寻找有效的解决方案。从洞察客户需求，到构建解决方案，再到原型的验证测试，整个过程会全面考虑人文价值、技术的可行性和商业的可能性，以期到达真正有效的商业创新。

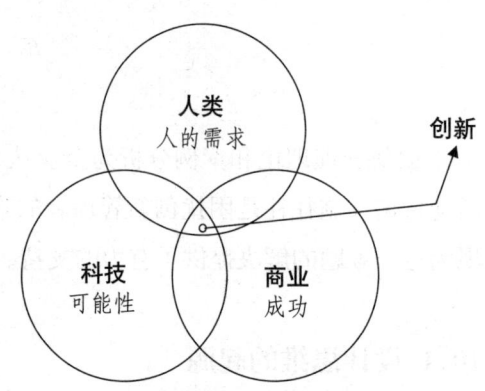

图 10-1 设计思维的核心要素

第二种观点是过程观，认为设计思维是一个分析、创造的过程，它包括对问题的探索，对解决方案的构思、实施和评价等环节，并且鼓励各个部门的人参与到这样一个寻找解决方案的过程中。超市手推车的设计就是其中一个案例。在设计超市手推车这样一个普通产品过程中，参与人员包括 MBA、商场工作人员、商场购物的顾客，还包括心理学家，甚至包括语言学家和历史学家。大家都去感受在超市购物时使用手推车的过程，发现其中存在的问题，基于这些问题提出各种各样的想法，大家对这些想法进行综合分析，找出一个共同认为可行的方案，再设计出原型，然后进行测试。这个过程反复迭代，直至得到满意的产品。设计思维的整体思路，是一个针对问题进行发散寻找到问题的最根本原因，或者是寻找用户最根本的需求，基于用户最根本的需求再进行发散，找到多个不同的解决方案，在多个不同的解决方案基础上进行收敛，找到最终可行方案的过程。学者和业界对这个过程进行研究，又分成若干步骤，例如鲁百年博士将这个过程开拓成三个阶段七个步骤。鲁百年博士的三个阶段分别是探索阶段、设计阶段和交付阶段，七个非线性流程分别是背景理解、人文观察、主题制定、方案设计、原型制作、行动计划、故事讲述，其中方案设计包括信息探索、狂野创意、想法聚类、优化完善、优先级别、可行分析的迭代过程。

第三种观点是能力观，认为设计思维就是设计者区别于他人的一种复杂的思维能力。

人们在尝试界定设计思维的内涵时，切入的角度是不相同的，也让我们看到设计思维内涵的复杂性与丰富性。我们可以从下面几个方面来描述设计思维：

其一，设计思维是人的智能结构的重要组成部分，它倡导通过与现实问题的连接来促进人们完善智能结构[3]。

其二，设计思维是由设计与思维两方面内容构成的，设计与思维是相互依存，相互促进的。通过对思维的不断激发来促进灵感的产生，从而支持设计的创新，设计自身的不断颠覆与重构也促进思维的发展。

其三，设计思维是生成性的，可以通过问题的解决过程得到不断强化。设计思维在解决具体问题的过程中得到体现。设计思维更加强调从发现问题到构思问题的解决方案，直到形成最终的问题解决方案[4]。具体而言，设计思维更加强调设计者如何对问题进行系统分析，如何综合使用自己的已有知识和能力，以及如何在权衡与对比中达成对问题的最佳解决路径，进而丰富和完善自身的设计思维层次。同时，这个生成性的过程通过多种多样的形式可以被记录下来，同样设计者的思维变化轨迹也可以通过这些过程记录被观察到。

其四，设计思维是创造性的，可以通过设计者的设计制品等进行度量。设计思维的最终结果往往通过设计者创建的设计制品来体现。这种制品区别于学习者的一般性作业的标志在于其具有清晰的问题解决思路和方案，而且强调设计制品应建立在满足人的基本需求的基础之上，并能从应用转化的角度来考察制品的质量。

综上分析，我们认为设计思维是指人们在遭遇复杂的现实问题时，能够综合运用自己已有的知识和能力，通过设计与思维双螺旋结构的相互依赖与促进，不断生成新的问题解决策略，进而创造性地形成解决问题的思路与方案。设计思维不但适合于产品的创新设计，还适合于战略、流程和服务等的创新设计，为管理咨询业提供了新的工作方法和模式。

10.1.1 从第一个商用鼠标说起

1964 年,全世界第一个鼠标诞生于美国加州斯坦福大学,它的发明者是道格拉斯·恩格尔巴特(Douglas Englebart)博士。恩格尔巴特博士设计鼠标的初衷就是为了使计算机的操作更加简便,以此替代操作键盘的烦琐。当时还没有"鼠标"的名称,这个新型装置是一个小木头盒子,里面有两个滚轮和一个按钮。它的工作原理是由滚轮带动轴旋转,并使变阻器改变阻值,阻值的变化产生位移信号,经电脑处理后屏幕上指示位置的光标随之移动。1973 年它首次应用在施乐(Xerox)的阿尔托(Alto,人类历史上第一台个人电脑)计算机系统上,但它价格昂贵并难以制造。

1980 年乔布斯要求 IDEO 为他的新型计算机 Lisa 开发一款鼠标,要求性能更加可靠且价格低廉。设计团队放弃了早期鼠标中所采用的昂贵的组件,将其替换为更容易制造的组件,该组件今天仍几乎用于所有机械鼠标中。苹果的 Lisa 计算机鼠标(如图 10-2 所示)成为第一款完全商业化的鼠标。

在设计 Lisa 鼠标时,IDEO 的创始人大卫·凯利(David Kelley)基于设计思维的理念,以用户为中心,充分观察用户的行为,洞察用户背后的真正需求,设计出成百上千的原型,再不断地测试、迭代,最终设计出

图 10-2　IDEO 为苹果公司设计的 Lisa 鼠标

这款经典的鼠标,这是第一款完全商业化的鼠标,做到了性能可靠且价格低廉。经过不断的改进,鼠标才成为了今天我们熟悉的样子。鼠标在电脑使用的便利性上起到了革命性的推进作用[5]。

10.1.2 IDEO 公司——将设计思维概念商业化的公司

IDEO 是第一家将设计思维的概念商业化,以设计思维作为公司的核心思想,并贯彻落实到其实际工作当中,成功地将设计思维和产品设计相结合的商业创新公司。IDEO 成立于 1991 年,由三家设计公司合并而成,这三家公司分别是大卫·凯利创立的大卫·凯利设计室、比尔·摩格理吉(Bill Moggridge)创立的 ID TWO 设计公司和迈克·纳托尔(Mike Nuttall)创立的 Matrix 产品设计公司。IDEO 运用以人为本的理念,通过

设计帮助企业和公共部门进行创新并取得发展。

IDEO 公司的业务范围[6]：

◆ 观察人们的行为，揭示潜在需求，以全新的方式提供服务。

◆ 设计商务模式、产品、服务和体验，呈现企业发展的新方向并提升品牌。

◆ 帮助企业打造创新文化，培养创新能力。

IDEO 在早期致力于产品设计开发。无论何种产品，总是由了解终端用户开始，专注聆听他们的个人体验和故事，悉心观察他们的行为，从而揭示用户隐藏的渴求，并以此为灵感进行设计。IDEO 发现这样的方式同样可运用于产品之外领域的创新，包括服务、界面、体验、空间和企业转型。无论何种创新，都是来自三个方面的最佳结合点：用户的需求性、商业的延续性以及科技的可行性。

IDEO 的所有工作都充分考虑了客户的能力和消费者需求。在重复流程获得最终解决方案的同时，IDEO 会不断评估改进自己的设计。IDEO 的目标是交付正确的、可执行的、具体的战略，帮助用户走上建立在商业盈利和市场需求基础上的创新成长路径。

IDEO 公司运用设计思维的经典案例是在短短五天之内重新设计人们日常使用的超市购物车，基本过程如下：

（1）以用户为中心的需求洞察（User-Centric Insighting）

"重新设计购物车"任务开始的第一天，由拥有不同背景的成员组成的 IDEO 创新团队走进超市，观察普通民众、咨询专业人士。通过这一整天的"体察民情"，创新团队基本确定了新的购物车要达到的三项目标：让采购更加便捷、让儿童更加安全、防止偷窃。

（2）深度且多样的创意设计（Deep and Diverse Ideating）

第二天上午，创新团队围绕第一天明确的三项目标展开了头脑风暴，经典的集体讨论原则被印在墙上，其中就包括"鼓励奇思妙想"和"不妄下结论"。经过几个小时的讨论，当几百种新奇的点子和草案挤满了墙壁之后，大家开始投票选举最棒的设计，同时要注意设计不能太过理想化，因为必须在几天之内就能生产出来。

（3）快速且廉价的反复迭代（Rapid and Cheap Iterating）

在第二天上午投票选取出代表性的创意之后，创新团队重新分组，与 IDEO 的机械师、模型制作师一起，限时 3 小时，开始动手制作第一轮模型。第一轮的几组模型各有千秋，创新团队结合这些模型的优点，就马不停蹄地开始了下一轮的模型制作。经过第三天、第四天的不断修改、迭代，创新团队终于在第五天的早晨交付了令人满意的成果。

当这辆全新设计的购物车出现在全食超市（Whole Foods，美国一家公司）的购物通道上时，赢来了无数惊奇的目光。它不再是四四方方，而是拥有优雅流畅的线条，敞开式的框架使得五个手提篮可以灵活地放置于购物车的上下两层，这样购物者可以把购物车当做存储基地，只需要带着手提篮进入可能会有些拥挤的货架区拿取商品；儿童座位则借鉴了游乐园的安全护栏；车上还有一个用来结账的条码扫描头、两个咖啡杯座和可以巧妙调节方向的后轮；取下手提篮后的购物车只剩下几根铁架子，几乎派不上什么用场，从而可以有效规避被偷盗的风险。

10.1.3 斯坦福的 D. SCHOOL

D.School 是 2005 年由斯坦福大学在 SAP 公司创始人哈索·普拉特纳博士赞助下成立的设计学院，名为"斯坦福大学哈索·普兰特纳设计学院"（The Hasso Plattner Institute of Design at Stanford，简称 D.School）。D.School 的目标是培养复合型的、以人为本的创新设计师。

D.School 的教学机制迥异于寻常的教育机构，不提供学位教育，学院没有常规意义上属于自己的学生，课程向斯坦福大学的所有学生开放，包括本科生、硕士生和博士生。教学课程都是项目驱动的以体验式方式完成，强调跨院系学生合作，共同应对现实世界的挑战。参加 D.School 学习的学生，有的可能想努力成为设计专家，有的想增强自己在自身学习领域的能力。D.School 相信每个人都有创新能力，它试图教会学生使用一些设计思维的方法和工具，帮助学生挖掘自己的创新潜力，并将其应用于解决现实世界的问题。由于没有学位教育的要求，D.School 的教学模式不重视一般意义上的系统性，而是强调针对性和实用性，回归到了设计的实践属性。

10.1.4 德国的 HPI 学院

2007 年哈索·普拉特纳博士在德国的波茨坦大学（University of Potsdam）成立了哈索·普拉特纳学院 HPI（Hasso Plattner Institute）。

HPI 设计思维学院有分别针对在校学生、专业职场人士和研究人员开设的课程。HPI 设计思维学院对所有专业的在校学生开放，学习分为一个学期或两个学期：基础学习和可选性的进阶学习。在学习期间，学生以小型的多学科团队进行学习和工作，并由经验丰富的设计思维教练陪同，这样学生可以学习如何在团队中发展创新。在基本学习阶段，学生将了解设计思维，并可以尝试不同的学科领域。基础学习是从一个为期一周的项目开始，介绍设计思维的方法和思路。在接下来的一周、三周和六周的项目中，学生需要积极调查用户，与团队紧密合作，制作出原型。而在进阶学习阶段，深度体验具有本领域先进知识的设计思维家的工作。在一个为期十二周的项目中，学生进一步熟悉设计思维的方式方法。学生与外部合作者密切合作，外部合作者可能是大型公司、公共机构和非营利性组织。

针对专业职场人士，HPI 学院为企业和组织提供设计思维培训。学员可以学习问题解决工具和思维模式，以适应经济转型和当今的变化压力并学以致用。这些为专业人士提供的内容包括公开课、为期三个月的职业课程和定制课程。而针对研究人员，波茨坦和斯坦福的哈索·普拉特纳设计思维研究项目（Design Thinking Research Program，DTRP）处理的问题包括怎样改进设计思维，如何取得现有的成果以及如何在企业和组织环境中持续实现创新等。

10.2 设计思维的工具和工作步骤

10.2.1 设计思维的主要工具

在设计思维里面，经典实用的工具有若干。工具很常见，不同的问题可以使用不同的工具。

（1）开放的空间

采用设计思维解决问题时，要求空间是开放性的，能够让大家自由的活动，充分地交流。在设计思维的空间里，通常配备的椅子数量是少于参加者的数量的，通过这样的模式鼓励大家的流动性，促进大家的交流。

（2）便签贴

当大家在进行交流时，便签贴成了一种记录大家思想的非常重要的工具。五颜六色的便签贴可以代表不同的见解，人们利用便签贴和白板进行讨论。便签贴为大家用设计思维的方式解决问题提供了便利，可以很方便地鼓励大家进行发散思维，便签贴的便利性又可以便捷地将大家的想法聚类，并通过征集大家的观点获得集中的想法。

（3）白板

通常在这个空间里会配备白板（一种重要交流工具），白板意味着设计人员可以在上面随意勾画和涂写，让参与者可以随时将自己的想法表达出来，并且随时随地进行讨论。白板可擦除的特性又鼓励大家不要对预提出的想法有顾虑，这本身就是一个相互促进，不断激发大家思考的过程。而且一个人在勾画的过程中，小组的其他成员是可以看到的。这种环境就是想鼓励大家充分共享自己的观点，相互激发，找到更多的解决方案。

(4) 彩笔

各种颜色的水彩笔为参与者表达自己的想法提供了更多可能，增加了相互理解和沟通的深度。多彩的颜色还可以提高大家的积极性，提高产出的效率。

讨论的过程和结果通常鼓励大家以图形化的语言表达出来，一方面这种表述更直观，可以让表述者的思路更集中，鼓励大家的创造性思维，另一方面可以把讨论成果更加系统化地表达，更容易得到好的结果。

10.2.2 设计思维的工作特点

为了更好地使用设计思维工具，将其工具的使用特点总结如下：

(1) 规则可视化

头脑风暴法是设计思维解决问题时常用的方法，但人们很难记住相应的规则，即使记住了，也很难遵守。为了让头脑风暴的规则深入人心，发挥高的效率，可借助图形化的方式帮助参与者理解并遵守规则。请参与者在10分钟内用草图的形式直观地画出如表10-1中所要求的九条规则。

表10-1 头脑风暴规则可视化

聚焦主题、不跑题	不能说"不"	基于他人的想法获得更好的想法
没有领导和员工之分	不急于判断、不批评、不指责	每张便签贴写一个点子
鼓励狂野的点子	点子多多益善	以客户为中心

(2) 想法文字化

很多人都参加过讨论会，效率低、争论多、成果少往往成为讨论会的常见结果。为了避免这些结果，可以将想法写在便签贴上用文字表述出来，并且不同的想法还以通过聚类的方式得以集中，通过投票的方式寻找到大多数人认可的方案。便签贴就是非常得力的将想法文字化的工具，并且可以帮助实现想法的聚类和提炼，其过程如图 10-3 所示。

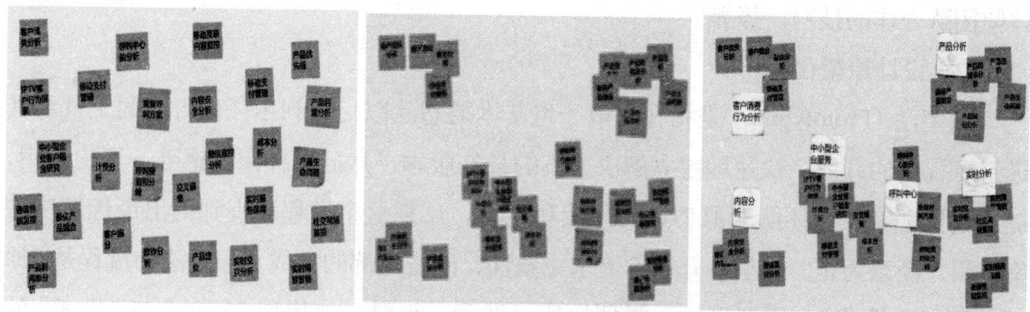

图 10-3　通过便签贴实现想法文字化和观点聚类

（3）过程游戏化

在基于设计思维的工作模式中，通过游戏帮助大家进入工作状态，通过游戏让大家对工作的方式有更好的理解，其中棉花糖游戏就是非常经典的一款游戏。

游戏规则：

时间：18 分钟

人数：3—4 人一组

目标：在规定的时间内，不借助任何外力搭建稳定站立的塔，棉花糖一定放在塔顶

材料：意大利面 20 根、一根一米长的胶带、一根一米长的棉线、一颗棉花糖、一把剪刀，如图 10-4 所示

优胜者：在规定时间内搭建的塔身最高的小组

意大利面20根　　胶带1米　　棉线1米　　棉花糖1颗　　剪刀1把

图 10-4　棉花糖游戏材料

游戏要求：将所有参与者分成 4 个人一个小组，利用上面的道具，在 18 分钟内，不借助任何外力，看哪个组搭建的棉花糖塔最高，要求棉花糖必须放在塔的顶部，塔的高度从塔的底部到棉花糖的高度计算。棉花糖不能被破坏，意大利面条可以剪断，但是如果不小心折断的，可以带着全部残品跟老师调换。裁判在整个过程中，每隔 5

分钟提醒大家一次时间,15分钟后,每分钟提醒一次。

通过这一游戏的设置,可以帮助课程调节氛围,可以让大家快速地理解原型法,体验团队合作的技巧,等等。

(4) 设计原型化

原型法(Prototyping)是指在获取一组基本的想法以后,利用任何可行的工具将其进行可视化的开发,快速地建立解决方案的最初版本,然后设计团队感受、用户试用,提出建议和意见,团队对原型进行修改和完善。反复这个过程,直到得出最优解决方案,用户满意为止。原型一开始不追求完整性,而是局部的完成。原型法的流程是"原型—测试—迭代"。原型思维,强调快速、准确、粗糙——体现"行动"与"思考"的快速平衡。换句话说,通过想,知道了"怎么做";通过做,思考更深入。在反复做的过程中,不断接近目标。原型思维以"做出来"(Just Do It)为主导,强调"创建未来"(Making the Future),而不是"谋划未来"(Thinking the Future)。

原型(Prototype),是创意"实体化"的关键步骤。它可以是草图、线框图、故事板,或者是用橡皮泥、纸板、乐高玩具、现成物品等建立的粗糙产品,也可能是一次角色扮演、场景与情境的再现。电影制作前的故事板、大型油画绘制前的草图、城市立交桥的微缩模型、歌曲小样等都可以算作原型,他们可以被反复制作、拆毁、推翻、重构,却不用花太多的代价。

原型法体现了从"图纸"到"产品"、从"单一的线性行动"走向"循环工作"的趋向。在高速变化的数字时代,迭代的可能性在提高,代价在降低。原型法的"原型—测试—迭代"过程,也是验证式学习(Validated Learning)的过程。在不断改变中不断评估,衡量产品的进步,通过对原型的探索,不断回到问题的核心。

原型具有多重功能:团队内部沟通、用户测试、自我反思、客户反馈、商业试验等。原型具有极强的综合性,不仅执行创意,实现创意,还能洞察创意全过程。目前有不少公司提供开发原型的工具或平台,例如Axure、Justinmind、Mockplus和Marvel等,使我们能够更加快速、高效地创建原型。

(5) 描述故事化

从远古时代开始,人类就通过讲故事的方式来传授经验,认识未知世界。自然进化让人类大脑对于讲故事这种信息接收处理模式变得越来越强、越来越敏锐,直到现在,人的大脑对于故事仍然"不可抗拒"。

讲故事已被无数次证明是沟通交流、说服他人的利器。故事思维对于用户体验设计的作用远远不止于此,除了帮助你的设计方案被买单,鼓励沟通合作外,故事思维还可以应用到设计的全流程中，探索理解目标用户及其所处的领域情境，激发创意，创建设计原型，评估设计[7]。故事化的方式有以下特点：

◆ 以人为中心的描述视角

每一个故事都有主人公，即使是丑小鸭的故事，也是通过拟人的视角去叙述。所有故事都要向观众交代：他是谁？他想要做什么？他的动机是什么？对于设计师来说，需要弄清楚的是目标用户是谁？他的目标和动机是什么？

◆ 基于情境的描述激发共情和想象

我们没有去过19世纪的伦敦，但可以想象福尔摩斯是在一个怎样的城市里与犯罪行为斗争；我们也没有见过飞檐走壁，却能够想象武林高手凌波微步、踏水无痕的样子。人的大脑能自动填补上故事的留白，而优秀的作者更是能通过环境、心理等细节的描写让读者仿佛身临其境，唤起读者最大程度的想象和与故事人物的共情。当设计师身处陌生的业务领域时，所面临的一大挑战是如何让团队统一对问题和目标的认知，而集体的共情体验是团队达成认知统一非常有效的途径。

◆ 冲突矛盾是贯穿整个叙述的核心线索

在故事中，必然有着冲突矛盾，这可能是内在的矛盾也可能是外部矛盾。冲突是整个故事的戏剧张力所在。对于产品设计来说，用户所面临的困难和痛点是设计机遇所在——找到痛点，并解决它。

◆ 每一个故事都有开始、过程与结尾

每一段的体验便如一个故事一般，有着开始、过程与结尾，开始起于用户与产品/服务的接触点、过程中的核心体验以及用户离开时的终值体验是否让其满意是用户留存的关键因素。如图10-5所示。

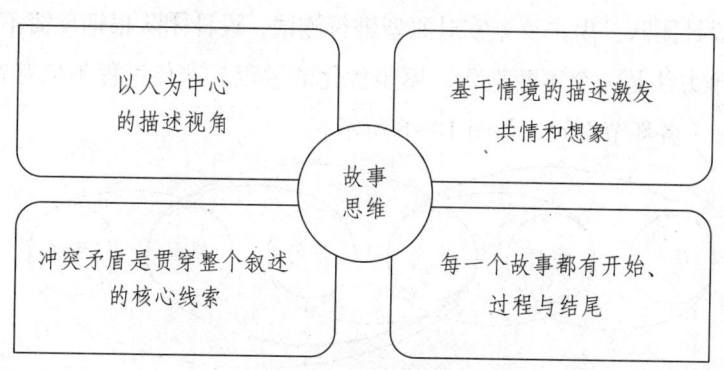

图10-5 描述故事化的关键特点

故事化设计思维是对设计深入的探索与研究。它不是单纯的偏执型的思维方法，它不是鼓励设计故事化而忽略其他的设计准则或是功能，而是不断追求从新角度去创造具有引导和创造性的产品[8]。通过故事化的描述方式让设计的理念能够被用户更好地理解，让投资者能够对项目充满信心，让设计者能够更快速准确地找到革新的方向。

10.2.3 设计思维的工作步骤

研究设计思维的机构主要有斯坦福的 D.School，德国波茨坦大学的 HPI 和 IDEO 公司，也有不少学者进行设计思维的研究和实践。这些机构和学者所提出的设计思维工作步骤略有不同。下面重点介绍 HPI 设计思维工作步骤。

HPI 将设计思维工作步骤分成 6 步，分别是理解（Understand）、观察（Observe）、定义（Define Point of View）、设想（Ideate）、原型（Prototype）和测试（Test），这六个步骤是反复迭代进行的，直到得到满意的解决方案。

理解：以用户为中心是设计思维的主导思想，所以在设计过程要采取多种方式，例如访谈、调研和体验用户经历等方式，深刻地理解用户最深层次的价值需求。

观察：从第三方的角度进行观察，获得用户资料，发现在产品、服务或者流程等方面客户的需求和存在的问题。根据观察到的现象，进行分享、讨论、展示，将获得的信息进行分类总结。

定义：在总结分析现象的基础上，明确要解决的问题。

设想：用头脑风暴等开拓思维的方法，获得大家各种想法和点子，对想法进行聚类，列出优先级，找到相对可行的设计方案。

原型：用画图、模型、讲故事、计算机软件系统等方式，用最短的时间和最低的成本做出初步的解决方案。

测试：设计团队、用户及专家对原型进行测试，设计团队根据反馈不断改进原型。

设计思维方法是一个不断迭代、逐步优化的过程。迭代过程不但存在于各个环节内部，也存在于各环节之间，如图 10-6 所示。

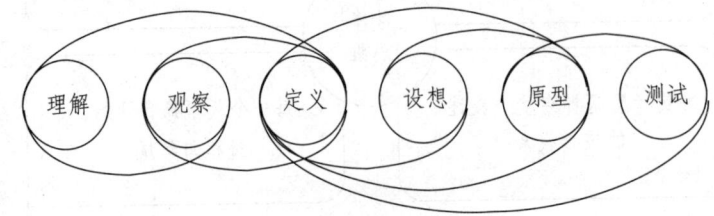

图 10-6　HPI 设计思维工作步骤

除了 HPI 的 6 步设计思维工作步骤，SAP 将设计思维的工作分成客户期望、可行性方案设计和给客户带来的利益价值三个步骤。第一步探讨问题的范围，创新团队与客户共同酝酿创新的解决方案；第二步设计可行性方案，对方案进行合成和优化，找出实现方案的路线图；第三步主要是分析方案给客户带来的价值，每一步的内部都有其循环。IDEO将设计思维的工作分为启发、设想和实施三个阶段。启发阶段包括认知、观察和总结三步，目的是激发人们的好奇心来寻求问题的解决方案；构思阶段利用头脑风暴、原型设计和创意测试等，循环迭代，完善问题的解决方案；实施阶段包括沟通和实施两步，实现第二阶段的解决方案。

10.3 创新管理理念和设计工具在实际案例中的应用

为了更好地说明设计思维工具与创新管理理论的结合，本书以"后发医疗"的创新过程为背景，分析了其创新不同阶段使用设计思维工具的过程。

10.3.1 后发医疗案例背景介绍

后发医疗健康产业集团成立于2015年，依托自主研发的国际化大数据健康管理平台，成为中国管理专业、实力雄厚的医院管理公司，目前主要管理的科室有眼科、耳鼻喉科、口腔科、妇科、泌尿外科、医美整形科、基因实验室等。

2015年，原来在银行工作的后发科技创始人开始创业，主要目标是为哮喘病人提供院外的康复服务，为此成立了中国首个哮喘控制保障平台，注册企业名称为"后发科技"。最初，后发科技服务定位是一家专业院外疾病管理服务平台，为患者提供全面的疾病管理服务及适合的金融产品，为医生提供专业的患者管理服务，减轻门诊压力，积累随访数据，通过积累患者数据资源，为医疗科研做基础储备。盈利模式主要是向患者提供远程医疗检测和咨询服务。

但是这种设计看似完美，在市场上却没有得到用户的青睐。一方面，哮喘病不是短期能够恢复的季节性疾病，病人不愿意每年支出几千元的费用购买看似并不能抑制疾病复发的服务，而且对远程医疗的专业性、及时性也有所质疑。另一方面，一二线城市的医院面对大量的门诊病人已经忙得焦头烂额，对远程的服务也难以顾及。因此，后发科技在最开始时并未找到合适的盈利模式，之后在实践中不断调整业务模式，开发了医联体科室共建业务，取得了更好的运营业绩。

基于这一实际创新项目的背景，结合创新管理的理论和方法对其业务开发过程进行设计，一方面通过实例说明创新方法的应用过程，另一方面为实际创新项目的开发提供借鉴。

10.3.2 后发医疗客户需求分析——客户旅程地图

以用户为中心是设计思维的主导思想，所以在项目初始阶段要采取多种方式，例如访谈、调研和体验用户经历等，深刻地理解用户最深层次的价值需求。

对于初创企业或者是小的创新项目，在最初的时候可能还无法顾及战略和组织架构，更重要的是为自己的产品找到用户，或者是依据用户的需求设计产品和服务。如何能更好地理解市场和用户，同理心的理念和客户旅程地图是不错的工具。

后发医疗最开始的服务目标用户是哮喘病人，本书用客户旅程地图对哮喘病人的真正需求进行了以下分析，如图10-7所示。

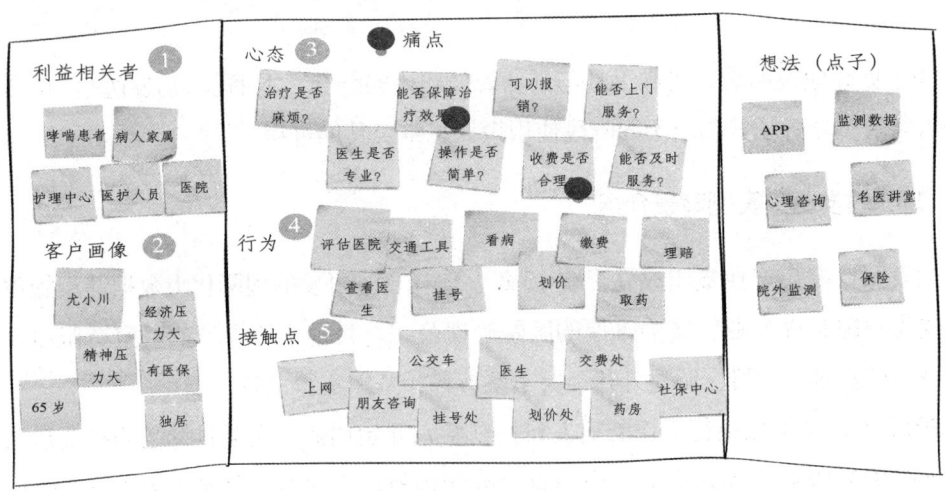

图 10-7 哮喘病人客户旅程地图分析

（1）利益相关者分析：与哮喘病人有关的利益相关者包括病人家属、其他哮喘患者、护理人员、医生等等，这些都是在患者治疗期间有可能与其发生关系的人员，同时也是可能为患者治疗提供条件的人员。

（2）客户画像：为了更好地为特定的用户群体提供有针对性的服务，为患者画像，假设患者名叫尤小川，年龄65岁，男性，精神压力较大，等等。通过这些信息，能将目标用户群体的情况进行统计汇总。

（3）行为分析：是分析用户在接受服务的过程中所采取的一系列行动，借此可以对服务的环节进行细化，为提出创新点提供支持。

（4）接触点分析：依据用户的行为对其在不同环节可能接触到的人、设施等进行分析，这是将来解决用户问题可能用到的资源或改进的对象。

第十章 创新管理与设计实践

(5) 心态分析：依据用户的行为对其在不同活动中的心态进行分析，例如刚刚发现不适的时候考虑是否要就医；确定就医后考虑的是去哪家医院；在选择医生的过程中又可能存在的迷茫和困惑。

(6) 痛点分析：基于心态分析，寻找到对用户来说最困难的部分，并用红点标出，假设能否保证治疗效果和收费是否合理是用户最为关注的问题。慢病三分治（院中治疗），七分养（院外康复），目前国内缺少好的院外管理工具，导致患者依从性差，治疗效果不佳。哮喘病复发率高，导致就诊次数、住院次数增加，治疗费用高，经济压力大。

(7) 想法分析：以上几个环节都是站在用户的角度进行分析，而到了提出想法和对策的这个环节，就要站在解决问题的角度进行分析了。针对用户的心态尤其是痛点提出相应的解决对策，为将来项目的创新提供方向。

10.3.3 通过观察进行业务环境系统分析——全局分析地图

从第三方的角度进行观察，获得用户资料，发现在产品、服务或者流程等方面客户的需求和存在的问题，并进行政策、市场、技术等各方面的环境分析，根据观察到的现象，进行分享、讨论、展示，将获得的信息进行分类总结。

(1) 国际环境分析

全球哮喘防治创议（GINA）关于哮喘治疗管理有相应的流程，如图10-8所示。

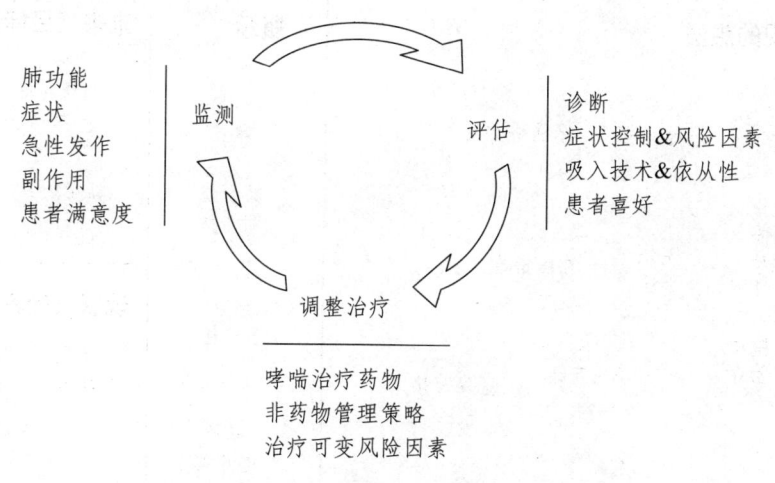

图10-8 GINA哮喘管理流程

(2) 医患关系分析

在疾病治疗中，医患关系一直是各方关注的重点。针对哮喘疾病的治疗后发科技对其医患关系和未来的治疗方案进行了初步分析如下：

20世纪上半叶：寻求医疗保健的主要原因是治疗急性疾病，因此，形成了提供急性疾病医疗服务的卫生保健系统。

20世纪下半叶：人们的医疗观念发生了改变，慢性病开始受到重视，医生变成了老师、合作伙伴和专业的监督管理者，病人必须能准确报告疾病的发展趋势和节奏，遵医嘱调整治疗，并能与医生讨论上述情况。

未来：对哮喘病这样一种慢性疾病，为患者提供教育和培训有效管理哮喘十分重要，这可以通过医患合作伙伴关系而实现。

市场现状：中国98%的哮喘患者未达到GINA哮喘控制标准；中国哮喘患者至少3000万，其中儿童至少占1200万；哮喘患者中，急性发作67%，治愈率近2%。因此，在我国对于哮喘病人的治疗有很大的需求空间。

10.3.4 明确界定要解决的问题——"未来/现状/瓶颈/想法"法

在总结分析现象的基础上，针对用户的痛点，明确要解决的问题。可以尝试使用"未来/现状/瓶颈/想法"进行，这一方法的主导思想是针对某一问题对未来进行畅想，找到最理想的处理方式，并将之与现状进行对比，找到目前存在的瓶颈，明确要解决的问题，进而提出可能的解决方案，如图10-9所示。

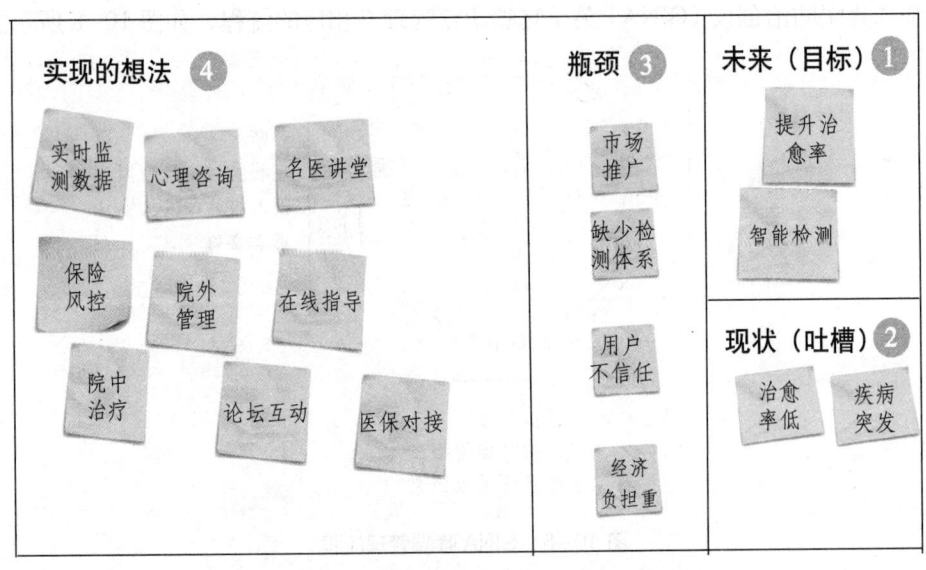

图10-9 "未来/现状/瓶颈/想法"明确要解决的问题

假设对于哮喘病未来最为理想的模式是可以智能检测，并能收到良好的治愈效果，但是目前存在的是疾病突发无法及时发现，治愈率低等问题。造成这两者之间差异的主要瓶颈是缺少疾病检测体系，患者对现有的医疗手段不信任，对新的医疗模式不了解，经济负担较重。主要问题明确了，如果能够解决这些问题，就可以提出新的项目和发现创新机会。而后发医疗也正是发现了这些问题的存在，所以提出了该项目。

10.3.5 形成初步方案——改进的头脑风暴

用改进的头脑风暴、六顶思考帽等开拓思维的方法，可以获得大家各种想法和点子，对想法进行聚类，列出优先级，找到相对可行的设计方案。

后发医疗提出的解决方案是开发一款产品——呼遇APP。这是一款智能哮喘管理工具，通过远程数据监控和人工干预，提升哮喘病的治疗效果，一方面为病人提供平时的咨询和及时的紧急服务，让大多数哮喘患者能够在家中通过预防减少疾病的复发率；另一方面为医院的医生提供科研数据，同时减少医院的病人流量。

10.3.6 设计创新服务原型——商业模式画布

用画图、模型、讲故事、计算机软件系统等方式，用最短的时间和最低的成本做出初步的解决方案。商业模式画布是设计商业模式的非常重要的工具，如图10-10所示。

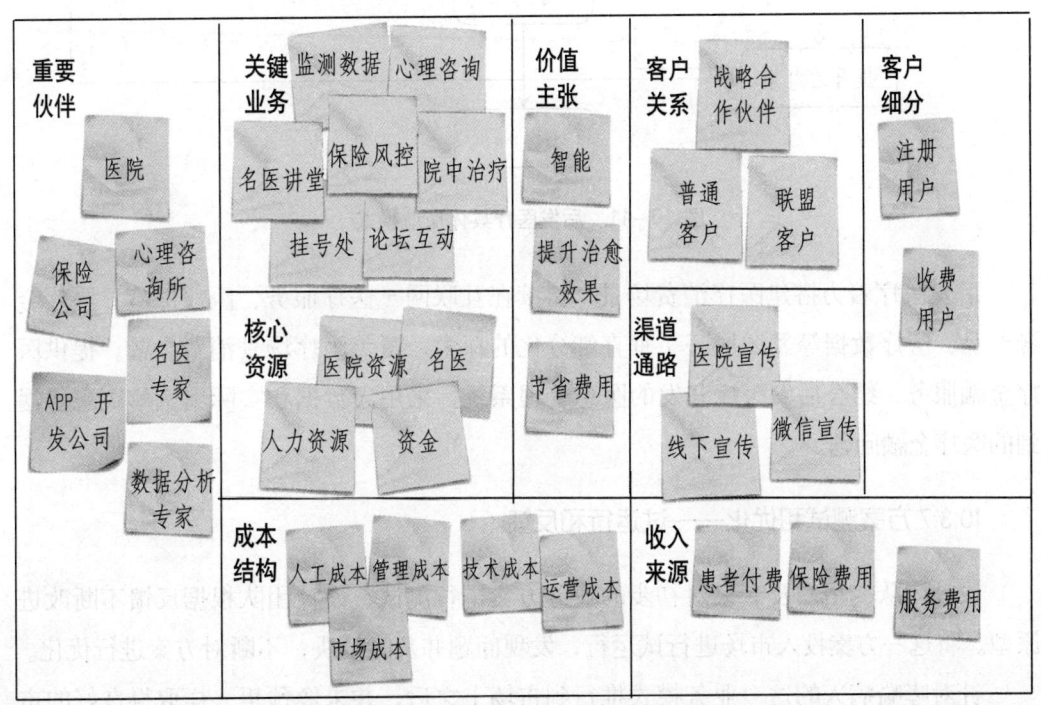

图 10-10　后发医生初期商业模式设计

通过分析哮喘病人的主要价值诉求，即在能支付得起的费用的基础上实现哮喘病的及时显著治疗，后发医疗将医院、保险公司开发为自己的合作伙伴，为病人提供疾病监测、风险监控等服务，为医生提供患者监测数据服务，并通过保险业务的引入减少患者的医疗费用。成本主要来自于系统维护、业务宣传和运营、市场开拓，预期的收入来源主要包括患者购买会费、保险费和服务费。具体的商业模式如图 10-11 所示。

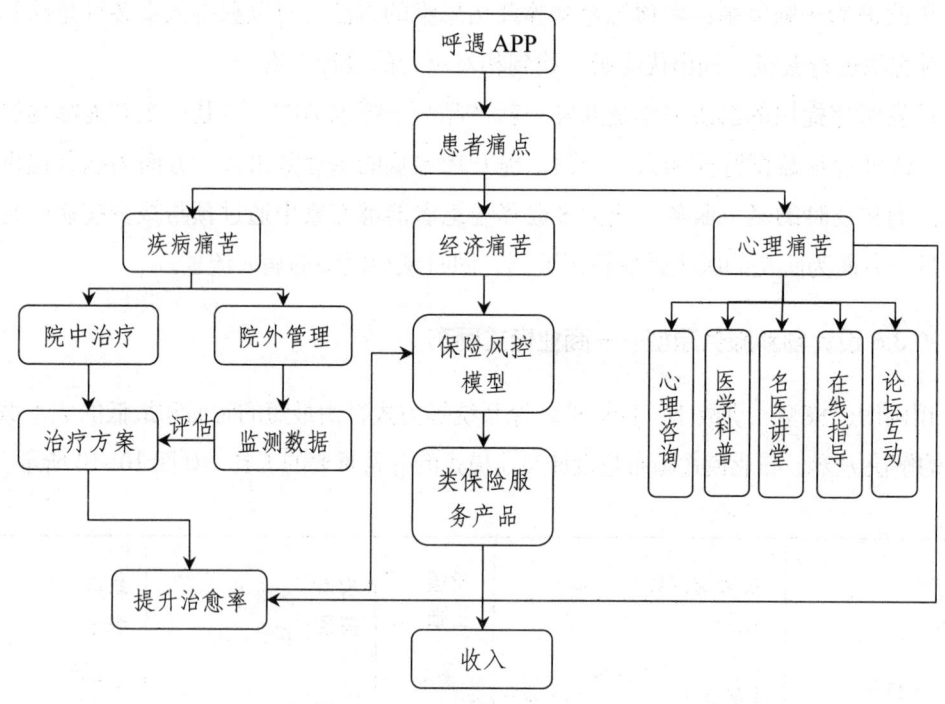

图 10-11　后发医疗具体商业模式

后发医疗着力搭建医疗消费场景，持续在互联网＋医疗服务、医疗保险、医疗金融产品、医疗数据等领域展开了垂直细分化的探索，覆盖医疗场景消费金融。提供医疗金融服务，结合后发医疗开发的医患管理系统，采用大数据和实际案例解决患者遇到的医疗金融问题。

10.3.7 方案测试和优化——试运行和反馈

设计团队、用户及专家对初步的业务方案进行测试，设计团队根据反馈不断改进原型。将这一方案投入市场进行试运行，发现问题并及时解决，不断对方案进行优化。

针对哮喘病人的这一业务模式推行到市场上之后，并未像预想一样取得良好的市场效果。创业团队深入分析原因如下：一、二级城市的医院应付门诊病人就已经超负荷工作，没有精力开展院外的业务；对于病人来说，哮喘虽然属于慢性病，一旦发作就可能引起严重的后果，病人对于日常的保养和预防意识不够，不愿意支付更多的费用。所以这一看似各方都有需求的业务在市场上开展并不顺利。

基于试用遇到的困难，后发医疗经过新的调研，对业务进行了调整，将主要的服务对象转移到三、四线城市。在三、四线城市的医院开展基地医院的运营业务，为其提供医疗技术、专家资源、技术培训和运营支持。使用大数据、物联网、基因工程和人工智能等前沿科技，整合全国上、中、下游专科医疗资源，构建国家级、省级、市级三级远程专科会诊中心，以及县、乡、村三级专病防治健康管理初级保健网络体系。围绕渠道、终端、会员建设，搭建医疗健康业务、技术、交易电子商务平台，实现平台、数据、创新、金融战略体系，打造中国最专业的医院管理运营团队和最大的现代远程医疗运营商。目前后发医疗组建的全医疗培训中心与中国22个省、市（地区）的逾400家医院（二级、三级）全面开展合作。具体业务模式如图10-12所示。

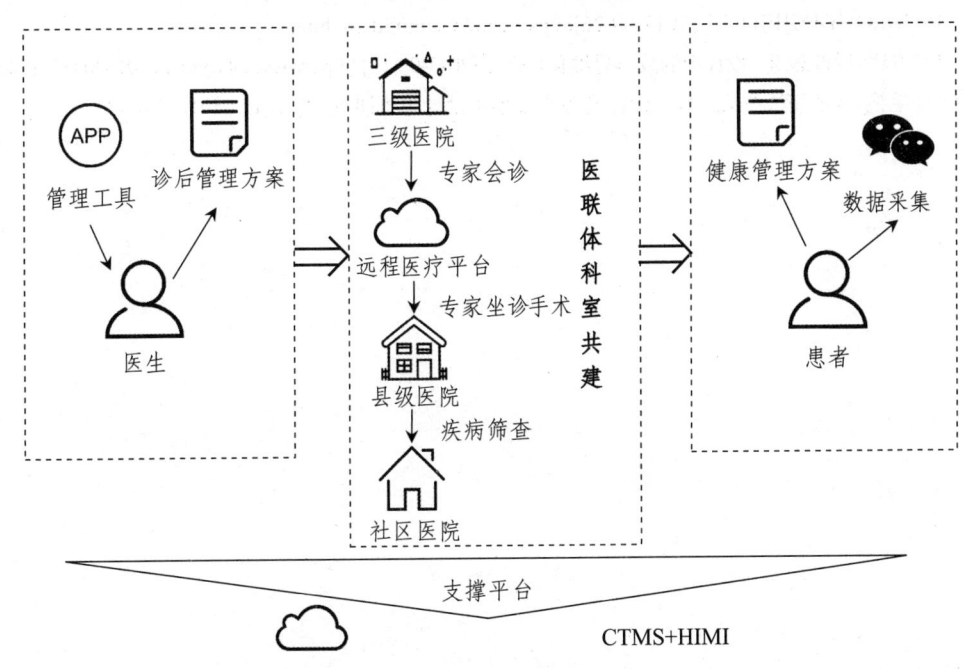

图10-12 后发医疗具体业务模式

在云平台和大数据支持下，基于医联体科室共建系统的开发，可以帮助医院提高在某些疾病市场的占有份额，提高科室的经济效益和技术能力，规范手术及治疗流程。对于医生来说，可以扩大自己的医疗范围和机会，同时带动地方医疗水平的提高；对于患者来说，可以减少到一二线城市看病的费用，同时又能接受到良好的治疗。后发医疗启动这一项目的基础还依靠医疗设备供应商和风险投资机构的介入。

看似好的商业模式不见得在市场上能够推广，必须在实践中不断优化和调整，为市场上的各类主体解决既紧迫又重要的问题，才会有推进的动力，进一步才会有盈利的空间。

参考文献

[1] Herbert A.Simon. The Sciences of the Artificial[M]. Massachusetts: The MIT Press, 1996.

[2] Buchanan Richard. Wicked Problems in Design Thinking[J]. Design Issues, 1992, 8(2):5-21.

[3] 罗恩·吉布森.四视角创新设计思维.The 4 Lenses of Innovation:A Powerful Tool For Creative Thinking[M].北京：电子工业出版社,2016.

[4] 约翰·阿代尔.创造性思维艺术. The Art of Creative Thinking: How to be Innovative and Develop Great Ideas[M].北京：中国人民大学出版社,2009.

[5] IDEO. Creating the First Usable Mouse[EB/OL]. [2017-09-26]https://www.ideo.com/case-study/creating-the-first-usable-mouse.

[6] IDEO. IDEO[EB/OL]. [2017-09-26]https://cn.ideo.com/ideo-china.

[7] 方耀.设计思考：设计中的故事思维 [EB/OL]. [2017-09-13] http://www.sohu.com/a/191630957_114819.

[8] 毛艳,郑旺苗,张强.基于设计趋势的故事化设计思维研究 [J].设计,2016, 7:42-43.

后 记

为了有更好的"创新"成果，我们关注"创新管理"；为了让"创新管理"活动更好地落地，我们把注意力转向"设计思维"。"设计思维"起源于世界创新集聚地"硅谷"，IDEO公司是"设计思维"方法的最初践行者，基于它的支持完成了世界上第一个滑轮鼠标、第一款笔记本电脑的设计。随后，设计思维的方式在美国斯坦福大学D-School、德国HPI学院得以持续研究和传授。本书力图将设计思维工具与创新管理过程中创意的获取、创新项目的选择、创新项目的实施、创新的获益、创新战略的制定、创新组织的构建结合起来，尝试让创新的过程更为有趣和高效。

本书在关于创新管理的关键环节方面做了探索，要点如下：对创新的分类体系进行了重新梳理，以便于初学者能够更好地理解，辨析了颠覆性创新与根本性创新的联系和区别；对战略、创新战略制定的基础和相关的关系进行了更细致的解读；对设计思维的工具特点进行了系统整理，以帮助人们在使用时能够更加得心应手。

由于格式所限，本书的著者虽然只写了三位，但是包含了诸多人的心血，主要分工情况如下：第一章由任锦鸾、曹文撰写，第二章、第三章由任锦鸾撰写，第四章、第五章由任锦鸾、何梦滕、黄锐撰写，第六章由曹文、任锦鸾撰写，第七章由李欣灵、刘丽华撰写，第八章由李欣灵、曹文撰写，第九章由黄锐撰写，第十章由刘丽华、任锦鸾撰写。任锦鸾、黄锐、刘丽华负责全书的校对，吴忻冉完成了全书图表的设计，周潇茜负责全书参考文献的整理和校对，董良威负责全书格式的调整和通读，任锦鸾负责全书的统稿和协调。没有大家的齐心协力，缺少了任何一个人的艰苦努力，这本书都不可能呈现在大家面前。

后发医疗创始人唐武先生无私提供了案例素材，让创新管理的理论得以在实践中应用。如想了解更多的案例，请关注我们的微信公众号：创新设计工作坊。

鲁百年博士是我们学习设计思维的引路人和指导者，感谢他在设计思维的学习和应用中一直给予的专业、热情和耐心指导！

非常感谢北京理工大学设计与艺术学院视觉传达设计系主任程九军教授和他的研究生孟庆兰创意的封面，从构图、配色、字体的选取都非常专业，充分体现了本书的内涵，在此表示衷心地感谢！

没有中国广播影视出版社的大力支持，特别是余潜飞编辑热情的支持、耐心的沟通、细致的编辑，这本书的完成也是不可能的。

本书的写作是与《创新管理与设计》视频课程的录制同时进行的，内容上相互补充和支持，因此可以与在线课程的学习结合起来；在视频课程中还设计了相关的练习题，帮助大家对知识点有更深入的理解；与同类的教材相比，本书内容更为精炼和简要，可以帮助读者迅速掌握重点关键知识，并有相对应的案例将知识与实践相联系。视频课程还处于后期制作中，如有需要，请与作者联系。

本书适用于创新管理的初学者以及想要对创新管理和设计有所了解的人员，如大学生和研究生、企事业单位中高层管理者、创业人员等等。

书稿的写作是一项异常艰苦的工作，本来在2017年完成《媒体融合与创新》书稿之后下定决心在短期内不再写书，但在各种因素的驱动下，还是和团队完成了这本《创新管理与设计》。无论如何，这都是对研究团队阶段性研究成果的总结，希望对各位学习者有所借鉴意义。

书中引用参考了前人的诸多研究成果，都尽可能地做了标注，万分感谢！但如有疏漏，请随时与作者联系。另外得到的各方帮助和支持无法一一表述，在此一并致谢！

选择"创新"作为研究的主题，注定了我们前进的脚步不会停下来，在对创新的探索中与您结伴同行！

任锦鸾

2018年5月于北京